KB272470

# 신념으로 세상을 구한다는 착각

신념으로 세상을 구한다는 착각

# 신념으로 세상을 구한다는 착각

## Beliefism

우리라는 울타리가 만든 교묘한 차별의 순간들

폴 돌런 지음 | 윤효원 옮김

21세기북스

―

우리는 생각 때문이 아니라, 생각을 붙잡는 방식 때문에 갈라지고 멀어진다. 폴 돌런의 『신념으로 세상을 구한다는 착각』은 이 불편한 진실을 집요하게 파고든다. 사람은 자신의 신념을 지키기 위해 타인을 이해하기보다, 더 빨리 분류하고 더 쉽게 배제한다. 저자는 이를 '신념주의'라 명명하며, 인종이나 성별, 계급으로 편을 갈라 분열을 조장하는 것과 크게 다르지 않다고 지적한다. 이 책은 우리에게 무엇을 믿어야 하는지 말하지 않는다. 대신, 서로 다른 믿음을 가진 채 어떻게 함께 공존할 수 있는지를 묻는다. 하나의 그림 앞에서 어떤 이는 오리를 보고, 다른 이는 토끼를 보듯, 그 차이를 인정하고 받아들이는 것에서 모든 논의가 시작된다.

이 책의 탁월함은 해법의 방향에 있다. 저자는 논쟁을 더 정교하게 만드는 대신, 신념이 작동하는 조건을 바꾸라고 제안한다. EMBRACE라는 틀은 단순한 처방이 아니라, 인간 행동의 실제 작동 방식을 겨냥한 설계다. 사람은 논리보다 맥락에, 사실보다 감정에, 진실보다 이야기와 관계에 더 크게 영향을 받는다. 더 나은 근거를 보고 설득되기보다, 더 안전한 관계 속에서 마음을 연다. 따라서 더 많은 접촉, 더 너그러운 마음, 더 넓은 유대가 필요하다. 이 책은 우리에게 더 나은 주장을 하라고 요구하지 않는다. 설득이 작동하지 않는 자리에서 더 나은 '상호작용'을 설계하라고 조언한다.

뇌과학자의 관점에서 보면 이 통찰은 더욱 또렷해진다. 신념은 단순한 정보가 아니라, 반복된 경험과 정서적 보상 속에서 강화된 신경 회로의 패턴이다. 우리는 전전두엽으로 판단한다고 믿지만, 실제로는 편도체와 보상 시스템이 먼저 결론을 내리고, 이성은 그 결론을 뒤늦게 설명한다. 그래서 반박은 쉽게 무력해지고, 오히려 접촉과 정서적 경험이 생각을 흔든다. 이 책이 강조하는 환경, 정서, 노출은 사회적 처방을 넘어, 생각이 형성되는 신경적 조건을 겨냥한 개입이다.

우리는 불확실성을 견디지 못하기에 본능적으로 편을 가르고, 자신의 신념 속에 안전하게 머문다. 『신념으로 세상을 구한다는 착각』은 갈등의 원인을 설명하는 데서 멈추지 않고, 그 갈등을 함께 견디는 법을 조용히 가르친다. 서로를 이해하는 길은 더 나은 논리의 승리가 아니라, 내가 믿는 걸 조금 덜 확신할 때 보인다. 그리고 그 작은 흔들림이 타인을 향해 마음을 여는 첫걸음이 된다. 여전히 누군가는 오리를 보고, 누군가는 토끼를 보겠지만, 같은 그림을 보고 있다는 사실을 떠올리는 것이 중요하다. 어쩌면 세상을 바꾸는 것은 더 강한 신념이 아니라, 그 확신을 잠시 멈추고 바라볼 수 있는 더 넓은 관용이다.

**정재승 (KAIST 뇌인지과학과 융합인재학부 교수)**

'끼리끼리는 과학'이라더니, 실제 우리는 생각이 비슷한 사람들과 어울린다. 정치적 양극화가 심해지면서 온라인 알고리즘은 진보와 보수가 서로 발견할 기회조차 주지 않는다. 현실 세계도 이와 다르지 않다. 한때 술 한잔 기울이며 자연스럽게 어울리던 여야 정치인이 이제 원수처럼 지낸다는데, 내 주변도 어느새 대체로 닮은 꼴이다.

행동과학자이자 런던정경대LSE 교수인 저자는 나와 다른 생각, 신념을 가진 이들을 차별하거나 배척하는 '신념주의'를 경계한다. 누구나 여러 '신념'을 가질 수는 있지만 나와 비슷한 사람만 곁에 둔다면 내 의견에 동의하지 않는 사람을 차별하는 것이라면서 아예 '신념belief'에 '주의ism'를 붙여버렸다. 다른 관점을 용납하지 않을 뿐 아니라 적극적으로 피하는 상태. 우리가 그렇게 편협하다고? 우리는 옳고 너희는 틀렸다고 그렇게나 확실하게 믿는다고?

저자는 보수와 진보 막론하고 상대방을 정직하지 않으며 지능이 낮다고 인식하는 비중이 몇 년 새 크게 높아졌다는 연구 결과를 인용한다. 알고 보면 인간은 자신의 신념이 옳다는 근거, 자기 생각을 정당화하는 이유에만 주목한다. 반대 증거에 부딪히면 타당성이나 관련성이 부족하다는 이유로 무시하고 오히려 내 신념이 옳았다는 확신만 굳힌다. 하지만 사회는 서로 다른 관점을 지닌 사람을 더 포용할 때 발전해왔다. 지구는 둥글다고 했던 갈릴레오 갈릴레이, 상대성 이론을 주창한 알베르트 아인슈타인을 배척했지만, 인류는 그런 소수자의 관점 덕분에 진보했다. 기득권이 장악한 기존 합의가 도전받을 때 세상은 조금 더 나아졌다.

저자는 서로 보고 싶은 것만 보는 각자의 신념을 부정하지 않는다. 대신 반대 의견에 대한 적대감이 커지는 상황에서 다른 신념을 지닌 이들과 상호작용하는 방법에 관심을 집중한다. 신념 자체를 바꿔서 어떤 합의를 모색하는 것이 아니라 신념주의의 파급 효과를 줄이는 것이 목표다.

이 책의 가장 큰 미덕은 신념으로 가득 찬 우리를 설득하는 방식이다. 원래 경제학자로 출발, 행복 연구자로 변신했던 저자는 이제 신념주의를 줄이는 데 진심이다. 학계의 다양한 연구 결과를 딱 맞춰 인용하면서도 현학적이고 학술적인 언어를 버리고 동네 술집에서 만난 친구처럼 우리를 안내한다. 신념주의에서 벗어나기 위한 일곱 가지 방법을 EMBRACE 체크리스트로 풀어나가는 솜씨가 일품이다. 덕분에 어느새 내가 신념에 가득 찬 옹고집이 되었다는 것을 확인했고, 평소 질색하던 생각을 다시 바라보게 됐다. 결정적으로 책의 도입부에서 확인했던 내 신념의 지형이 책 말미의 체크리스트에서 바뀐 것에 놀랐다. 대화와 토론을 되살릴 가능성을 책을 통해 직접 확인하시기를.

정혜승 (북살롱 오티움 공동대표)

# 차례

**2부**

# 어떻게 편을 허물 것인가

**이 그림을 보자. 무엇이 보이는가? 오리인가, 토끼인가?**

이 그림을 볼 때, 당신의 눈에는 오리 또는 토끼 한 가지 동물만 들어올 것이다.
그 외의 동물이 있다는 사실을 알아채기는 어려우며,
설령 '알아챈다 해도' 여전히 첫 번째 동물이 눈에 더 쉽게 들어온다.

두 동물은 언제나 동시에 존재하지만,
우리는 그림을 보고 두 동물을 동시에 인지하지 못한다.

# 우리는 왜
# 서로
# 편을 가르는가

# 1장

# 신념주의의 탄생

## 우리는 왜 똑같은 사람들과 어울리는가

—

"내 친한 친구 중에 흑인도 있어." 이 말은 불과 10여 년 전만 해도 자신이 인종차별주의자가 아님을 암시하려고 백인들이 즐겨 사용하던 표현이다. 그러나 이는 공허한 주장에 불과하다. 누군가에게 흑인 친구가 있다는 사실 자체가 그 사람이 인종차별주의자가 아니라는 증거는 되지 않기 때문이다. 남성에게 여성인 친구가 있다고 해서 성차별적 성향이 덜해지는 것은 아닌 것과 마찬가지다. 더 나아가 이 표현은 흔히 인종차별적인 발언이나 행동을 정당화하기 위해 사용되곤 했다. 인종차별주의자라는 비난을 피하기 위한 일종의 '면죄부'로 삼기 위해 만들어진 말이지만, 실제로는 정반대의 효과를 낳았다. 결과적으로 이 말은 얼마 지나지 않아 오히려 인종차별주의자임을 드러내는 표시로 받아들여졌다. 미국에서 수집한 데이터에 따르면 흑인 미국인들은 이 표현을 인종차별 발언으로 해석하고 있으며,[1] 영국에서도 다양한 인종의 사람들이 이 표현을 인종차별주의 옹호론자들이나 쓰는 표현이라며 조롱하던 모습이 기억에 선명하다.

하지만 어쩌면 너무 성급하게 조롱할 일이 아닐지도 모른다. 다른 모든 조건이 동일하다고 가정한다면, 흑인 친구를 둔 백인이 흑인 친구가 하나도 없는 백인보다 상대적으로 인종차별적이지 않을 거라는 말이 합리적이지 않을까? 마찬가지로 다른 모든 조건이 동일하다고 가정한다면 (여기서 '모든 조건이 동일하다'는 가정이 중요하다), 여성인 친구를 둔 남성이 여성인 친구가 전혀 없는 남성보다 상대적으로 성차별적이지 않을 가능성이 높다. 흑인 친구가 있다는 사실을 내세워 인종차별적 발언이나 행동을 정당화하는 백인도 있을 수 있지만, 단지 인종차별적 언행의 '방어막'을 만들기 위해 '보여주기 식'으로 흑인 친구를 두는 백인은 극소수에 불과하다. 따라서 '진정한' 흑인 친구가 있다는 것은 흑인 친구가 전혀 없는 것보다 상대적으로 관용적인 태도를 지녔음을 보여주는 행동 신호이다. 일본 속담에서도 알 수 있듯이, "친구를 보면 그 사람의 됨됨이를 알 수 있다.”

사회적 계급에 관해 생각해보자. 나는 공공 임대주택social housing에서 자랐고 지금은 학계에서 일하고 있기에 이 주제가 늘 흥미로웠다. 계급을 정의하는 일의 어려움은 차치하더라도, 내 주위에는 자신이 자라온 '노동자 계층 세계' 출신의 친구가 이제는 곁에 한 명도 없는 학자들이 많다. 반면 나의 친한 친구들 대부분은 직업이나 소득이라는 표준적 지표에 비춰 볼 때 노동계급으로 분류된다(몇몇 중산층인 친구도 있다). 나는 이 사실이 적어도 두 가지 이유에서 중요하다고 생각한다. 첫째, 나는 중산층 친구만 있는 사람과는 달리 현대 사회에서 노동자 계층의 삶이 어떤 모습인지 직접 내 눈으로 확인할 수 있다. 둘째, 나는 새로운 계급의 대열에 합류하면서도 기존의 '세계'와 깊은 유대감을 유지하기로 선택했다. 노동계급 출신으로 사회적 지위를 얻은 사람들은 대부분 자신이 과거에 속했던 집단과 단절된다. 이 점을 고려하면, 다른 모든 조건이 동일할 때 이는 내가 그들보다 계급적 차이에 더 관용적이라는 뜻일 것이다. 그렇다면 나는 계급에 대한 편견이 덜한 사람이라고 볼 수 있지 않을까?

다소 단순한 이 설명이 설득력이 떨어진다고 생각한다면, 어떤 사람의 친구들이 지닌 신념을 생각해보자. 같은 신념을 지닌 친구만 있는 사람은 서로 다른 신념을 지닌 친구를 둔 사람보다 덜 관용적이라고 말할 수 있을까? 예를 들어, 결혼의 신성함을 믿는 사람이 폴리아모리polyamory*에 동의하는 사람과는 친구 맺기를 거부한다면 어떻게 받아들여야 할까? 만약 자신과 견해가 비슷한 사람만 곁에 둔다면, 이는 당연히 자신의 의견에 동의하지 않는 사람들을 차별하는 셈이다. 바로 이것을 '신념주의beliefism'라고 하며, 더 많은 대상을 차별할수록 더 완고한 신념주의자라고 할 수 있다. 신념주의는 강력한 형태의 편협함으로 볼 수 있다. 신념주의자는 자신과 다른 생각을 하는 사람이나 자신과 다른 관점을 용납하지 않을 뿐 아니라, 나아가 그들을 적극적으로 피한다. 예를 들어, 어떤 신념주의자는 자신에게 중요한 문제에 관해 비슷한 신념을 지닌 사람만 고용하고 싶어서 직원을 채용할 때 누군가를 일부러 제외할지도 모른다.

논리적으로 봤을 때, 인종차별주의, 성차별주의, 계급차별주의, 신념주의 또는 다른 어떤 '−주의ism' 사이에는 아무런 차이가 없다. 분명 우리는 편협한 사람에게 똑같이 편협하게 대하는 것을 정당하게 선택할 수 있다. 우리는 관용만큼이나 도덕적 온전함integrity을 중요하게 여기며, 인종차별주의자, 성차별주의자, 계급차별주의자, 혹은 '신념주의자'와 친구가 되어야 할 의무는 전혀 없다. "내 친한 친구 중에 인종차별주의자도 있어"라는 주장 자체에는 아무런 도덕적 가치도 담겨 있지 않다. 그러나 한 가지 문제를 두고 누군가의 신념이 혐오할 정도는 아니지만 마음에 들지 않는다고 해서 그 사람을

* 비독점적 다자간 연애

배제하고 그 사람의 다른 모든 신념까지 무시한다면, 극히 일부 정보만으로 전체 인격을 판단하는 잘못을 저지르는 셈이다. 여기서 '-주의'란 차별적 신념을 의미하므로, 신념주의는 사람들을 불공정하게 분류하기 위해 급히 가져다 쓰는 다른 모든 '-주의'와 동일한 선상에서 볼 수 있다.

이 책은 신념주의와 이를 줄일 방안에 관한 이야기를 담고 있다. 나는 신념주의가 줄어들고 서로 다른 관점과 그 관점을 지닌 사람들을 더 포용할 때, 더 나은 세상이 되리라고 확신한다. 그렇게 된다면 갈등도 줄어들고 경제·사회적으로도 크게 발전할 것이다. 정치적 양극화에 관한 기존의 많은 글과 달리, 이 책의 목표는 극단적인 견해를 줄이는 것이 아니다.[2] 사실 나는 다른 신념을 지닌 사람들과 상호작용하는 방식 외에는 그 어떤 것에 대해서도 당신의 생각을 바꿀 의도가 없다. 이 책에서는 내 신념을 제시할 것이고, 당연히 당신이 내 의견에 동의해주기를 바라지만 그보다 더 바라는 것은 설령 당신이 내 생각에 동의하지 않더라도 계속 함께 소통해 나가는 것이다.

제대로 기능하는 사회는 다양한 관점을 폭넓게 수용한다.[3] 인류 역사상 손꼽히는 심오한 지식의 발전 가운데 일부는 당시 기준으로는 극단적이고 심지어 미친 생각으로 여겨지던 관점에서 시작됐다. 갈릴레오 갈릴레이가 주장한 태양을 중심으로 한 우주관과 알베르트 아인슈타인의 상대성이론이 불러온 엄청난 변화를 떠올려보자. 이들을 비롯한 여러 역사적 인물은 보통의 범위를 벗어난 소수의 관점이 인간의 집단적 지혜를 확장하는 데 얼마나 중요한 역할을 하는지 분명히 보여준다. 더 나아가, 때로는 안정된 민주주의 사회에서 기존의 합의가 도전받아야만 경제·사회적 발전이 가능하다는 증거도 있다. 그렇지 않으면 국가 시스템이 특정 이해 집단에 장악될 위험에 처하기 때문이다.[4] 이러한 견해에 이견이 없는 것은 아니지만, 이는 기득권층의 독주를 저지하기 위해 기존 시스템에 '충격'을 줄 필요가 있다는 점을 우리에게 경고해준다.

우리는 현재 인공지능AI을 둘러싼 문제를 비롯해 급진적인 불확실성의 시대를 마주하고 있다. 따라서 신념주의에서 벗어나 소수의 목소리에도 귀를 기울이는 일이 더욱 중요해졌다. 생성형 AI가 앞으로 어떻게 전개될지 안다고 자신 있게 말할 수 있는 사람이 과연 누가 있을까? 그러므로 이에 관한 그 누구의 견해도 무시하는 것은 이치에 맞지 않는다. 가정과 기업, 기관에서 이루어지는 의사결정도 다양한 관점과 사람들의 목소리에 귀 기울이려 노력하면 더 나아질 수 있다. 신념주의의 완화는 우리와 의견이 다른 사람들과의 상호작용에서 발생하는 격앙된 감정을 가라앉히는 데 기여할 것이다. 이 단락을 수정하는 시점이 2024년 7월, 도널드 트럼프 대통령 암살 시도 사건이 발생한 다음 날이다. 미국 대통령을 대상으로 한 암살이나 암살 시도가 처음 있는 일은 아니지만, 어제 일어난 사건과 이를 둘러싼 맥락과 상황은 현대 신념주의를 단적으로 보여준다고 할 수 있다. 이 사건은 신념주의에서 벗어나야 할 강력한 동기를 부여하며, 그 필요성은 비단 미국에만 국한되지 않는다.

개인적인 차원에서 그리고 일상의 삶 속에서 신념주의에서 벗어나면 더 좋은 파트너, 부모, 더 유능한 친구나 상사가 될 수도 있다. 균형 잡힌 사람은 다양한 관점과 사람을 수용하고 존중한다. 신념주의에서 벗어나면 시야가 넓어지고, 그 결과 더 현명하고 더욱 견고하고 만족스러운 인간관계를 맺게 될 것이다. 결과적으로 당신은 더 행복해질 것이다. 다만 자신의 안주 구역comfort zone 을 벗어나 다른 관점에 귀를 열어가는 과정에 적응하는 동안에는 당장 행복감을 느끼지 못할 수도 있다. 신념주의에서 벗어나기란 꽤 어려운 일이고, 의견 충돌을 다루는 것 또한 쉽지 않기 때문이다. 이 책에는 당신이 기존에 가졌던 신념주의 수준과 상관없이, 당신이 다르게 생각하고 행동할 수 있도록 자극하는 여러 도발적인 질문을 담았다.

## 불편한 생각을 견디지 못하는 이유

—

이 책은 정치 분야에 국한되지 않고 일상 전반에 깔린 신념주의를 다룬다. 일부 육식주의자는 채식주의자를 싫어하거나 피하려 하며, 그 반대의 경우도 마찬가지다. 건강 관리에 매우 철저한 어떤 이들은 신체 활동이 적은 사람들과 거리를 두려 하며, 이 또한 그 반대도 마찬가지다. 이러한 예는 끝도 없다. 사람들은 자신과 다르게 생각하고 행동하는 이들로부터 스스로를 격리하며, 상대에게 상당한 수준의 적대감을 품기도 한다. 이러한 문제 가운데 얼마나 많은 것이 당신에게 정말로 중요하게 다가오는가? 그 사안들이 정말 중요하다면, 그 결과로 당신은 '반대편' 사람들을 피하거나 적대감을 보이고 있지는 않은가? 이 질문을 더 깊이 생각해보기 위해, 아래 항목의 목록을 살펴보고 정반대의 견해를 지닌 사람을 얼마나 피하고 싶은지 평가해보자. 솔직하게 대답하기 바란다.

| | 전혀 피하지 않음 | | | | | | | | 완전히 피함 | |
|---|---|---|---|---|---|---|---|---|---|---|
| 음악 취향 | 1 | 2 | 3 | 4 | 5 | 6 | 7 | 8 | 9 | 10 |
| 음주량 | 1 | 2 | 3 | 4 | 5 | 6 | 7 | 8 | 9 | 10 |
| 불법 약물 사용 | 1 | 2 | 3 | 4 | 5 | 6 | 7 | 8 | 9 | 10 |
| 문신 | 1 | 2 | 3 | 4 | 5 | 6 | 7 | 8 | 9 | 10 |
| 낙태 | 1 | 2 | 3 | 4 | 5 | 6 | 7 | 8 | 9 | 10 |
| 종교 | 1 | 2 | 3 | 4 | 5 | 6 | 7 | 8 | 9 | 10 |
| 비건주의 | 1 | 2 | 3 | 4 | 5 | 6 | 7 | 8 | 9 | 10 |
| 욕설 | 1 | 2 | 3 | 4 | 5 | 6 | 7 | 8 | 9 | 10 |
| 환경문제 | 1 | 2 | 3 | 4 | 5 | 6 | 7 | 8 | 9 | 10 |
| 활동성 | 1 | 2 | 3 | 4 | 5 | 6 | 7 | 8 | 9 | 10 |
| 유머 | 1 | 2 | 3 | 4 | 5 | 6 | 7 | 8 | 9 | 10 |
| 이민 문제 | 1 | 2 | 3 | 4 | 5 | 6 | 7 | 8 | 9 | 10 |
| 축구팀 | 1 | 2 | 3 | 4 | 5 | 6 | 7 | 8 | 9 | 10 |
| 트랜스젠더 권리 | 1 | 2 | 3 | 4 | 5 | 6 | 7 | 8 | 9 | 10 |

|  | 전혀 피하지 않음 |  |  |  |  |  | | | 완전히 피함 |
|---|---|---|---|---|---|---|---|---|---|---|
| 지지 정당 | 1 | 2 | 3 | 4 | 5 | 6 | 7 | 8 | 9 | 10 |
| 감정 표현력 | 1 | 2 | 3 | 4 | 5 | 6 | 7 | 8 | 9 | 10 |
| 경제적 평등 | 1 | 2 | 3 | 4 | 5 | 6 | 7 | 8 | 9 | 10 |
| 언론의 자유 | 1 | 2 | 3 | 4 | 5 | 6 | 7 | 8 | 9 | 10 |
| 결혼 | 1 | 2 | 3 | 4 | 5 | 6 | 7 | 8 | 9 | 10 |
| 일부일처제 | 1 | 2 | 3 | 4 | 5 | 6 | 7 | 8 | 9 | 10 |
| 자녀 양육 방법 | 1 | 2 | 3 | 4 | 5 | 6 | 7 | 8 | 9 | 10 |

자, 그렇다면 일반 대중과 비교해 당신의 신념주의 수준은 어느 정도일까? 2024년 4월, 우리는 영국의 성인 500명을 대상으로 설문조사를 실시했다. 모든 문항을 통틀어 평균적인 '기피' 수준은 3.3이었고, 응답자의 25%는 2.0 이하, 또 다른 25%는 4.8 이상을 나타냈다. 물론 문항별로 차이는 컸다. 자세한 내용은 다음 페이지의 표를 참고하면 된다. 응답자들은 다른 축구팀을 응원하거나, 음악 취향이 다르거나, 문신, 활동성, 결혼에 대한 견해가 다른 사람들에게는 상당히 관대한 편이었다. 하지만 약물 사용에 대한 견해가 다른 사람에게는 강력한 기피 경향을 보였다. 평균 '기피 점수'가 10점 만점에 7점으로, 2위를 차지한 트랜스젠더 권리 문제보다도 2점 이상 높았다. 당신의 기피 수준은 영국 평균과 비교해 어디에 위치하는가? 평균적인 영국인보다 신념주의적 성향이 강한가, 약한가?

신념주의가 개인의 배경적 특성과 관련이 있을까 하는 궁금증

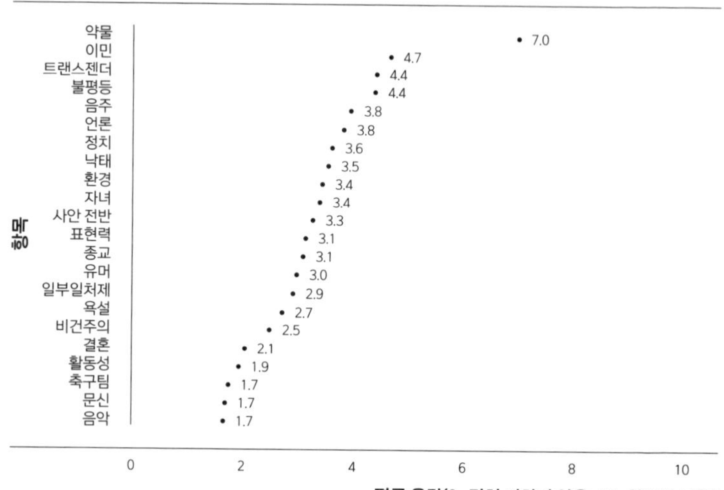



이 들 수도 있다. 이를 알아보기 위해 신념을 상위 아홉 가지 주제, 즉 약물 사용, 트랜스젠더 인권, 이민, 불평등, 음주, 언론의 자유, 정치, 낙태, 환경 문제로 나눠 살펴봤다. 이 항목들은 나머지 '개인적인' 문제들에 비해 '정책적 현안'으로 간주될 수 있다. 조사 결과, 어떤 사안에 대해서도 연령, 성별, 인종에 따른 차이는 거의 없었으며, 개인적인 문제에 있어서는 정치적 성향이나 교육 수준에 따른 차이도 나타나지 않았다. 그러나 정책적 현안에 대해서는 노동당 지지자가 보수당 지지자보다 평균 4.8 대 4.1로 기피 성향이 높은 것으로 드러났다. 가장 흥미로운 결과는 학력에 따른 차이였는데, 학위가 있는 사람들이 학위가 없는 사람들보다 정책 사안에 대해 평

　1부 우리는 왜 서로 편을 가르는가

균 4.9 대 4.1로 강한 기피 성향을 보였다. 이 결과는 내가 오랫동안 믿고 관찰한 내용을 뒷받침한다. 즉 노동계층은 일반적인 평가보다 훨씬 더 포용적이고, 많은 경우 중산층보다도 더 관대한 태도를 보인다.

목록에 '스콘scone'을 '스컨scon'이라고 발음하는 것이 중요한 문제라고 생각하는지도 넣을까 고민했다. 'bone(본)'과 운율을 맞춰 '스콘'이라고 부르는 게 당연하니, 이건 따져볼 것도 없이 중요한 문제이긴 하다. 물론 소위 상류층 사람들, 스코틀랜드 사람들 그리고 영국 북부 사람들은 'gone(건)'과 운율을 맞춰 '스컨'으로 발음한다는 건 알지만, 그들은 분명 말을 제대로 할 줄 모르는 게 틀림없다. 하지만 이 논쟁은 지나치게 영국에 국한된 문제여서 목록에는 넣지 않았다. 그럼에도 크림 티cream tea를 접해보지 못한 사람들을 위해 차 한 잔과(물론 잉글리시 브랙퍼스트여야 한다) 클로티드 크림, 잼을 듬뿍 바른 스콘을 함께 먹는 즐거움은 꼭 알리고 싶다. 여기서 명심해야 할 점은, '반드시' 스콘에 크림을 먼저 바르고 잼을 올려야 한다는 것이다. 반대로 하면 안 된다. 이건 타협의 여지가 없는 문제이며, 잼을 먼저 바르는 사람을 차별하는 것은 지극히 정당한 일이다.*

이야기가 잠시 샛길로 빠졌다. 그 누구도 신념주의에서 완전히 자유롭지 않다. 어쩌면 신념주의에서 벗어나고 싶지 않을 수도 있다. 실제로 앞에 적은 신념주의 응답 중 일부를 보며 오히려 자신이 원칙을 지키고 있다는 점에서 자부심을 느꼈을지도 모른다. 앞서 언급했듯이, 신념주의가 늘 나쁜 것만은 아니다. 예를 들어 인종차별주의자에게 관용을 베풀지 않는 태도가 그렇다. 물론 언제나 그렇듯 맥락에 주의를 기울여야 한다. 게다가 사람들은 대부분 자신이 인종차별적이거나 성차별적이라고 인정하려 하지 않지만, 신념주의자라는 말은 그다지 비난으로 받아들이지 않는다. 실제로 일부에서는 자신의 독단을 명예의 훈장처럼 여기기도 하고, 어떤 사람이나 그 사람의 견해를 무시하는 태도를 오히려 강인함의 상징으로 받아들이기도 한다. 이런 점에서 신념주의는 다른 여러 '-주의'와는 다르며, 훨씬 더 복잡하다. 신념주의가 아예 없는 것보다 약간 있는 것이 더 나은 상황이 존재할 뿐만 아니라, 사람들이 누군가의 환심을 사기 위해 자신의 신념주의적 성향을 적극적으로 드러내고 싶어 하는 상황 또한 존재하기 때문이다.

'기피 성향 질문'에서 내 평균 점수는 2.0으로, 설문에 참여한 500명의 응답자, 이른바 '패브 500Fab 500' 가운데 하위 25%에 해당한다. 팔뚝에 문신이 있고 욕도 꽤 하는 사람으로서, 나는 문신과 욕설을 다른 항목보다 특히 중요하게 느꼈다. 문신이나 욕설을 싫어하는 사람은 아마 나를 더 피하고 싶을 테니, 나 역시 그들에 대

<br>

• 　영국의 대표적 음식 논쟁인 '스콘 발음'과 '잼/크림 바르는 순서'를 예로 들며 저자는 우리 모두에게 양보하기 힘든 사소한 편견이 있음을 영국식 유머로 보여주고 있다.

해 신념주의적 태도를 보이는 게 어느 정도 타당하다 생각한다. 분명한 건, 나는 잘난 척하는 사람을 곁에 두고 싶지 않다는 것이다. 스스로 지나치게 진지하다고 여기는 사람과도 시간을 보내기 힘들어서, 예전에는 그들에게 신념주의적 태도를 보인 적도 있다. 다만 신념주의에 관해 글을 쓰기 시작한 이후는 적어도 내가 주장하는 바를 실천하려고 노력해야겠다는 부담은 느낀다. 세상에는 잘난 척하거나 지나치게 심각한 사람이 너무 많지만, 나는 그들의 말을 전부 무시하지 않으려 애쓰고 있다. 어떤 사람들과는 거리를 두는 것이 최선이지만, 사회적으로 도저히 용납이 안 되는 사람을 제외하고는 그 누구도 완전히 배제되어서는 안 된다고 스스로 되새긴다. 그런데 젠장, 말처럼 쉽지가 않다.

다음으로 넘어가기 전에, 당신의 친구들을 대상으로 '신념주의 점검'을 간단히 진행해보는 것도 의미가 있을 것 같다. 이를 통해 친구들의 신념이 자신의 신념과 얼마나 일치하는지 가늠할 수 있다. 앞서 다룬 항목에 대한 친구들의 견해를 얼마나 알고 있는가? 그중 몇 가지나 당신의 생각과 비슷한가? 당신의 친구들은 사고방식 면에서 얼마나 다양한가? 그리고 솔직히 이런 사실이 당신에게 얼마나 중요한가? 또한 이러한 문제에 대한 생각이 다른 사람들을 친구들이 얼마나 판단하거나, 피하거나, 적대적으로 대하고 있는가? 다른 장점이 아무리 많다고 해도 절대 친구 관계를 맺을 수 없는 '허용 한계선'이 당신과 당신 친구들에게는 존재하는가? 이 질문에 어떤 대답을 했든, 신념주의에서 벗어나는 것이 중요한 이유를 공감하고 더 관용적인 세상으로 나아가고자 하는 나의 바람에 당신이 동참해주기를 바란다.


## 오리와 토끼가 함께 술집에 가는 세상

—

신념주의의 바탕에는 본능적으로 편을 나누고, 생각과 사람을 '옳고 그름', '선과 악'으로 구분하려는 성향이 있다. 다음 그림을 보자. 무엇이 보이는가? 오리인가, 토끼인가? 사실 이 그림은 오리와 토끼가 모두 담긴 착시 그림이다. 우리 모두가 알고 있는 지식의 원천인 위키피디아에 따르면, 이 그림은 독일의 한 유머 잡지에 처음 등장했으며, "오리와 토끼는 서로를 가장 잘 알아볼 법한 동물이다"라는 설명이 함께 적혀 있었다고 한다.[5] 독일식 유머에 관한 판단은 제쳐두고, 오리 토끼 착시 그림은 우리가 다양한 주제에 대해 편을 가르는 메커니즘을 설명하기에 매우 적절하다. 이 그림은 런던정경대에서 내가 진행했던 〈덕-래빗duck-rabbit〉 팟캐스트의 자료에서 가져왔는데, 해당 팟캐스트는 사람들을 양극화로 몰아가는 주제들을 다뤘으며, 여러모로 이 책을 쓰게 된 계기가 되었다.

이 착시 그림을 볼 때, 당신의 눈에는 한 가지 동물만 들어올 것이다. 대부분 다른 사람이 알려주기 전까지는 그 외의 동물이 있다

는 사실을 알아채지 못한다. 심지어 알려줘도 두 번째 동물을 알아보기가 쉽지 않다. 설령 '알아챈다 해도' 여전히 첫 번째 동물이 눈에 더 쉽게 들어온다. 두 동물은 언제나 동시에 존재하지만, 우리는 그림을 보고 두 동물을 동시에 인지하지 못한다. 그림 안에 두 동물이 있다는 사실을 스스로 계속 의식하는 것조차 쉽지 않은데, 다른 사람에게 이해시키기란 말할 것도 없다. 인간의 두뇌는 단순한 삶을 선호한다. 그래서 어떤 문제를 볼 때 오리 아니면 토끼 중 한 가지 방식으로만 바라본다. 일단 그렇게 인식하고 나면, 그 사안이 분명히 내포하고 있을 복잡성을 들여다볼 실질적인 동기가 사라진다. 치약 하나를 고르기 위해 장단점을 비교하는 것만 해도 귀찮은데, 어느 정당에 투표할지, 누구를 좋아할지를 두고 저울질하는 일은 너무 버겁다.

우리는 한쪽 편을 고르고, 그 견해를 고수한다. 아주 빠르게 자신의 견해에 매몰되어, 사안을 바라보는 또 다른 방식이 있을 수 있다는 사실을 받아들이려 하지 않게 된다. 오리인지 토끼인지 한쪽만 단순하게 보는 편이, 양면성을 고려하여 복잡하게 생각하는 것보다 훨씬 편하게 느껴진다. 모호함은 우리를 대단히 불편하게 한다. 마지막으로 중요한 문제에 대해 의견을 바꾼 순간을 떠올려보자. 언제였고, 어떤 문제였는가? 한때 토끼로 봤던 것을 나중에 오리로 보게 된 적은 있는가? 우리는 자신의 신념이 옳다는 근거와 정당화 사유에만 주목한다. 만약 자신의 신념을 뒷받침하지 않는 증거를 마주하면, 타당성이나 관련성이 부족하다는 이유로 무시하고, 오히려 처음부터 자신의 신념이 옳았다는 확신만 굳힌다.

동시에, 우리는 이미 믿고 있는 바와 일치하지 않는 한 증거를 수용하는 데 점점 더 인색해지고 있다. 최근 동료들과 함께 진행한 연구에서 나는, 과학자를 도덕적 지침의 원천으로 믿는 사람일수록 코로나19 펜데믹 기간에 강력한 제한 조치를 영구적으로 유지하는 데 더 큰 지지를 보였다는 사실을 발견했다.[6] 다만 여기서 중요한 점은, 우리가 연구를 설정하며 과학에 대한 믿음을 '근거에 부합하는' 것과 '근거에서 벗어난' 것으로 구분했다는 것이다. 물론 그 경계가 모호하고 완벽하지는 않지만, '근거에 부합하는 신념'에는 "코로나 백신은 입원률과 사망률을 낮추는 데 효과적이다"와 같은 항목이 포함되었다. 반면 '근거에서 벗어난 신념'에는 "지역사회에 감

   1부  우리는 왜 서로 편을 가르는가

염이 발생하면 해변이나 공원 같은 야외 공간을 폐쇄해야 한다"와 같은 문장이 포함되었다. 흥미롭게도 제한 조치에 찬성하는 사람들은 과학적 근거에 부합하는지 아닌지와 상관없이 봉쇄 조치에 더욱 강한 지지를 보였다.

최근 신경과학적 증거에 따르면, 각각의 신념은 재귀적 연결recurrent connections을 통해 강화되는 신경망에 의해 유지되며, 흥분성 피드백이 작동하면서 신념이 더욱 증폭된다.[7] 이러한 신경 활동은 신념에 반대되는 증거를 만나도 신념이 쉽게 바뀌지 않을 수 있음을 시사한다. 새로운 증거가 등장해도 기존의 생각을 바꾸지 않고 처음 지녔던 신념을 그대로 유지하는 것도 어쩌면 당연한 일이다. 티핑 포인트tipping points는 신념이 하나의 안정된 상태에서 다른 상태로 넘어가는 데 필요한 누적된 증거의 임계치를 의미한다. 문제는 그 지점에 도달하기까지 상당한 양의 증거가 필요하다는 것이다. 더욱 놀라운 점은, 우리의 신념과 세계관은 매우 제한된 정보에 기대고 있고, 미묘하고 때로는 비논리적인 요인의 영향을 받음에도 불구하고 우리가 이토록 고집스럽다는 사실이다. 마치 앞선 착시 그림에서 처음에 오리와 토끼 중 무엇을 보느냐가 '부활절 기간'인시 아닌시에 따라 달라지는 것처럼 밀이다. 부활절 시기에는 토끼를 먼저 볼 확률이 더 높다.[8]

공개적으로 다이어트를 선언했을 때 살을 뺄 확률이 더 높은 것처럼, 일단 자신의 신념을 공개적으로 밝히고 나면 그 신념을 고수하려는 강력한 동기가 생긴다.[9] 이는 우리가 일관성을 중요하게 생각하기 때문이다. 나 역시 몇 가지 공개적으로 내린 판단이 있다. 물론 확실한 근거를 바탕으로 결정했지만, 그 판단을 바꿔야 할 강력한 증거가 나온다고 해도 쉽게 생각을 바꾸기는 어려울 것 같다. 예를 들어, 나는 마음 챙김 훈련의 효과가 과대평가되었으며, 세 살 미만의 아이와 시간을 보내는 것을 '진심으로' 좋아하는 사람은 없다고 생각한다. 나는 일관성을 유지하고 싶다는 심리적 동기에 따라 마음 챙김이 도움이 된다거나, 어린아이의 존재가 진정한 행복의 원천이라는 주장을 뒷받침하는 증거에서 허점을 찾는다. 이렇게 자신의 신념과 반대되는 증거를 의도적으로 무시하는 '동기에 의한 추론' 과정은 오히려 우리의 신념을 더욱 공고히 할 뿐이다.[10] 우리는 처음부터 현명하게 올바른 편을 선택했으며, 이제 우리 신념이 '정당'한지에 대한 주저함도 해소되었으니, 실제로 더 현명해진 셈이다.

분명히 해두자면, 이 책은 오리가 보인다는 사람에게 토끼를 보라고 설득하는 책이 아니다. 누군가의 신념을 바꾸기를 바라지 않는다. 그보다는 우리가 오리를 볼 때 다른 사람들이 토끼를 봐도 괜찮다는 사실을 인정하고 더 나아가 '포용하는' 방법에 초점을 맞추고 싶다. 여기서 '포용하기EMBRACE'라는 단어를 강조한 데에는 이유가 있다. 뒤에서 살펴보겠지만, 받아들인다는 뜻의 영어 단어 EMBRACE를 이루는 알파벳 글자들은 그저 신념주의에서 벗어나는 데서 한 걸음 더 나아가 나와는 다른 신념을 용인하기 위한 효과적인 전략으로, 기억하기 쉽고 희망적인 연상 기호로 사용된다. 모든 사람은 일반적으로 관용적이지만, 때때로 그렇지 않을 때가 있다. 그러니 이 책은 어느 정도 신념주의적이면서도 자신이 꽤 관용적이라는 약간의 착각 속에 살고 있는 이들을 위한 책이다. 다시 말해, 이 책은 우리 모두를 위한 책이다.

1990년 초반에 내게 가장 지적으로 영향을 준 영웅적인 인물은 요크대학교의 앨런 윌리엄스Alan Williams 교수님이었다. 교수님 연구실 문에는 "말이 통하는 사람이 되게. 내 방식대로 하게나Be reasonable. Do it my way"•라는 문구가 붙어 있었다. 교수님은 본인의 생각대로 오리를 오리라 부르는 사람이었지만, 더 좋은 주장이 나오면 기꺼이 생각을 바꾸기도 했다. 교수님이 중요한 논문 중 하나에서 내게 감사를 전하며, 늘 '특유의 논쟁적인 방식'으로 그의 관점을 형성하는 데 도움을 주었다고 언급했을 때 스스로가 정말 자랑스러웠다.[11] 이 책을 집어 들었다는 사실만으로, 당신은 이미 대단히 관용적인 사람일 가능성이 크다. 그래서 아마도 당신에게 남은 과제는 주변의 덜 관용적인 사람들이 조금 더 마음을 열 수 있게 돕는 것이나. 앨런 교수님은 분명 나를 더 관용적인 사람으로 만들어

---

• 앨런 윌리엄스 교수는 보건경제학의 석학으로 '무엇이 합리적인 선택인가'를 평생 연구한 학자로, 이 문장은 일종의 영국식 유머이자 역설이다.

주었다. 기억하자. 인생의 거의 모든 것이 전염성을 지닌다. 불행도 마찬가지다. 신념주의라고 해서 다를 이유는 없다. 그러니 주변 사람들에게 영향을 미칠 수 있는 당신의 힘을 과소평가하지 마라.

이 책은 우리가 서로 '논쟁하는 방식'보다는 '소통하는 방식'에서 생기는 긴장을 누그러뜨리기 위해 쓰였다고 볼 수 있다. 내가 학자가 되기로 한 이유는 관심 있는 주제를 연구하고, 더 많은 정보를 얻고, 때로는 진실이라고 믿어왔던 생각을 바꿀 기회를 얻기 위해서였다. 무엇보다도 아이디어를 두고 토론하고 싶었다. 나는 늘 의미 있는 논쟁을 즐겨왔고, 지금도 다양한 의견을 듣는 것을 좋아한다. 특히 내가 잘 알지 못하는 주제일수록 더욱 그렇다. 내가 꿈꾸는 세상은 오리를 보는 사람과 토끼를 보는 사람이 적이 되기보다는 친구가 되고, 심지어 함께 술 한잔을 기울일 수 있는 그런 세상이다.

## 점점 닮아가고 점점 달라지는 사람들

—

나는 서로 다른 사회적 계층에 속하고 다양한 정치 관점을 지닌 친구들과 여러 문제를 논의할 수 있다는 점을 자랑스럽게 여긴다. 그 친구 중 한 명인 스티브 베이커Steve Baker는 2024년 7월 총선에서 낙선하기 전까지 와이컴Wycom 지역구의 보수당 하원의원이었다. 우리는 팬데믹 기간에 만났는데, 당시 우리 둘 다 영국에서 시행된 사회적 거리 두기 정책 중 상당수가 득보다 실이 더 클 거라는 생각에 동의했다. 물론 우리가 모든 문제에 대해 의견을 같이하는 것은 아니다. 특히 경제문제에 있어서는 견해차가 크다(스티브는 나보다 시장을 훨씬 신뢰하는 반면, 나는 그보다 부의 재분배가 더 이루어져야 한다고 생각한다). 하지만 설령 팬데믹 대응 정책에 대한 의견이 달랐다 해도, 우리는 친구가 되었을 것이다. 내가 스티브를 좋아하는 이유는 단순하다. 그냥 그가 좋기 때문이다. 스티브는 원칙을 중시하고, 그 원칙에는 다른 의견을 존중하는 것도 포함된다. 그는 친절하고 관대하며, 자신과 의견이 다른 사람도 똑같은 태도로 대한다.

내가 좋아하는 사람들과 친구로 지내고, 당연히 그 친구들도 나를 좋아해야 한다는 말은 뻔하게 들릴 수 있지만, 여기서 중요한 점이 있다. 친구들이 나와 똑같을 필요는 없다는 것이다. 친구들이 나와 같은 신념을 공유할 필요는 없다. 나와 꽤 비슷한 친구들도 있지만, 매우 다른 신념을 지닌 친구들도 많다. 내 친구 그룹에는 2024년 영국 총선에서 모든 주요 정당에 투표한 사람들이 골고루 섞여 있다. 나는 그들 모두와 주제를 두고 논의하는 것을 좋아하고, 의견이 나른 친구들과 논쟁할 때 기쁨과 의미를 얻는다. 때로는 생각이 비슷한 친구들과 대화하는 것보다 더 즐거울 때도 있다. 나는 잘난 척하는 사람과 지나치게 진지한 사람도 싫어하지만, 위선적인 사람도 못 견딘다. 이 글을 쓰는 지금 내가 바로 그 경계선에 위험할 정도로 가까이 와 있다는 것을 알고 있다(어쩌면 벌써 넘어섰을지도 모른다).
그럼에도 다양한 배경과 신념을 지닌 친구들이 있다는 사실이 자랑
스럽다. 나는 누군가의 신념만으로 그 사람이 선한 사람인지 악한
사람인지 재단하지 않으려고 무던히 노력한다. 물론, 자신을 지나
치게 진지하게 여기고 위선적인 속물은 예외다.

누군가를 흑백논리로 보는 것을 심리치료사들은 '분열splitting'
이라고 부른다(여기서 잠깐 고백하자면, 내 아내는 심리치료사이며 이 용어
를 꽤 자주 사용한다). 아이들은 종종 누군가가 착한 사람인지 나쁜 사
람인지 묻는다. 우리 아이들도 어렸을 때 그 질문을 자주 했는데,
우리 부부의 대답은 늘 똑같았다. "모든 사람은 훌륭하지만 동시에
끔찍하기도 해." 비단 어린아이들만 분열적 사고를 하는 것은 아니
다. 조금 전에 스티브 베이커 이야기를 꺼낸 이유는 그가 브렉시트
Brexit의 주요 설계자 중 한 명이었기 때문이다. 내가 근무하는 런던
정경대에서는 브렉시트를 공개적으로 지지하는 사람을 찾기가 하
늘의 별 따기만큼 어려운 일이다. 그래서 EU 잔류를 지지하는 몇
몇 동료들은 어떻게 내가 브렉시트 지지자인 스티브와 친구가 될
수 있었는지 묻기도 했다. 물론 그들이 나를 열렬한 잔류 지지자로
단정한 것은 상당히 성급한 판단이며, 자신의 사고방식은 '옳고' 영
국이 더 많은 법적 자율권을 갖기를 원한 사람들은 '틀렸다'고 믿는
흑백논리를 여실히 보여준다(참고로 브렉시트에 대한 현재 내 입장은 잔
류에 투표했어야 한다는 것이지만, 그렇다고 이 문제에 대해 특별히 강력한 의

견이 있었던 건 아니다).

분열은 '기본적 귀인 오류FAE'로 설명할 수 있다.[12] 기본적 귀인 오류는 우리가 다른 사람의 행동을 평가할 때는 그 사람의 성격을 바탕으로 설명하면서, 자기 행동에 대해서는 상황적 요인을 지나치게 강조하는 보편적 심리 현상이다. 다른 사람이 도덕적으로 문제가 되는 행동을 하면 성격 탓으로 돌리면서 정작 자신이 같은 행동을 하면 어쩔 수 없는 상황이었다고 합리화한다는 의미다. 예를 들어, 누군가 초콜릿을 한 개 훔치는 것을 보면 우리는 그 사람을 도둑이라고 생각할 것이다. 하지만 만약 자기가 초콜릿을 훔쳤다면, 아마 자신을 도둑이라고 생각하지 않고 카드를 잃어버렸거나 이전에 실수로 돈을 너무 많이 낸 적이 있었다며 상황을 정당화할 것이다.

사안별로 사람을 판단하는 수고를 들이기보다 선한 사람인지 악한 사람인지 단정하는 편이 훨씬 더 쉽다. 일단 잔류를 열렬히 지지하는 사람이 누군가를 불쾌한 브렉시트 지지자로 보기 시작하면 (혹은 그 반대의 경우라도), 그들은 상대방을 항상 불쾌한 사람이라고 생각할 수 있다. 런던정경대의 많은 동료들은 브렉시트에 대한 스티브의 관점을 싫어하는 듯 보이며, 단순히 그 이유로 그 사람도 싫어한다. 그들은 특정 사안에 대한 그의 견해 너머를 보지 못하기에, 다른 사안에서는 그와 의견이 일치할 수도 있다는 가능성조차 고려하지 않는다. 그가 어쩌면 괜찮은 사람일지도 모른다는 생각은 애초에 하지 않는다. 내 동료들은 최소한 박사 학위가 있는 고학력자들이다. 정규 교육을 많이 받는다 해도 기본적 귀인 오류를 막지는 못하는 셈이다.

　우정에 관해 이야기하자면, 누군가와 친구가 될지 말지 결정할 때 친절함과 관대함, 유머 감각 같은 중요한 성품이 정치적 성향보다 우선시되어야 한다고 생각한다. 그러나 2019년 발표된 퓨 리서치 센터Pew Research Center의 데이터에 따르면, 미국에서는 지지하는 정당에 따라 사회적 관계가 크게 나뉘었다. 민주당 당원의 66%, 공화당 당원의 55%가 가까운 친구 중에 상대 정당에 소속된 사람이 거의 없거나 아예 없다고 응답했다.[13] 미국에서 정치 성향은 인종 및 종교와도 밀접하게 연결되어 있어, 서로 다른 정당을 지지하는 사람들 사이의 교류는 더욱 어렵다. 2016년 미국에서 실시한 한 연구에서는 자신과 정치적 견해가 다른 사람이 많은 지역에 거주하면 친구를 사귀기가 더 어렵다는 결과가 나타났다.[14] 이 연구를 비롯해 미국에서 발표한 많은 데이터는 개인적인 관계에서 '정치 성향에 따른 편 가르기'가 심각해지고 있음을 보여준다. 영국과 다른 유럽 국가에서도 비슷한 양상을 찾아볼 수 있지만,[15] 미국만큼 극단적인 수준은 아니다. 따라서 당파 정치와 관련한 많은 문제가 그렇듯, 미국의 사례를 지나치게 일반화하지 않도록 주의해야 한다.

　흥미롭게도 최근 영국과 독일, 미국을 비롯한 여러 국가에서 정치적으로 여성은 점점 더 진보적으로, 남성은 점점 더 보수적으로 옮겨가고 있다는 증거가 드러나고 있다.[16] 성별에 따라 이렇게 정치적 견해에 차이가 있는 이유는 교육 수준 차이와 경제적·문화적 박탈감 그리고 사회적 교류 감소 등을 비롯한 여러 요인이 연관되어 있다. 만약 진보 성향의 여성이 데이트 시장에서 보수 성향의 남성을 점점 더 꺼린다면, 정치 성향에 따른 편 가르기는 심해질 것이다. 영국 성인 3,000명을 대상으로 한 온라인 데이트 실험에서 우리는 외모에 대한 호감도를 비롯한 다른 요건들과 함께, 자신과 같은 정당(보수당 또는 노동당)에 투표하는 사람과 데이트하고 싶어 하는 정도를 살펴봤다.[17] 그 결과, 정치적 성향은 외모 매력도만큼이나 중요한 요소로 나타났다. 특히 이러한 경향은 다른 성별이나 정당 소속보다 노동당을 지지하는 여성에게서 가장 뚜렷하게 드러났다.

우리는 또한 데이트 상대를 결정할 때 상대방의 프로필에 다른 세계관에 대한 포용적인 태도가 얼마나 드러나 있는지가 중요한 요소라는 사실을 발견했다. 스스로 관용적이지 않다고 말하는 사람조차도 같은 양상을 보였다. 편협한 사람을 좋아하는 사람은 없다. 심지어 편협한 사람조차도 마찬가지다. 따라서 지금 데이팅 앱을 이용하고 있다면, 자신이 얼마나 열린 사고를 지녔는지 드러내 보이기를 권한다('실제로' 마음이 넓은 사람이라면 더더욱 주저할 이유가 없다). 우리는 모두 이떤 식으로든 자신이 '좋은' 사람이라는 메시지를 자신과 타인에게 전달하려고 한다. 평판이 '좋은' 사람은 데이트 시장이나 취업 시장에서 선택권이 더 넓을 뿐 아니라 전반적으로 더 행복한 삶을 누리는 등 모든 면에서 혜택을 누린다. 자신과 가치관이 비슷한 파트너를 찾는 것은 자연스러운 일이지만 친절함, 관대함, 유머 감각 등 관계의 성공을 좌우하는 요소는 사람들이 생각하는 것만큼 정치적 성향과 큰 관련이 없을 수 있다.

정치 성향에 따른 편 가르기의 모습이 구체적으로 어떻든 간에, 나는 많은 사람이 왜 나보다 더 신념주의자의 면모를 보이는지 매우 궁금하다. 그들이 나보다 더 확고한 신념을 지닌 걸까? 아니면 오히려 신념이 더 약한 걸까? 내가 그들보다 더 관용적인 걸까? 아니면 원칙이 뚜렷하지 않은 걸까? 어쩌면 나는 내 관용 수준을 착각하고 있는 걸지도 모르겠다. 그리고 지금 이렇게 말하는 것도 당신에게 내가 관용적이라는 신호를 보내고 있는 것일 수도 있다. 나는 예전에 사람들이 자신에 대해 어떤 말을 하는 것은 보통 타인을 설득하기 위해서지만, 때로는 실제 자신과 다른 모습을 스스로 납득하기 위해서이기도 하다고 쓴 적이 있다. 친절한 사람은 자신이 얼마나 친절한지 잘 말하지 않는다. 정말 바쁜 사람은 바쁘다는 말을 할 여유가 없다. 하지만 나는 항상 나와 다른 사람들을 동경해왔다. 외모가 다르고, 행동과 생각이 다른 사람들. 때로는 그들이 그저 다르다는 이유만으로도 높이 평가했다. 나는 시위자들을 대단히 좋아한다. 심지어 항의하기 위해 도로 위에 손을 접착제로 붙이는 사람들까지도. 많은 경우 나는 그들의 주장에 동의하지 않고, 대개는 그들의 전술이 오히려 문제를 키운다고 생각한다. 그럼에도 그들이 무언가에 진심을 쏟는다는 사실이 좋고, 그들의 열정을 존경한다.

제대로 기능하는 사회에는 다양한 사람과 신념이 필요하다는 사실을 기억해야 한다. 이 점은 계속해서 상기해야 한다. 나는 집단지성이라는 개념에서 큰 깨달음을 얻었다. 집단지성의 기본적인 아이디어는 소의 무게 추측에서 드러난다.[18] 사람들이 소 옆을 지나가면서 각자 소의 무게를 추측하는 상황을 상상해보자. 개중에는 터무니없는 추측을 하는 사람도 있지만, 추측 값의 평균은 놀랍게도 정확하다.* 인공지능의 미래 같은 복잡한 문제는 소의 무게와는 비교할 수 없을 만큼 추측하기 어렵지만, 크게 의견이 엇갈리는 소수의 전문가에 의존하는 것보다 여러 사람의 신념이 다가올 일을 더 정확하게 반영할지도 모른다. 다양한 신념이 존재하는 것도 중요하지만, 동시에 신념주의도 줄어들어야 한다. 우리가 상당수의 사람을 조금이라도 '신념주의'에서 멀어지게끔 유도할 수 있다면, 모든 면에서 더 나은 의사결정이 이루어지는 더 좋은 사회를 만들 수 있을 것이다. 이를 통해 서로 다른 관점을 지닌 사람들 사이에 더 많은 교류와 협력, 진정한 우정이 생겨나기를 기대할 수 있다. 지루한 '합의'가 아니라, 활기차고도 존중이 담긴 '논쟁'이 있는 세상 말이다.

* 1906년 프랜시스 골턴Francis Galton이 실시한 유명한 실험

## 하나의 신념이 전혀 다른 영역의 판단에 미치는 영향

—

신념주의를 줄이기란 생각보다 쉽지 않을 것이다. 누군가의 신념을 알게 되거나 안다고 생각만 해도 그 사람을 대하는 태도가 달라지고, 때로는 인식하지 못해도 태도 변화가 나타난다. 누군가의 신념을 '실제로 아는 것'과 '안다고 믿는 것' 사이의 차이가 상당히 클 때도 있지만, 대부분 그를 대하는 방식에는 큰 차이를 만들어내지 않는다. 예를 들어, 내가 낙태 문제에 대해 강력한 찬성론자이면서 신념주의자인데 당신이 강력한 낙태 반대론자라고 '믿을 만한' 근거가 있다면, 아마 여러 방식으로 당신을 차별할지도 모른다. 여기서 근거란 당신을 낙태 반대 집회에서 본 것일 수도 있고, 내가 신뢰하는 제삼자에게서 들은 말일 수도 있다. 삶의 많은 일이 그렇듯, 우리의 생각과 행동, 감정 대부분은 우리의 인식에 의해 좌우된다. 우리가 스스로의 차별을 인지하고 있든 아니든 우리가 사람을 대하는 방식에는 별 차이가 없을 수 있지만, 인지하지 못하는 경우(무의식적인 경우) 그 효과는 아마도 더 미묘하게 나타날 것이다.

낙태에 반대하는 (그렇다고 추정되는) 직장 동료가 있다고 상상해보자. 원칙적으로, 다른 사안을 논의할 때에는 낙태에 대한 그 사람의 견해 때문에 생긴 나의 반감을 제쳐둘 수 있어야 한다. 하지만 낙태에 대한 그 사람의 신념을 (의식적이든 무의식적이든) 무시할 수 없다면, 다른 문제에 대한 그 사람의 신념까지 일축해버릴 가능성이 있다. 심지어 생산성 개선 방안에 대한 그들의 의견조차도 색안경을 쓰고 보게 된다. 반대로 동료가 낙태에 대해 나와 같은 관점을 지녔다는 사실을 알게 되면, 나는 (의식적 또는 무의식적으로) 생산성 개선 방안을 포함해 다른 사안에 대한 그 사람의 의견에 동의하게 될지도 모른다. 누군가 낙태에 대해 어떤 생각을 하고 있는지가, 직장에서 생산성을 높이는 방법에 대해 그 사람이 얼마나 잘 판단하고 있는지 평가하는 근거가 될 수는 없다. 따라서 한 주제나 영역에서 누군가의 믿음에 대해 내린 판단이 마땅히 별개로 판단해야 할 다른 영역의 믿음이나 견해, 선호도까지 결정하도록 내버려둘 때 신념주의는 상당한 '파급 효과'를 낳을 수 있다. 나는 친구이자 동료인 마테오 갈리치Matteo Galizzi, 다리오 크르판Dario Krpan과 함께 행동의 '파급 효과spillover'와 '사전 파급 효과spillunders'에 관한 연구를 진행했다. 즉 하나의 행동이 다음 행동에 어떤 영향을 주는지 그리고 나중에 어떤 일을 하겠다는 의도가 그 이전의 행동에 어떤 영향을 주는지를 연구했다.[19] 행동이라는 연못에 변화라는 조약돌을 던지면, 처음에는 물이 튀기고 이어서 하류 방향으로, 때로는 상류 방향으로 상당한 파급 효과가 생긴다. 예를 들어, 지금 당장 운동하러 가기로 했거나 나중에 가기로 마음먹기만 해도 운동 전후 식단이 상당히 달라질 수 있다. 때로는 건강에 도움이 되는 방식으로, 때로는 건강을 해치는 방식으로 말이다. 이 예시는 동일한 영역 내에서 발생하는 파급 효과를 보여주며, 여기서는 건강 영역에 해당한다고 볼 수 있다. 반면 영역을 넘어 나타나는 파급 효과도 있다. 예를 들어, 신체 활동을 얼마나 했는지가 (정확히 말하자면 신체 활동 수준에 대해 내가 어떻게 느끼는지가) 자선단체에 얼마나 기부하는지에 영향을 미칠 수도 있다. 혼자 고립된 채 존재하는 행동이나 신념은 없다.

사람들의 신념은 서로 밀접하게 연결되어 있기도 해서, 때로는 하나의 신념을 바탕으로 다른 신념을 예측하는 것이 아주 불합리한 일은 아니다. 주로 미국에서 발표한 연구 결과이지만, 시간이 지날수록 사람들의 신념이 하나로 군집화clustered된다는 증거가 있다. 즉 언론의 자유에 대한 누군가의 견해만 알아도, 이민이나 기후 변화에 대한 견해 또한 몇십 년 전보다 쉽게 예측할 수 있다는 뜻이다.[20] 미국 퓨 리서치 센터가 이민과 환경에 대한 의견을 포함해 열 가지 정치적 태도를 분석한 데이터에 따르면, 현재 공화당 당원 가운데 중도에 해당하는 사람조차도 민주당 당원 전체 중 94%보다 더 보수적인 태도를 보인다. 마찬가지로 민주당 당원 중 중도에 해당하는 사람도 공화당 당원 전체의 92%보다 더 진보적인 태도를 보인다. 반면 1994년 당시 이 비율은 각각 70%와 64%에 그쳤다.[21]

2022년 발표된 논문에서 조지 멜리오스George Melios 박사와 동료들은 이념적으로 일관된 태도가 정책 영역에 더 광범위한 파급 효과를 미친다는 사실을 밝혔다. 정부의 역할과 각 정당의 역량에 대한 신념을 살펴보면, 지지자들이 이 자선단체에 기부하는 전체 금액에 신념이 인과적인 영향을 미친다는 것을 알 수 있다. 이 논문에서는 17년에 걸친 미국 세금 신고 데이터를 분석한 결과, 현 정부를 지지하는 사람은 자선 기부금을 줄이는 경향이 있는 반면, 현 정부에 반대하는 사람은 기부금을 늘린다는 사실을 확인했다. 이러한 차이는 정부의 효율성에 대한 인식 차이로 설명될 수 있겠지만, 그 인식 자체는 당파 성향과 신념주의가 얼마나 강한지에 따라 크게 영향을 받았다.[22]

더 나아가, 최근의 종단적 연구들은 놀랍게도 이러한 환경이 일부 미국인으로 하여금 자신의 인구통계학적 정체성을 당파적·이데올로기적 전형에 맞춰 조정하도록 만들고 있음을 보여주었다. 미국 성인 인구를 대표하는 전국 단위 설문조사와 다양한 정체성 관련 질문을 활용한 결과, 연구자들은 2006~2014년 사이에 많은 미국인이 인종, 종교, 성적 지향, 계급과 관련한 자신의 정체성을 바꿨다는 사실을 발견했다.[23] 이 가운데 소수지만 상당한 비율의 사람들이 정치 집단의 전형적인 모습에 맞춰 정체성을 바꿨다. 진보 성향의 민주당 당원들은 보수 성향의 공화당 당원보다 레즈비언, 게이, 양성애자, 무종교인, 라티노 정체성으로 전환할 가능성이 더 높았고, 보수 성향의 공화당 당원은 진보 성향의 민주당 당원보다 거듭난 기독교인Born-again Christian 이나 개신교인으로 정체성을 선환할 가능성이 높았다.

미국에서 나타난 정치 성향에 따른 군집화 패턴은 영국에서는 그다지 두드러지지 않는 것으로 보인다. 오히려 시간이 지나면서 사람들은 특정 정당에 대한 충성도가 낮아지고 있으며, 정당보다는 브렉시트 문제를 중심으로 결집했다.[24] 이 단락을 수정하는 시점은 2024년 총선에서 노동당이 압승을 거두고 며칠이 지난 후다. 많은 유권자가 보수당에서 자유민주당과 개혁당으로 지지를 옮겼다. 의회에서는 노동당이 전체 의석의 63%를 차지하며 압도적인 승리를 거두었지만, 득표율은 34%를 보이며 소폭 상승하는 데 그쳤다. 투표율은 2021년 이후 가장 낮았다. 전반적으로 이번 선거는 노동당에 대한 압도적 지지보다는 보수당 정부에 대한 거부감이 반영된 결과이지만, 유권자들이 어느 정도는 지지하는 당을 옮길 수 있다는 사실을 보여주었다. 무엇보다도 이번 선거는 소선거구제의 불확실성을 여실히 드러냈다. 예를 들어, 노동당은 한 석을 얻으려면 약 2만 4,000표가 필요했지만, 개혁당은 80만 표가 필요했다. 합리적인 민주주의자라면 누구나 득표율과 의석수 비율이 일치하는 제도를 선호할 것이다.

어쨌든, 예전보다 다양한 문제에 걸쳐 비슷한 신념을 지닌 집단을 식별하기가 쉬워졌다고는 해도, 그 상관관계는 여전히 완벽하지 않다. 상관관계가 이전보다 긴밀해졌다고 해도, 한 가지 신념에 대한 관점을 전혀 관계없는 상황에 적용하여 그들을 판단하고 차별하는 것은 여전히 문제다. 그럼에도 신념주의의 파급 효과는 어디에나 퍼져 있는 것으로 밝혀졌다. 예를 들어, 배관공이 필요한데 두 명 중 한 명을 선택해야 한다고 가정해보자. 한 명은 실력이 좋지만 특정 인종의 친구나 거래처와는 관계를 끊는 사람이고, 다른 한 명은 실력은 평범한데 그런 식으로 차별하지 않는 사람이다. 당신이라면 누구를 선택하겠는가? 만약 두 번째 사람의 실력이 형편없고, 어쩔 수 없이 둘 중 하나를 선택해야 한다면 어떨까? 과연 쉬운 결정일까? 신념주의의 파급 효과는 대개 인종차별적 행동보다는 훨씬 덜 심각한 상황과 연관되어 나타나지만, 생산성이나 사회적 정의처럼 중요한 결과에는 여전히 상당한 영향을 미친다.

2019년에 진행된 일련의 흥미로운 연구에서는, 정치적 성향이 비슷한 사람의 조언을 선호하는 경향이 정치와 무관한 영역에서도 나타나는지를 조사했다. 참여자들은 타인의 정치적 견해와 기하학적 도형을 구분하는 능력을 여러 차례에 걸쳐 학습할 기회를 얻었다. 이후 도형을 구분해야 하는 상황에서, 참여자들은 심지어 단순한 도형을 분류할 때도 누구의 조언을 구할지 선택해야 했다. 정치적 성향은 사실 도형 분류 능력과 아무런 관련이 없었다. 그런데 340명을 대상으로 한 데이터에서 예상치 못한 결과가 나타났다. 참여자들은 자신과 정치적으로 같은 생각을 하는 사람이 도형 분류도 더 잘할 거라고 오판했고, 결국 그들에게 조언을 더 많이 구했다.[25]

최근에는 신념주의의 파급 효과가 나양한 경세 활동에 비치는 영향을 조사한 연구가 실시되고 있다. 한 연구에서는 2008년 선거를 전후로 가나의 택시 기사들을 대상으로 '현장' 실험을 여러 차례 실시했다.[26] 이 연구는 민족 구성이 다양한 가나의 수도 아크라<sub>Accra</sub>

에서 요금을 흥정하는 상황을 실험 환경으로 삼았다. 승객들은 택시를 부르고, 합의가 이루어질 때까지 차 밖에서 기사와 요금을 흥정해야 했다. 실험 참가자를 모집하기 위해 아크라에서 가장 큰 교통 허브 중 한곳에 참여를 독려하는 전단지가 배포되었다. 승객은 택시를 잡은 후, 자신의 모국어로 대본에 따라 흥정을 시작하는 역할을 맡았다. 승객과 운전자는 언어와 억양을 통해 서로의 민족적 배경을 확인하고, 일상생활에서 그렇듯 특정 민족이 특정 정당에 결속되어 있는 전형적인 양상을 바탕으로 상대의 정치 성향을 추론한다. 연구 결과, 택시 기사들은 정치 성향이 같은 승객이 제시한 낮은 요금은 수용하는 반면, 반대 성향을 보이는 승객에게는 더 비싼 요금을 요구했다.

2016년 미국에서 실시한 한 연구에서는 약 1,800명에게 할인된 아마존 기프트 카드를 구매할 의사가 있으면 등록하라는 제안 메일을 발송했다.[27] 해당 카드는 50달러 상당이었으며, 선정된 참여자는 반값인 25달러만 내면 된다는 내용이었다. 이메일에는 이 기프트 카드가 모금 활동을 도와준 자원봉사자에게 감사 선물로 제공되고 남은 물량이라는 설명이 적혀 있었다. 제안 내용은 동일했으나, 무작위로 선정된 세 그룹에 발송된 이메일 문구는 서로 달랐다. 첫 번째 그룹은 기프트 카드가 '민주당 선거운동 자원봉사자들과의 협력' 과정에서 남은 것이라는 안내를 받았다. 두 번째 그룹에는 공화당 선거운동 자원봉사자들과의 협력 과정에서 남았다고 설명했다. 세 번째 (통제) 그룹에는 비영리 단체와의 협력 과정에서 남은 기프트 카드라고 말했다. 참여자들은 링크를 클릭해 설문을 완성하고 기프트 카드 구매 의사를 남겼다. 모금 활동과 자신의 정치 성향이 같은 경우 참여자들의 이메일 응답 가능성이 거의 두 배 가까이 높았다.

신념주의는 때로 정당화될 수 있다. 예를 들어, 타협을 거부하는 완고한 인물의 혐오스러운 견해로부터 등을 돌리는 경우나, 누군가의 신념주의 자체가 그의 올바른 판단을 방해한다는 점을 근거로 그 사람의 모든 견해를 무시하는 것이 옳을 때도 있다. 그러나 대체로 신념주의의 파급 효과는 효과적인 결정을 내리는 데 방해가 된다. 예를 들어, 낙태나 주일 음주와 같은 권리를 제한하려 하면서 토론은 거부하는 종교인과는 대화하고 싶지 않을 수 있다. 그렇다고 해서 그 사람이 기꺼이 논의에 참여하고자 하는 다른 문제들에 대한 신념까지 무시할 이유는 없다. 특히 직장 내에서 성과를 개선하는 방법과 같은 주제에 대한 의견까지 배제하라는 뜻은 더더욱 아니다. 신념주의자라는 이유로 그 사람의 모든 신념을 무시한다면, 그건 신념주의라는 목욕물을 버리려다가 신념이라는 아기까지 버리는 격이 될 것이다.

# 2장

# 내집단과 외집단의 심화되는 전쟁

## 유유상종의 원리

—

신념주의와 그에 따른 다양한 파급 효과는 우리가 타인을 '나와는 다른 존재'로 보는 데서 기인한다. 그리고 우리가 자신을 어떻게 정의하는가는 우리가 속한 집단을 어떻게 바라보는지에 따라 결정된다. 전반적인 학문 분야에서는 물론이고 상식적으로도 우리는 우리가 사회적 동물임을 인정한다. 우리는 집단의 일부로 살아가고, 소속감을 느끼도록 진화해왔다. 우리는 타인을 기준 삼아 자신과 비교하고, 주변과 어울리려고 애쓴다. 행동과학 분야에서 가장 방대한 연구가 이루어지는 분야가 바로 '사회적 규범'인데, 우리는 이를 통해 주변 사람들의 신념과 행동을 받아들인다. 길을 걷고 있는데 많은 사람이 위를 쳐다보고 있다고 상상해보자. 당신은 어떻게 행동하겠는가? 분명 고개를 들고 위를 쳐다볼 것이다. 세금 납부 기한이 지났는데, 지역 주민의 95%가 세금을 제때 내고 있다는 사실을 알게 된다면, 아마 당신도 곧바로 세금 신고를 할 것이다. 또는 친구들이 모두 당신보다 운동을 더 많이 한다고 느낀다면, 당신도 운동량을 늘리려 할 것이다.[28]

우리가 속한 집단의 행동과 정체성을 받아들이는 데에는 세 가지 경로가 있다. 첫째, 사회적 영향이다. 우리는 또래 집단에서 받는 동조 압력peer pressure이나 권위자의 영향으로 집단의 규범을 따른다. 당신이 속한 직장 문화가 어떻게 만들어지는지 생각해보라. 둘째, 공동의 경험이다. 이 경험은 역사적 사건부터 공동의 고난이나 성취에 이르기까지 다양하다. 영국 윈드러시Windrush 세대*가 보여주는 연대감을 떠올려보라. 셋째, 문화적 전승이다. 전통은 민속, 의례, 교육 등을 통해 한 세대에서 다음 세대로 전달된다. 웨스트햄West Ham 팬들이 1966년 영국에서 개최된 월드컵 우승을 절대 잊지

---

* 제2차 세계대전 직후, 극심한 노동력 부족에 시달리던 영국은 과거 식민지들에서 이민자를 대거 받아들였는데, 그때 이들을 태우고 온 배 이름이 엠파이어 윈드러시Empire Windrush 호였고 그 이름을 따서 이들을 윈드러시 세대라 부른다.

못하는 것을 생각해보라(당시 대표팀 주장과 골을 넣은 두 선수 모두 웨스트햄 소속이었다).

우리는 또한 세계를 바라보는 방식 등 다양한 측면에서 우리와 닮은 사람을 더 좋아하는 경향이 있다. 앞서 제시한 그림을 우리가 오리라고 본다면, 우리 주변에는 똑같이 오리로 본 사람들이 모이게 되어 있다. 이것이 바로 '유유상종' 또는 '동종 선호'이다.[29] 사람들은 자신과 비슷한 특성을 지닌 친구를 사귈 가능성이 더 높으며, 때로는 그 사실을 자각조차 못 하기도 한다. 이 현상은 단순한 친구 관계에 국한되지 않는다. 이는 직장 내 인간관계나 도움과 조언을 주고받기 위해 맺는 네트워크를 포함한 우리 사회생활 전반에 스며들어 있다. 실제로 우리의 사회적 관계망은 놀라울 정도로 균일하며, 주로 연령, 인종, 교육 수준에 따라 구분된다. 흥미롭게도, 비슷하지 않은 사람과의 관계는 더 쉽게 깨지는 경향이 있어서 사회적 공간 내에서 더욱 긴밀한 집단이 생겨나는 상황이 만들어진다.[30]

물론 같은 생각을 하는 사람으로 이루어진 집단은 매우 효율적일 수 있다. 때로는 반대 의견이 효율적인 의사결정을 방해하기도 한다(게다가 꽤 성가실 수도 있다). 집단의 사고방식을 주도하는 메커니즘을 설명하는 이론과 모델에는 여러 가지가 있는데, 대표적인 이론인 '교류기억체계Transactive Memory System, TMS'는 단결된 집단에서 각 구성원이 전문화된 역할을 맡는다고 본다.[31] 각 팀원은 동료들의 전문 지식에 의존하며, 팀 전체가 개별 팀원의 합보다 더 큰 성과를 만들어낸다. 당연히 의사소통은 집단 인지에서 중심 역할을 한다. 개방적인 대화를 통해 구성원들은 아이디어를 주고받고, 협상하며, 개인의 관점을 통합한다. 이렇게 해서 혼자서는 어려웠을 집단적 이해나 해결책이 만들어진다. 가장 효율적인 가정, 동호회, 직장에서의 의사소통과 협업은 이러한 방식으로 이루어진다.

그렇다고 모든 집단이 효과적인 의사결정을 내리는 것은 아니고, 집단 인지도 여러 방식으로 훼손될 수 있다. 예를 들어, 지배적인 성향의 사람들은 의도가 있든 없든 다른 사람들의 목소리와 아이디어를 억누를 가능성이 있고, 그 결과 시야가 좁아진다. 아마도 집단 인지에서 가장 주목할 만한 부작용은 '집단 사고groupthink'일 것이다.[32] 집단 내의 조화를 추구하는 열망은 인지 과정을 방해할 수 있으며, 합의에 도달하려는 충동 때문에 더 나은 선택지를 너무 빨리 배제할 경우 차선의 의사결정으로 이어질 수 있다. 본질적으로 집단 사고는 조화를 유지하고 갈등을 피하려는 집단적 욕구에서 비롯된다. 우리 모두에게는 어딘가에 소속되고 싶어 하는 깊은 욕구가 있다.[33] 심지어 자신은 남들과 다르다고 주장하는 사람도, 아니 때로는 그런 사람일수록 더욱더 소속에 대한 강한 욕구를 느낀다. 우리는 우리를 향한 다른 구성원들의 시선을 신경 쓰며 산다. 그것도 아주 많이.

집단 사고와 신념주의는 서로 뗄 수 없을 정도로 긴밀하게 연결되어 있다. 집단 사고가 발생한 집단에서는 개별 구성원들이 자신의 의견을 집단의 합의로 인식되는 의견에 맞춰야 한다는 압박을 느낀다. 이러한 압박은 집단 내 화합을 유지하려는 순수한 바람에서 비롯될 수도 있고, 배제되는 것에 대한 두려움에서 나왔을 수도 있다. 집단 사고는 합의가 이루어졌다는 잘못된 느낌을 줄 수 있다. 소수의 구성원만이 동의한다는 의견을 표해도, 반대 의견의 목소리를 내지 않으면 모두가 동의하는 것처럼 받아들여질 수 있다. 집단 사고에 사로잡힌 집단에서는 대안적 관점이나 비판이 종종 억압받는다. 여기서 억압은 집단 지도자들에 의한 적극적 억압일 수도 있고, 대세를 거스를까 봐 두려워 스스로를 검열하는 구성원들의 소극적 억압일 수도 있다. 이러한 집단은 외부 의견을 배제하며, 자신들의 결정이 더 우월하다고 믿거나 외부인은 자신들을 이해하지 못할 거라고 생각한다. 결국 세상이 정확히 자신들이 보는 모습대로만 존재한다고 확신한다.

집단의 의견에 동의하지 않는 사람이 있더라도, 자신의 목소리를 내기란 쉽지 않다. 집단에 소속되고 싶은 우리 욕구가 얼마나 강한지는 아무리 강조해도 부족하다. 심지어 그 동조가 잘못된 결정으로 이어질 것임을 확실히 아는 순간에도 말이다.[34] 이러한 집단 사고는 '가용성 폭포<sub>availability cascades</sub>'에 의해 더욱 악화된다. 가용성 폭포란 집단적 신념이 형성되는 자기 강화 프로세스로, 공동체나 사회 안에서 극단적인 관점을 공고히 함으로써 신념주의를 심화시킨다.[35] 특정 이야기나 정보가 미디어나 소셜 네트워크를 통해 알려지고 널리 퍼지면, 피드백 루프feedback loop가 만들어져서 집단 내에 이러한 견해가 우세하다고 인식되고 쉽게 받아들여진다. 그 결과, 대안이 될 수 있는 관점을 받아들일 여지가 줄어든다.

경제 예측을 예로 들어보자.[36] 한 그룹의 전문가들이 다음 기간의 인플레이션율을 5%로 예측했는데, 한 명의 전문가만 그보다 다소 낮을 거라고 믿는다고 가정해보자. 그 전문가는 집단의 의견에 맞출지, 위험을 무릅쓰고 자신의 예측을 고수할지 선택의 갈림길에 선다. 후자를 선택해 예상이 맞으면 좋지만, 틀린다면 바보가 된 기분이 들 것이다. 모두가 틀리더라도 집단의 의견에 맞추는 편이 혼자 눈에 띄게 다른 의견을 제시했다가 틀리는 것보다 개인의 행복과 자존감 측면에서 훨씬 낫다. 경제 예측이 자주 빗나가는 이유가 바로 여기에 있다. 경제 예측보다 "점성술이 더 믿을 만해 보인다"라는 미국의 경제학자 J. K. 갤브레이스J. K. Gabraith의 비판도 일리가 있다.[37] 여기서 핵심은 '소속되고자 하는 욕구'가 종종 '옳고자 하는 욕구'를 압도할 만큼 강력하다는 것이다.

## 신념이 만들어내는 정서적 양극화

—

한 집단의 신념은 그 집단이 스스로(내집단)를 어떻게 바라보고 행동하는지에만 영향을 주는 것이 아니라, 다른 집단(외집단)을 어떻게 대하고 느끼는지에도 영향을 미친다. 우리는 사람들을 선과 악으로 구분할 뿐 아니라, 세상을 '우리'와 '그들'로 나눈다. 이 사고방식은 세상을 선과 악, 도덕과 부도덕이라는 이분법으로 범주화하게 하는 '도덕적 이원론'에 깊은 철학적 뿌리를 두고 있다. 역사적으로 내집단의 선함과 외집단의 악함을 주제로 한 이야기는 계속해서 만들어져왔다. 오늘날 소셜미디어가 이런 이분법적 사고에 영향을 미친다고 우려하지만, 사실 인간은 오랫동안 내집단에는 도덕적 우월성을 부여하고, 외집단은 악마화해왔다는 사실을 쉽게 잊는다. 자신이 속한 집단이나 그 정체성이 위태롭게 느껴질 때, 사람들은 내집단의 결속을 강화하고 외집단을 향해 적대적으로 맞선다.

집단 간의 차이는 잘못된 '메타 인식meta-perception'에 의해 증폭될 수 있다. 메타 인식이란 외집단이 내가 속한 내집단을 바라보는 방식에 대한 우리의 믿음이다. 우리는 종종 우리를 바라보는 실제 타인의 시선과는 전혀 다른 시선을 믿으며 살아간다. 이런 오해는 고정관념과 편견에서 비롯되며, 우리는 상대 집단이 우리 집단에 대해 부정적인 신념을 품고 있는 정도를 실제보다 과장해서 판단한다. 이러한 과대 해석은 집단 간 적대감을 부추긴다. 오리와 토끼는 실제로 생각만큼 멀리 떨어져 있지 않을 수도 있다. 때로는 분명한 차이가 있을 수 있지만, 어쨌든 '신념의 덫belief traps'은 외집단에 대한 오해를 증폭시켜 신념주의를 더욱 자극한다.[38] 그 결과, 다음 그림이 잘 보여주듯이, 오리와 토끼 사이에 순식간에 전선이 그어진다.

"저들이 토끼 신을 버리고
우리가 믿는 오리 신을 받아들이지 않는 한, 평화란 없다."

최근 1,000명의 미국 성인을 대상으로 한 설문조사를 살펴보자.[39] 설문조사에서는 민주당 당원 또는 공화당 당원이라고 밝힌 참여자들에게 상대 정당에 대한 감정을 평가해달라고 요청했다. 참여자들은 상대 정당 지지자들의 정직성과 지능을 나머지 미국인들과 비교하여 5점 적도로 평가했다. 2022년 조사 결과, 민수낭원의 약 3분의 2는 공화당원이 다른 미국인들보다 더 부정직하다고 생각했으며, 공화당원의 약 4분의 3은 민주당원이 더 부정직하다고 생각했다. 지능 측면에서는 두 정당 모두 응답자의 약 절반 정도가 상대 정당 지지자들이 다른 미국인들보다 지능이 낮다고 생각했다. 그리 놀라운 결과가 아닐 수도 있지만, 불과 6년 전만 해도 부정직함에 대해서는 절반 미만, 지능에 대해서는 3분의 1 미만이 그렇게 답했다는 점을 고려하면 그 비율이 급격히 상승한 것이다.

영국에서도 신념에 대한 오해를 증명해주는 데이터가 있다. 런던정경대의 동료들은 최근 연구에서 영국인 3,326명을 대상으로 몇 가지 특성을 제시하면서 주요 양대 정당의 모습을 얼마나 잘 설명하는지 1점('전혀 그렇지 않다')에서 5점('매우 그렇다')까지의 척도로 평가하도록 했다. 정직성에 대한 인식에서 노동당 응답자들은 자신들의 진영을 3.8점, 보수당 지지자들을 2.5점으로 평가했지만, 보수당 응답자들은 자신들의 진영을 3.5점, 노동당 지지자들을 2.1점으로 평가했다. 브렉시트 탈퇴파와 잔류파는 모두 자신의 진영을 4.0점, 상대 진영을 3.0점으로 평가했다. 편협성에 대한 인식에서는 노동당 응답자들이 자신의 진영을 2.6점, 보수당 지지자들을 3.8점으로 평가했고, 보수당 응답자들은 자신의 진영을 2.2점, 노동당 지지자들을 3.7점으로 평가했다. 브렉시트 탈퇴파는 같은 탈퇴파를 2점, 잔류파를 3.7점으로 평가했고, 잔류파는 같은 잔류파를 1.9점, 탈퇴파를 3.4점으로 평가했다. 간단히 말하자면, 외집단은 내집단에 비해 덜 정직하고 개방성도 떨어진다고 인식된다.

집단을 명확히 구분할수록 '정서적 양극화Affective Polarisation, AP'가 심해진다. 정서적 양극화는 일반적으로 내집단에 대한 긍정적 감정과 외집단에 대한 부정적 감정 차이를 통해 측정된다. 최근 몇 년 사이 집단 간의 '신념' 차이 자체가 크게 벌어지지는 않았지만, 여러 연구에 따르면 집단들이 서로를 '어떻게 느끼는지'는 훨씬 양극화되었다.[40] 아래 그림은 1977년부터 2020년까지 영국, 미국, 독일, 스웨덴의 정서적 양극화를 보여준다. 그림에서는 '감정 온도계'를 사용하여 0(부정적)에서 100(긍정적)까지의 점수로 감정을 평가했다. 보통 사람들은 자신의 정당에는 계속해서 긍정적 감정을 느끼지만, 상대 정당에 대한 감정은 시간이 지나면서 점점 더 부정적으로 변해갔다. 영국의 경우 흥미롭게도 브렉시트 국민투표가 있기 전까지는 양극화가 완화되는 모습을 보였지만, 이후에는 크게 심화했다.

## 지난 40년간 정서적 양극화 추세

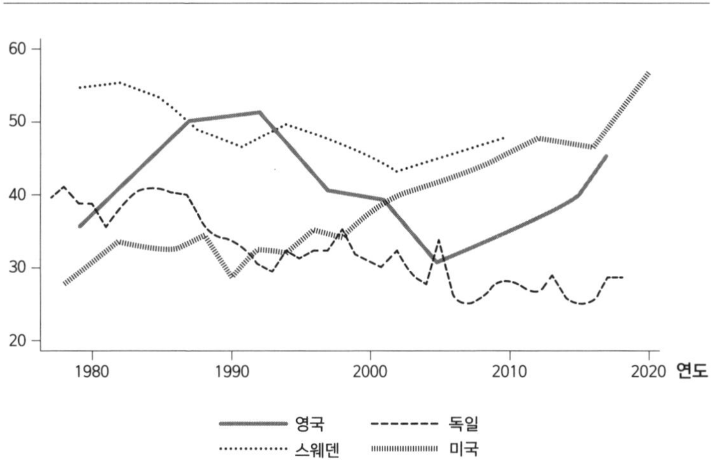



참고: 수치는 자신의 정당과 주요 경쟁 정당에 대한 평균 호감도 차이를 나타낸다.

반면 독일과 스웨덴은 전반적으로 '양극화 완화' 경향을 나타내며 다른 모습을 보였다. 일부에서는 이 현상이 이들 국가에서 연립 정부가 증가한 것과 유관할 수 있다는 증거를 제시한다.[41]

미국 데이터에 따르면 사람들은 나이가 들수록 양극화가 심해지는 경향이 있다고 한다. 그 이유 중 하나는 나이 들면서 자신의 정당에 대한 충성심이 강해지기 때문이다. 게다가 새로운 세대일수록 이전 세대보다 약간 더 양극화된 상태로 시작하며, 더 강한 정당 편향을 가진 채 성인기에 진입한다.[42] 미국에서는 연령에 따른 양극화가 뚜렷한 반면, 유럽에서는 다른 양상을 보인다. 1981년부터 2018년까지 27개 유럽 국가를 대상으로 이념적 입장을 조사한 결과, 연령에 따른 양극화는 비교적 일정한 수준을 유지했다. 흥미롭게도, 유럽의 젊은 세대는 '작은 정부'와 '진보적 사회 이슈'를 선호하지만, 그들이 자신과 생각이 다른 노년층을 향해 얼마나 적대적인 태도를 보이는지는 명확하지 않다.

'반정체성anti-identity'*으로 자신을 규정한다는 개념은 정서적 양극화를 이해하고 분석하는 데 핵심적인 역할을 한다. 잠시 당신이 정말 좋아하는 집단과 정말 싫어하는 집단을 떠올려보라. 아마도 후자에 대한 적대감이 전자에 대한 호감보다 훨씬 더 강하다고 느

---

* 　정체성 정치의 대립 개념으로 특정 집단, 사상, 가치에 대한 '반대'가 자기 정체성이 되는 상태

낄 것이다. 더 나아가 자신을 내집단을 지지하기보다 외집단에 반대하는 사람으로 규정할 수도 있다. 예를 들어, 어떤 사람들은 자신을 단순히 '비인종주의자non-racist'가 아니라 '반인종주의자anti-racist'라고 규정한다. 인종차별에 반대할 때보다 인종주의라는 사회적 불의에 맞서 싸울 때 집단 정체성이 훨씬 더 선명해진다는 데에는 논란의 여지가 없다. 반인종주의의 대안이 무엇인지, 실제로 인종차별을 줄이는 효과가 있는지는 논외로 하더라도, 중요한 것은 특정 신념에 확실하게 '반대'한다는 정체성 자체다.

증거에 따르면 이러한 '반정체성'의 구축은 때때로 정치 집단이나 운동 세력에 의해 지지층을 결집하고 내집단의 결속력을 다지는 수단으로 활용된다. 동시에 외집단에 대한 적대감을 공고히 하는 도구가 되기도 한다. 이는 '우리'와 '그들' 사이의 경계를 명확히 긋는 방식으로 이루어지는데, 이 과정에서 복잡한 사안이 외집단의 악마화로 단순화되고 만다. 최근 연구에 따르면 부정적인 정치적 정체성 단서를 포함한 후원 요청 이메일이 긍정적인 정체성을 활용한 이메일보다 더 많은 기부금을 끌어낸다. 2019년 영국 총선 시기에 익명의 한 정당과 함께 약 9만 명을 대상으로 실시한 실험에서, 상대 정당에 대한 부정적 내용이 담긴 캠페인 이메일을 한 통이라도 받은 경우, 이메일을 전혀 받지 않은 경우와 비교했을 때, 기부금이 약 15% 증가했다.[43] 이 연구는 '찬성'과 '반대' 정체성을 활용한 사례를 직접 비교하지는 않았지만, 결과는 반정체성을 자극하면 행동에 효과를 미친다는 새로운 실증적 증거를 보여준다.

게다가 세상이 이토록 엉망이 된 탓을 누군가에게 떠넘기면 기분이 나아질 때도 있다. 외집단에게 책임을 전가하고 그들을 비난함으로써 우리는 변화의 책임에서 벗어나게 된다. 조지 멜리오스는 불평등 해소에 관심이 있는 영국 사람들이 불평등이 더 심한 지역으로 이주하더라도, 불평등에 대한 우려가 더 커지거나 불평등 해소를 위해 더 적극적으로 나서지 않는다는 연구 데이터를 제시했다. 대신, 그들은 불평등의 책임이 보수당에게 있다고 생각해서 보수당에 대한 적대심을 키워나간다. 실제로 보수당이 불평등의 원인인지는 중요하지 않다. 그들에게 책임을 돌리는 편이 더 쉽고, 기분도 좋아지며, 실제로 불평등 해소를 위해 행동에 나서는 것보다 훨씬 수월하기 때문이다.

저항이 가장 적은 길을 선택하는 것은 변화된 상황에 대응하기 위한 가장 일반적이고 현실적으로 합리적인 반응이다. 런던정경대의 데이비드 브래드포드David Bradford와 나는 사람들이 체중이 늘었을 때, 살을 빼거나 아니면 체중이 자신의 전반적인 행복에 미치는 중요도를 조정함으로써 행복 수준을 유지할 수 있다는 이론적 모델을 개발했다.[44] 후자의 방법이 전자보다 쉽고, 우리 모델을 검증하기 위해 설계된 실증 분석에서도 사람들은 실제로 그렇게 선택하고 있었다. 체중에 관한 관심을 줄이는 것이 수월하다는 뜻은 아니다. 단지 체중 감량보다는 쉽다는 의미다. 체중 감량은 악명이 높을 정

    1부 우리는 왜 서로 편을 가르는가

도로 힘든 일이고, 실제로 과체중인 사람 중 99%는 장기적으로 볼 때 체중 감량에 실패한다. 이와 비슷하게, 행복 수준을 유지하기 위해 행동하는 것보다 비난과 적대감을 유지하는 편이 더 쉬운 방법이라면, 당연히 정서적 양극화와 신념주의가 증가할 것으로 예상할 수 있다.

한 가지 주목할 점은, 정서적 양극화가 때로는 긍정적인 효과를 나타낼 수 있다는 것이다. 일반적으로 정서적 양극화는 정치에 관심이 없는 사람들을 정치 활동에 참여하게 하는 촉매제 역할을 하여, 반대 정파에 대한 적대감이 커질 때 투표율 상승으로 이어질 수 있다. 또한 권력 분산을 촉진하고, 집단 의사결정의 정확성을 높이며, 정치적으로 소외된 사람들의 목소리를 증폭시킬 수도 있다.[45] 다양한 사람들로 이루어진 사회에서는 당연히 정치적 정체성도 다양하게 나타나며, 정서적 양극화는 여러 집단이 자신들이 선호하는 입장을 공론장에 얼마나 성공적으로 투영했는지를 보여주는 척도가 될 수 있다. 정서적 양극화는 획일성을 강요하기보다는 다양한 정체성이 공존하기 위해 노력하고 있다는 신호일 수 있다. 물론 항상 맥락을 잘 살펴야 하지만, 전반적으로 볼 때, 정서적 양극화가 사회 분열을 심화시키는 이유는 '양극화' 그 자체(차이와 극단은 건강한 것이다) 때문이 아니라 그 '감정적인 부분', 즉 타인을 향한 적대감이 대체로 해롭기 때문이다.

이제 정서적 양극화와 신념주의 개념을 구분해야 한다. 정서적 양극화는 서로 다른 집단의 구성원이 서로에게 적대감을 느끼는 현상을 말한다. 신념주의는 자신과 다른 신념을 지닌 사람을 향한 적극적인 차별이다. 결국 정서적 양극화는 감정에 관한 것이지만, 정치학자들은 이러한 감정이 특히 투표, 정치적 목적을 위한 행동주의, 사회적 상호작용 등의 행동으로 나타난다고 본다. 신념주의는 다른 사람의 신념에 대한 반응뿐만 아니라 인지적·감정적 합리화까지 포함한다. 정서적 양극화는 주로 정당과 이념 집단의 맥락에서 사용되지만, 신념주의는 자녀 계획이나 육류 섭취 등 개인적 선택을 비롯한 모든 신념에 대한 차별에 적용된다. 따라서 정서적 양극화는 뇌에서 정보를 처리하는 과정과 그 대상이라는 측면 모두에서 신념주의라는 더 큰 범주 안에 포함된다.

이 책에서 단순히 신념주의 자체가 아니라 신념주의의 파급 효과도 주목한다는 점을 기억하기를 바란다. 우리 중 누구도, 특정 신념에 대한 자신의 감정이 다른 신념이나 그 신념을 가진 사람 자체에 대한 감정으로 번지는 것을 피할 수 없다. 누군가 혹은 어떤 집단을 '분절'하여 그들이 완전히 선하거나 완전히 악하다고 결정해 버리는 것이 훨씬 쉽기 때문에, 우리는 단 하나의 주제에 대한 그들의 견해를 그 인격 전체의 '얇은 단면thin slice'으로 취급하며, 이는 그 사람이나 집단을 대하는 전반적인 방식으로 전이된다. 웨스트햄 팬이라는 이유로 내게 적대감을 품는 것과 그 때문에 행복해지는 방법에 대한 내 신념을 무시하는 것은 완전히 별개의 문제다.

## 온라인 환경과 신념의 증폭

—

사람들은 과거를 현재보다 아름답게 기억하는 '장밋빛 회상rosy retrospection' 경향이 있다.[46] 그러나 우리는 언제나 편을 갈라왔고, 상대편에 상당한 적대감을 느끼기도 했다. 1984년 영국에서 광부 파업이 시작되었을 때 나는 열여섯 살이었다. 그 사건은 지난 50년간 영국에서 큰 분열을 초래하는 쟁점 중 하나로 남아 있다.[47] 그것은 노동조합과 보수당 정부 사이의 적대감, 전국 광부조합NUM의 아서 스카길Aurthur Scargill과 마가렛 대처 총리 사이의 상호 혐오에서 비롯된 충돌이었다. 이 충돌로 파업 중인 광부와 업무에 복귀한 광부가 대립했고, 광부와 경찰 사이에서도 충돌이 일어났다. 이 집단 사이의 적대감은 일부 오늘날까지 남아 있다. 파업은 1년간 지속되었으며, 피켓 라인에서 폭력 사태가 발생하기도 했다. 그러나 이 모든 대립 전선에도 불구하고, 그것은 '현실 세계'에 국한된 충돌이었다.

'가상 세계'가 '오리-토끼 문제'를 어떻게 악화시켰는지 살펴보기 전에, 디지털 시대가 상상할 수 없을 정도로 긍정적인 방향으로 우리의 사회적·지적 지평을 넓혀주었다는 사실을 말해두고 싶다. 사, 좋은 소리는 여기까지 하고…… 온라인에서 상호작용이 일어나는 현대 세계에서는 별다른 노력 없이도 어떤 사안에든 뛰어들 수 있으며, 거의 무제한으로 적대감을 쏟아낼 수 있다. 소셜미디어 플랫폼 또한 우리가 지닌 선입견을 뒷받침하는 정보를 쉽게 찾고 접하게 만들어, 우리는 세상을 오리나 토끼 중 '하나의 동물'로만 바라보는 시각을 더욱 굳히게 된다. 런던정경대 동료들과 함께 진행한 최근 연구에서 우리는 2022년 '로 대 웨이드Roe v. Wade' 판결*이 뒤집힌 후 낙태에 관한 정보를 사람들이 어떻게 받아들이는지를 살펴보기 위해 미국 성인 450명을 대상으로 실험을 실시했다.[48] 그 결과, 대부분 사람이 제시된 새로운 정보와 상관없이 낙태에 대한 기존의 신념을 유지하는 것으로 나타났다. 이런 현상은 사람들이 자신의 신념을 확인해주는 정보만을 적극적으로 찾기 때문이 아니라, 오히려 반대되는 정보를 적극적으로 기피하려는 경향에서 비롯된다는 사실을 보여준다.

소셜미디어는 개인이나 집단이 자신의 신념을 과장되게 표현하는 '표면적 행동주의performative activism'의 가시성을 더욱 높였다.[49] 누군가의 극단적인 견해가 반드시 특정 입장에 대한 깊은 신념에서 비롯되었다기보다는, 온라인 커뮤니티에서 사회적 자본을 얻기 위한 전략이라는 느낌을 받은 경험이 있을 것이다. 온라인 플랫폼은 알고리즘 구조를 통해 더욱더 극단적이고 양극화된 콘텐츠를 유도하고 여기에 보상을 주어 장려한다. 콘텐츠가 자극적일수록,

----

*　1973년 미국 연방대법원이 여성의 낙태권을 인정하여, 임신 12주까지는 낙태를 전면 허용한 판결

더 많은 관심을 받는다. '필터 버블Filter bubble'*이나 '에코 챔버Echo chamber'**라는 개념 역시 온라인에서 표면적 극단성을 부추기는 중요한 요인으로 지적된다.[50] 이런 환경에서는 사용자들이 기존 신념을 강화하는 정보에만 주로 노출된다.

많은 면에서 온라인 행동은 현실 세계의 행동을 모방한다. 큰 차이점이 있다면 온라인에서는 타인에 관해 한 말이 실제로 그들에게 어떤 영향을 미치는지 피드백을 받지 못한다는 것이다. 반면에 현실 세계에서는 상대방의 반응을 살필 수 있다. 우리가 적대적이거나 무례한 태도를 보이거나 화를 낼 때, 상대방이 얼마나 속상한지 눈으로 확인할 수 있다. 이러한 피드백은 행동을 조절하는 데 도움을 준다(2부에서 다루겠지만, 감정적 피드백이 효과적인 의사결정에 꼭 필요한 것과 매우 비슷하다). 물론 피드백이 실질적으로 우리를 지나치게 제약하는 예도 있지만, 대체로 사회적 상호작용과 일반적인 담론에는 상당한 도움이 된다. 사람들이 온라인에서 타인에 관해 하는 말 중에는 정말 끔찍한 것도 있건만, 그런 언어가 얼마나 큰 상처를 주는지에 대한 전반적인 인식은 부족하다. 이는 온라인 트롤(악플러)들이 자기 행동이 피해자들에게 미친 영향을 듣고 나서 놀라는 모

* 인터넷 정보 제공자가 사용자의 정보를 기반으로 알고리즘을 통해 사용자 맞춤 정보를 제공하는 것
** 비슷한 생각을 지닌 사람끼리 모여 같은 의견과 정보만 반복하고 증폭하면서 기존 신념을 강화하는 현상

습에서 알 수 있다.[51]

하지만 온라인에서 보이는 행동만으로 현실 세계에서의 행동을 자동으로 추론할 수는 없다. 오늘날에는 누군가에 대해 '능동적으로' 알아내고 싶어 하는 정보와, '수동적 혹은 우연히' 알게 되었을 때 신경이 쓰이는 정보 사이에 상당한 간극이 존재할지 모른다. 어쩌면 어떤 정보는 일부러 피하고 싶을 수도 있다. 정보화된 현대 사회에서는 과거 어느 때보다 상대방에 관해 훨씬 더 많은 것을 알 수 있다. 예를 들어, 데이트 사이트에서는 누군가를 만나기 전에 정치, 종교, 성 등에 관한 온갖 신념과 취향을 드러낼 수 있다. 예전 같았으면 오랜 시간이 걸려야 알 수 있는 정보다. 상대방이 어떤 정당에 투표하는지를 알기 훨씬 전에 얼마나 유머러스한지를 먼저 알게 되었을 것이다. '모르는 게 약'이라는 말은, 상대의 정치적 성향을 알기 전에 친절함, 관대함 그리고 유머 감각처럼 관계에서 정말 중요한 것들을 먼저 발견할 수도 있다는 의미에서 여전히 유효하다.

이런 관점에서, 정치 성향에 따른 편 가르기와 적대감이 수요에 따라 증가한 것이 아니라, '공급 측면' 효과로 나타나는 것은 아닌가 하는 의문이 든다. 다시 말해, 신호 자체가 중요해서가 아니라 자신에 대해 쉽게 드러낼 수 있는 신호이기 때문에 선택한다는 뜻이다. 신호를 보내는 데는 거의 비용이 들지 않지만, 수신자는 그 신호에 관심을 갖게 마련이다. 우리는 마치 모든 문제에 대해 반드시 의견이 있어야 하며, 그 의견을 세상에 드러내야만 하는 것처럼 느낄 때가 있다. 결과적으로 사람들은 내가 나의 신념에 대해 보내는 신호가 그들에게 본질적으로 중요해서가 아니라, 단지 그 신호가 존재한다는 이유만으로 한 번쯤 생각해보게 된다. 정치 성향에 따른 편 가르기가 심화할수록 정치적 소속감의 심리적 중요도가 커져서 점점 거대 정체성으로 변한다. 이러한 변화는 이념 자체에 대한 진정한 믿음보다는, 지지와 소속감을 신호로 보내 집단의 일원이 되고자 하는 욕구에서 비롯된다.

물론 강력하고 확고한 견해를 드러내면 유리한 상황이 많다. 어떤 사안에 열정적으로 뛰어드는 모습을 보이면 관심을 가지고 함께하고 싶은 성품을 지닌 흥미로운 사람이라는 생각이 든다. 온라인에서는 개인의 평판이 전 세계에 노출되기 때문에, 자신의 존재감과 때로는 타협적이지 않은 태도까지 모두에게 보여주어야 한다. 현실 세계로 돌아와 이야기해보면, 축구 팬이 지지팀을 계속 바꾸면 새로운 팀의 팬들 사이에서는 친구를 많이 사귀기 어렵다. '진정한' 축구 팬이 되기 위한 첫 번째 조건은 절대 팀을 바꾸지 않는 것이다. 예외란 없다. 절.대.로. 따라서 신념주의를 줄이려면, 평판을 포함하여 자신의 신념을 근거로 타인을 차별하게 만드는 기타 보상체계를 반드시 고려해야 한다.

향후 데이팅 실험을 통해 사람들이 잠재적 데이트 상대의 정치적 견해에 관한 정보를 알기 위해(예컨대 상대방의 교육 수준에 관한 정보와 비교해서) 얼마나 큰 비용을 낼 의향이 있는지를 탐색해보는 것도 흥미로울 것이다. 모든 정보가 무료일 때는 정치적 견해가 더 큰 가치를 지니겠지만, 비용을 내야 한다면 여전히 더 중요하게 여겨질까? 더 흥미로운 질문은, 어떤 사람들은 데이트 상대의 정치 성향을 '알지 않기 위해' 돈을 지불할 의사가 있을까 하는 점이다. 칼로리 표기의 정보 가치를 다룬 일부 연구에 따르면, 상당수 사람들이 칼로리 정보를 접하지 않기 위해 기꺼이 비용을 지불할 의향이 있는 것으로 나타났다.[52] 이 연구는 영화관에서 먹는 (요즘 추세라면 컴퓨터 앞에서 먹을) 팝콘의 칼로리 표시를 주제로 했다. 팝콘이 그다지 건강하지 않은 음식이라는 것은 모두가 알지만, 그렇다고 굳이 그 사실을 상기해야 할까? 분명 '신념 표기' 문제에서도 칼로리 표기만큼이나 괴로운 상황이 존재한다. 자, 이제 신념의 근거에 대한 논의로 넘어갈 아주 멋진 연결 고리가 생겼다. 이 논의는 신념주의와 그 해로운 효과를 어떻게 줄일 수 있을지에 대한 우리의 담론을 더욱 풍성하게 해줄 것이다.

# 3장

# 우리는 무엇을 왜 믿는가

## 신념이란 무엇인가

—

신념이 무엇이고 어디서 비롯되는지를 제대로 이야기하려면 책 한 권이 필요한 일이라, 신념주의라는 주제에만 집중하기 위해 핵심만 빠르게 다루는 점을 양해해주기 바란다. 이 책에서 신념이란 명제나 생각, 진술을 참이거나 실제라고 인지적으로 수용하는 것을 의미한다. 나는 내 삶과 주변 세상이 실제로 어떤 모습인지, 또는 어떤 모습이어야 하는지에 관해 다양한 신념을 가질 수 있다. 이러한 신념 중 일부는 정치·종교·경제 문제와 관련이 있을 것이고, 또 다른 일부는 결혼에 대한 견해부터 피자 위에 파인애플을 얹어야 하는지 같은 지극히 개인적인 문제와 관련이 있을 것이다. 특히 세상이 어떤 모습이어야 하는지에 대한 강한 신념은 흔히 '가치'라고 불린다. 우리는 보통 도덕적 · 윤리적 판단과 깊이 연결된 근본적인 가치에 따라 자신을 정의한다.

이 책을 쓴 목적에 따라, 나는 사람들이 신념을 지녔다는 이유만으로 차별을 받게 되는 모든 종류의 신념에 관심이 있으며, 따라서 신념과 가치를 지나치게 구분할 필요는 없다. 고맙게도 그 둘 사이의 경계가 대단히 모호하기 때문이다.[53] 앞서 언급했듯이, 신념주의는 다른 개인이나 집단이 우리가 동의하지 않는 특정 신념을 지녔다는 추정에서 시작된다. 우리는 종종 타인의 신념을 오해하지만, 아무런 행동적 근거 없이 판단하지는 않는다. 비록 그 근거가 거짓이거나 빈약하거나 심지어 단순히 소문일지라도 그 단서에 기대어 판단한다. 신념주의에 있어 실질적인 핵심은, 상대방의 머릿속에 단순히 신념이 존재한다는 사실을 넘어 그가 무엇을 믿는지에 대해 알거나 '가정'할 수 있어야 한다는 점이다. 인종차별주의자가 실제로 인종차별을 하려면, 상대방의 인종이나 피부색을 관찰하거나 또는 추정할 수 있는 근거가 필요하다.

경제학자로 훈련받은 사람으로서, 나는 '선호', 즉 하나의 대안이 다른 대안보다 바람직한지의 관점에서 생각한다. 선호는 선택의 모습으로 나타나며, 기본적으로 선호에는 세 가지 유형이 있다.

1) 자기 행복을 위한 '개인적' 선호, 예: 홍차를 살까, 커피를 살까? 2) 타인의 행복을 나의 행복과 함께 고려한 '사회적' 선호, 예: 내 수입 중 얼마나 나를 위해 쓰고, 얼마나 가족, 친구, 자선단체에 쓸 것인가? 3) 내 선택이 나에게 영향을 미치지 않을 때 '타인을 고려한' 선호, 예: 암 치료 자선단체에 기부할까, 당나귀 보호소에 기부할까? 또한 선택할 때 메타 선호meta-preference*가 있을 수도 있다.[54] 예를 들어, 나는 가끔 술에 취하거나 거짓말을 할 수 있지만, 여전히 술을 마시지 않거나 정직하게 행동하고자 하는 메타 선호를 지녔을 수 있다. 이 책에서는 단순하게 설명하기 위해, 메타 선호를 세상이 어떤 모습이어야 하는지에 대한 우리의 가치관이나 신념과 동일한 개념으로 간주하겠다.

우리는 '잘못된' 또는 '병리적인' 메타 선호를 걸러내야 한다고 생각할 수도 있다. 여기서 각 단어에 따옴표를 붙인 이유는, 그 정의 자체가 매우 까다롭기 때문이다. 경제학과 철학 분야에는 어떤 근거로 메타 선호를 정화해야 하는지를 논의한 문헌이 상당히 많다.[55] 정화 과정은 도덕적 지뢰밭과 같다. 그럼에도 우리 모두가 한 가지 동의할 수 있는 점은, 우리의 신념이 어떤 맥락에서 형성되었든 간에 _그것이 '성낭한 이유'에 근거해야 한다는 점이다. 이를 최대한 간단히 표현하자면, 타인의 신념이 우리와 다를 때(우리의 신념

---

•     실제의 나보다 이상에 가까운 나를 지지하는 내면의 선택

은 언제나 정당하니까요, 그렇죠?) 그 다름은 다음 두 가지 중 하나에 기인해야 한다. a) 경험적으로 도출된 사실의 차이, 혹은 b) 윤리적으로 도출된 가치의 차이.

경험적으로 지구가 평평하다고 믿을 수도 있겠지만, 지구가 (둥그스름한) 구형이라는 점에는 논쟁의 여지가 없다. 또는 규범에 따라 지구가 평평'해야 한다'고 믿을 수도 있겠지만, 나는 그 믿음을 뒷받침할 그럴듯한 이유는 알지 못한다. 지구의 형태에 관한 경험적·윤리적 근거는 이미 해결되었다. 지구는 평평하지 않으며, 이에 대해 다른 믿음을 가질 만한 정당한 이유도 없다. 따라서 지구가 평평하다고 주장하는 사람들에 대해 신념주의적 태도를 보이거나, 그들이 다소 어리석다는 이유로 다른 차별적 행동을 보이는 것도 용납할 수 있을 것 같다. 하지만 이 경우조차 문제는 그렇게 단순하지 않다. 당신은 지구가 둥글다고 '확신'할 수 있는가? 나는 그렇지 않다. 단지 그렇게 '결론 내린' 전문가들을 신뢰하고, 그들이 보여준 이미지를 신뢰할 뿐이다. 따라서 신념의 정당성은 일반적으로 증거의 출처나 윤리적 근거가 타당한지에 달려 있다.

원칙적으로 학계는 신념의 경험적 근거에 정당성을 부여하는 역할을 한다. 그러나 사람의 윤리적 가치관이 증거를 해석하는 방식을 규정하기 때문에 어떤 문제를 완전히 '객관적으로' 바라보기란 어렵다. 예를 들어, 팬데믹 기간에 공개적으로 발언한 학자들 대부분은 엄격한 사회적 거리 두기 조치를 지지했는데, 이는 상당 부분 자신의 죽음에 대한 두려움이 작용했기 때문일 것이다. 그들은 봉쇄 조치가 코로나 사망자를 크게 줄이는 데 효과적이라는 결론을 보여주는 방식으로 새로 나온 증거를 해석하려 했다. 하지만 제한 조치에 대해 거의 맹목적 신앙에 가까운 믿음이 생겨난 것과 달리, 봉쇄가 실제로 큰 효과를 냈다는 결정적 증거는 없었다.[56] 게다가 교육, 사회적 발달, 경제 활동 등에서 발생한 부수적 피해까지 고려하면 전반적으로 이득이었다는 증거도 없었다. 소수의 사람이 처음부터 지적했던 대로, 봉쇄 조치의 이익은 그것이 초래한 피해에 비해 미미했다는 사실이 이제는 점점 더 분명해지고 있다.

팬데믹을 겪으며 나는 과학자들이 항상 객관적이라는 믿음을 거의 잃었다. 우리는 누구나 수많은 의식적·무의식적 편향을 지니고 있으며, 아무리 선의를 갖고 있더라도 편향을 통해 불완전한 증거를 '진리'로 해석하게 마련이다. 학자를 포함하여 모든 사람은 가설을 과학으로 오인하게 만드는 특정 이해관계나 이익 집단에 '포섭되기' 쉽다. 따라서 대학 외부에 있는 기관들이 객관성을 주장할 때에는 반드시 의심해봐야 한다. 예를 들어, 영국의 허위 정보 지수 Global Disinformation Index는 뉴스 보도의 '중립성, 독립성, 투명성'을 촉진하겠다고 주장하는 비영리 기관이다. 그러나 사실 이곳은 자신들이 '해롭거나 분열을 조장한다'고 판단한 매체를 표적으로 삼는다. 이는 봉쇄 조치에 반대 목소리를 냈을 때 우리 중 일부가 낙인찍혔던 상황과 정확히 일치한다.[57]

솔직히 말해서, 타당한 신념이라는 '알곡'과 잘못되었거나 병리적인 신념이라는 '쭉정이'를 구분하기는 매우 어렵다. 탄탄한 논리만으로는 당연히 부족하고, 확실해 보이는 증거가 우리 손에 쥐어져 있어도 마찬가지다. 신에 대한 믿음을 생각해보자. 내가 아는 한, 신의 존재를 입증하는 증거는 없다. 그런 의미에서 나는 신을 믿고 싶지 않다. 그러나 학자라면 누구나 말하듯, 증거의 부재는 부재의 증거가 아니다. 그리고 신앙을 지닌 뛰어난 과학자들도 많다. 그래서 나는 신이 존재하지 않는다고 누구보다 확신하지만, 확실히 안다고 장담하지는 못한다. 나는 신을 믿는 사람들을 차별하지 않으며, 가장 가까운 친구 중에도 신앙을 지닌 사람들이 있다. 그들 역시 자신의 종교를 내게 강요하지 않고, 나도 내가 믿는 무신론을 그들에게 강요하지 않는다.

그렇다면 아무 신념이나 다 괜찮다는 뜻일까? 글쎄, 그렇기도 하고, 아니기도 하다. 한편으로는 무엇을 믿든 자유지만, 다른 한편으로는 그 신념이 낳는 결과에 책임질 각오가 되어 있어야 한다는 의미다. '선호'란 어떤 선택지가 모든 면에서 다른 것보다 절대적으로 우월하기 때문이 아니라, 여러 비용과 이익 사이의 '상충관계'를 고려해 선택한 결과다. 그래서 나는 가치 있는 신념이라면 실행했을 때 뒤따르는 비용과 이익의 전반적인 흐름을 충분히 파악하고 있어야 한다고 주장한다. 어떤 신념에 대한 지지나 거부도 그 영향에 대한 성숙하고 깊이 있는 평가가 뒷받침되지 않으면 공허하고 유치한 일에 불과하다. 앞서 말했던 것처럼, 신념을 드러내는 일은 빠르고 비용도 들지 않지만, 사안의 복잡성을 파고들 의지가 동반되지 않는다면 그것은 그저 '무책임한 발언'에 불과하다.[58]

상황이 어려워져서, 신념을 따르는 대가가 명확해졌을 때도 그 신념을 계속 유지할 의지가 있어야 한다는 건 '위험을 감수하는 책임skin in the game'을 진다는 의미다. 'skin in the game'이라는 용어는 일반적으로 사업상 결정game에 재정적 위험skin•이 걸려 있는 상황에서 흔히 '돈을 건다'는 의미로 사용된다. 나심 탈레브Nasim Taleb 뉴욕대학교 교수는 2018년 출간한 저서에서 이 개념을 평판에 미치는 영향까지 포함하여 더 넓은 의미로 사용했지만, 어떤 종류의 위험을 감수해야 누군가의 신념과 행동이 진지하게 받아들여지는지는 명확하지 않다.[59] 이 책에서는 '그 신념이 이익뿐만 아니라 비용을 수반한다는 사실을 기꺼이 수용하는 의지가 뒷받침된 신념'을 '정당한 신념'이라고 부르겠다. 여기서 감수해야 할 위험이란, 신념을 실행하는 데 드는 비용이 이익을 초과할 수 있다는 점이다.

이 개념이 조금 추상적으로 들릴 수 있으니, 예를 하나 들어보자. 만약 내가 억만장자는 존재해서는 안 된다는 신념을 갖고 있다면(실제로도 어느 정도는 그렇게 믿는다), 경제적 유인incentive이 줄어들거나 탈세가 늘어나는 등 부정적인 결과가 발생할 수 있다는 사실

• 피부, 즉 자기 몫

을 받아들여야 한다. 만약 내가 억만장자에게 (거의) 100퍼센트에 가까운 한계세율을 적용해야 한다고 주장한다면, 그 신념에 따르는 모든 불리한 면도 감수할 각오가 되어야 한다. 그렇지 않다면, 차라리 입을 다물거나 생각을 바꿔야 한다. 또 다른 예로, 코로나19 시기에 여러 정치인이 사용했던 '모든 죽음은 비극이다'라는 표현을 떠올려보자. 이는 아무 의미 없는 텅 빈 구호일 뿐이다. 우리 모두는 반드시 죽는다. 내게 두 번째로 많은 지적 영향을 준 영웅적인 인물인 심리학자 대니얼 카너먼Daniel Kahneman은 2024년 3월 아흔 살을 일기로 세상을 떠났다. 하지만 나는 그의 죽음이 어떤 의미로도 비극이라고 생각하지 않았다. 그 역시 똑같이 생각했을 것이다. 그의 죽음은 열아홉 살 청년의 죽음과 비교할 수 없다. 어떤 죽음이 비극인지는 사망 당시 나이를 비롯한 여러 조건에 따라 달라진다.

어떤 문제의 복잡한 특징을 제대로 파고들려면, 내 눈에 오리가 보일 때 토끼를 보는 사람들과도 반드시 대화를 나누어야 한다고 주장할 수 있다. 이 말은 곧 신념주의자가 아닌 사람만이 정당한 신념을 가질 수 있다는 의미기도 하다. 이 주장에 대해 당신은 어떻게 생각하는가? 신념별로 따져보면 말이 되는 이야기일 수 있다. 어떤 낙태 반대론자가 자신의 견해가 낳는 결과를 부인하거나 그 견해에 관해 타인과 대화할 생각이 없다면, 나는 그 사람의 견해를 무시할 수 있다. 하지만 신념주의의 파급 효과도 잊지 말아야 한다. 낙태 반대론자라는 이유로 다른 사안에 대한 그 사람의 신념까지 무시하는 것은 비효율적이고 대개 불공정하다. 다만 그 사람이 다른 사안에 관해서도 자기 고집을 꺾지 않고 그 신념의 결과에 관해 대화하려 하지 않는다면 예외가 될 수 있다. 자꾸 반복하는 것 같지만 다시 한번 강조하자면, 제대로 기능하는 사회에는 다양한 신념이 존재한다. 따라서 우리는 자신의 신념을 제대로 인식하고 책임지는 모든 사람과 대화할 준비가 되어 있어야 한다.

## 신념은 어떻게 만들어지는가

—

왜 같은 그림에서 어떤 사람은 오리를 보고 다른 사람은 토끼를 보는 걸까? 신념이 어떻게 형성되고 변화하는지에 대해서는 서로 구별되면서도 긴밀하게 연결된 네 가지 경로가 알려져 있다. 바로 1) 본성[60] 2) 양육[61] 3) 노출[62] 4) 규범[63]이다. 본성 경로는 생물학적·유전적 기반에 뿌리를 두고 있으며, 선천적 경향과 성향을 주로 형성한다. 우리는 타고난 '본성'에 따라 신중함, 보수주의, 관습 등을 자연스럽게 선호하거나 피한다. 본능으로부터 멀어지려는 인간의 본능 때문에, 어쩌면 우리는 유전자가 수행하는 녹립적인 역할을 너무 성급하게 과소평가해왔는지도 모른다. 하지만 우리가 어떤 사람인지를 결정하는 데 있어 유전적 요인이 얼마나 중요한지는 이미 여러 연구를 통해 입증되었다. 행동 유전학자 로버트 플로민Robert Plomin의

『블루프린트Blueprint』는 유전자가 개인의 특성과 행동에 핵심적인 역할을 한다는 주장을 설득력 있게 보여주며, 우리가 세상을 보는 방식과 더 나아가 그림을 오리로 볼지 토끼로 볼지 결정하는 데 유전적 요소가 얼마나 깊이 관여하는지 설명한다.[64]

매년 박싱데이boxing day*가 되면 나는 아이들과 함께 브라이턴 시내에 나가 노숙자에게 음식과 음료, 돈을 건넨다. 몇 년 전, 포피가 아홉 살, 스탠이 여덟 살이었을 때, 우리는 한 노숙 여성에게 차를 한잔 사드렸다. 그런데 그녀가 설탕도 넣어줄 수 있냐고 물었다. 설탕을 가지러 카페로 돌아가는 길에 아이들은 우리에게 설탕까지 요구하는 게 도덕적인지를 두고 논쟁을 벌였다(물론 '도덕'이라는 고상한 표현을 쓰진 않았다). 딸은 차에 대해 고마움만 표시하고 설탕은 직접 구하러 갔어야 한다며 그녀가 고마워할 줄 모른다고 생각했다. 반대로 아들은 설탕을 가져다 달라고 부탁하는 게 전혀 문제가 되지 않는다고 봤다. 두 아이 모두 자기 입장에 따라 훌륭하게 주장을 펼쳤다. 어느 편이 옳은지 합의하진 못했지만, 그렇다고 그 일로 싸우지도 않았다. 적어도 서로 주먹다짐은 하지 않았다.

두 아이는 비슷한 환경에서 자랐는데도 노숙 여성과의 상황을 전혀 다른 눈으로 바라봤다. 두 명 이상의 자녀를 둔 사람이라면 아

---

* 크리스마스 다음 날인 12월 26일로, 중세부터 귀족이나 교회, 상점 주인이 하인과 가난한 이웃에게 선물 상자box를 나눠 주던 관습에서 유래되었다.

이들이 세상을 바라보는 방식이 얼마나 다른지 경험한 적이 있을 것이다. 이런 사례는 우리 신념이 근본적인 차원에서 자기 존재의 깊숙한 곳에 뿌리내리고 있음을 상기시킨다. 신념 형성의 이러한 복잡성은 '본성'의 경로를 더 깊이 탐구하여, 우리의 유전적 청사진이 주변 세계에 대한 신념과 반응을 어떻게 정교하게 형성하는지(아마 우리의 '신념주의' 정도를 포함해서) 이해할 필요성을 강조한다. 또한 이는 모두가 똑같이 생각했다면, 인류라는 종이 지금처럼 성공적으로 진화하지 못했을 거라는 중요한 사실을 일깨운다.

양육 경로는 성장기 동안 가정 교육, 학교 교육, 사회적 가치관이 우리에게 심어주는 영향력을 포괄한다. 가족의 전통과 가르침은 종교적 신념에 깊은 영향을 미치며, 문화적 조건화cultural conditioning●는 성 역할과 사회적 규범 등에 관한 우리의 신념을 기른다. 우리는 두 아이를 다르게 대할 수밖에 없었다. 특히, 한 아이는 15개월 동안 외동으로 지냈지만, 다른 아이는 그런 '특권'을 누리지 못했으며, 한 아이는 딸이고 다른 아이는 아들이기 때문이다. 연구에 따르면 종교적 신념, 정치 이념, 사회문제에 대한 태도는 주로 가정환경에 따라 형성된다. 한 연구에서는 1980년대에 417명의 부모와 그로부터 10여 년 후 성인이 된 그들의 자녀들을 대상으로 한 정성적 데

●　　개인이 성장하면서 특정 사회나 집단의 규범, 가치관, 신념 등을 내면화하는 과정

이터를 활용하여 부모의 신념이 자녀에게 상당히 전달된다는 결과를 보여주었다.[65] 물론 이러한 전달은 부모와 자녀 관계의 강도, 가족 내 정치적 메시지의 일관성, 자녀 인격 형성기의 광범위한 정치적 분위기와 같은 요인에 따라 달라졌다.

본성과 양육이 각각 어떤 역할을 하는지를 두고 수 세기 동안 치열한 논쟁이 이어져왔다. 후성유전학에 기반한 단순하면서도 복잡한 답은 이 둘이 상호작용하며 우리의 신념을 형성한다는 것이다. 예를 들어, 어린 시절 엄마의 돌봄은 스트레스 반응 관련 유전자에 작용하여, 이후 성인이 되었을 때의 행동 결과와 스트레스 회복 능력에까지 영향을 준다.[66] 이러한 연구 결과는 유전적으로 비슷한 사람이더라도 스트레스 반응 방식이 서로 다르게 발달하고, 나아가 세상을 바라보는 신념도 달라질 수 있음을 보여준다. 또 다른 관련 분야로는 인지 발달 연구가 있는데, 여기서는 유전적 요인이 교육적·사회적 환경과 어떻게 상호작용하여 지적 신념과 인지적 편향을 형성하는지를 탐구한다. 풍부한 자극을 주는 가정환경과 질 높은 교육 기회가 결합하면, 인지 발달이 촉진되어 기존과 다른 다각적인 신념과 더 나은 의사결정 능력을 갖추게 된다.[67]

세 번째 경로는 노출이다. 노출은 개인적 경험과 미디어가 시간이 흐르면서 우리 신념을 형성하고 바꾸는 데 중요한 역할을 한다는 점을 강조한다. 내 두 아이는 서로 다른 출처와 소셜미디어 플랫폼을 통해 소식을 접한다. 딸은 틱톡을 통해, 아들은 유튜브의 사이드맨Sidemen 채널에서 정보를 얻는다. 두 아이 사이에는 본성과 양육의 상호작용만으로는 설명할 수 없는 또 다른 차이점이 나타나기 시작했다. 정치학 연구에 따르면 정치 체제와 정당 그리고 지도자들이 신념 형성에 강력한 역할을 한다고 한다.[68] 정치 엘리트가 선전을 통해 대중의 신념 체계에 상당한 영향을 미칠 수 있다는 증거는 충분하지만, 이렇게 '하향식' 방법으로 신념을 완전히 바꿀 수 있다는 주장은 다소 과장되었을 수 있다. 예를 들어, 2019년 스페인 유럽 의회 선거 전후로 X(구 트위터)에서 진행된 연구에 따르면, 양극화된 콘텐츠에 노출된다고 해서 반드시 양극화가 심화되지는 않는다.[69]

네 번째 경로는 규범이다. 앞서 살펴보았듯 우리는 소속감을 원하고, 그 과정에서 주변 사람들의 신념을 자연스럽게 받아들인다. 최근 연구는 인종과 종교에 관한 인식이 자신이 거주하는 지역 환경에 의해 어떻게 형성되는지를 잘 보여준다.[70] 미국 내에서 이주자들을 대상으로 한 새로운 연구에 따르면, 공화당이 우세한 지역에서 민주당이 우세한 지역으로, 또는 그 반대로 이주한 사람의 8%가 이주 '첫해'에 정치 성향을 바꿨다.[71] 물론 이주자들이 정착해서 사는 사람들보다 정치적으로 유연할 수도 있지만, 그럼에도 이 정도 변화는 매우 크고 빠르다고 평가된다. 심리학자 댄 길버트Dan Gilbert 가 나와 지난번 대화했을 때 말했듯, 신념은 우리를 한데 묶는 역할을 한다. 최근 한 후속 연구는 정치적 행동이 어린 시절 환경에 어떻게 영향을 받는지 살펴봤다.[72] 연구진은 개인의 정치적 성향이 청소년기를 보낸 자치주에서 우세한 정치 성향을 따르는 '노출 효과'가 두드러지게 나타났음을 발견했다. 청소년기는 음악을 포함해 여러 면에서 취향이 형성되는 시기이기 때문이다.[73]

이러한 경로는 신념이 대부분 개인 선택의 결과라기보다 우리에게 주어진다는 사실을 분명히 보여준다. 나 또한 관용적인 태도의 상당 부분을 유전자나 양육 방식 등을 통해 어머니에게서 물려받았다고 확신한다. 심지어 내 아이들이 '선택한' 소셜미디어 플랫폼조차도 '자유의지'보다는 또래 집단에서 무엇이 유행하느냐에 훨씬 더 큰 영향을 받는다. 하지만 우리 대부분은 자기 행동, 생각, 감정의 어느 정도는 의지에 따라 선택한다고 믿고 싶어 한다. 여기서 중요한 점은 이러한 믿음이 타인의 신념에 대한 우리의 판단을 정당화하는 역할을 한다는 것이다. 누군가 우리와 다른 신념을 '선택'했다고 생각되면, 어쩔 수 없이 우리와 달라진 경우보다 훨씬 더 쉽게 신념 차별의 대상이 된다. 다시 말해, 모든 것이 인식의 문제다. 당신이 믿는 것 대부분을 실제로는 당신이 선택하지 않았을지언정, 내가 당신이 선택한 거라고 믿으면, 이미 내겐 신념주의가 발동한다. 물론 당신이 신념을 선택하지 않았음을 내가 알더라도, 여전히 신념 차별을 할 수 있다. 마치 우리가 자신의 인종을 선택하지 않는다는 사실을 인종주의자가 크게 신경 쓰지 않는 것과 마찬가지다. 그러나 가정이든 실제든, 개인의 '주체성'이 개입되었다고 보일 때

차별은 훨씬 더 쉽게 정당화된다.


## 신념은 어떻게 결정되는가

—

우리가 믿는 것 중 일부를 선택하는 한, 그렇게 선택한 신념은 상당한 증거를 바탕으로 결정되었을 거라고 생각하기 쉽다. 그러나 어떤 자극을 여러 각도로 바라보려면 인지적 부담이 따르고, 게다가 현실 세계의 모호함에 대한 거부감까지 더해져 판단하기 전에 모든 증거를 꼼꼼히 따져보는 경우는 드물다. 인류는 가능한 어디서든 에너지를 아끼는 방향으로 진화해왔고, 여기에는 주의력도 포함된다. 우리는 습관을 만들고, 일상이 깨지는 것을 싫어한다. 단순한 삶을 이어가려 하고, 주의를 요구하는 혼란이나 복잡함, 불확실성을 피하려 한다. 어려운 질문을 받았을 때 훨씬 쉬운 질문으로 바꿔서 대답해버렸던 경험을 떠올리면 이해가 될 것이다.

따라서 우리는 어떤 자극이 오리인지 토끼인지, 또 어떤 선택을 할지 결정할 때, 증거를 종합하기보다 간단한 경험에 따른 법칙을 따른다. 이런 법칙은 보통 이야기나 서사 형태로 나타난다. 우리는 시간이나 장소, 일정과 같은 무미건조한 사실의 나열이 아니라 그 조각들이 엮어낸 이야기 속에서 '살아간다.' 자신과 타인의 삶에 관한 단순한 서사는 끝없이 이어지는 세부 사항보다 흥미롭고 기억에도 잘 남는다. 카드 한 벌의 순서를 외우는 가장 좋은 방법은 각 카드를 사람이나 장소와 연결한 뒤, 그 카드들이 안내하는 경로를 따라서 나만의 '심리적 여정'을 떠나는 것이다. 신념주의와 가장 관련이 깊은 이야기 유형은, 우리가 자극을 어떻게 평가해야 '하는지를' 알려주는 사회적 서사이다.[74] 예를 들어, 사회적 지위에 관한 서사는 은행가가 건설 노동자보다 더 좋은 직업이라고 판단하라고 요구한다(하지만 직업별 행복도에 관한 데이터는 건설 노동자가 은행가보다 직업 만족도가 더 높을 수 있음을 시사한다). 사람들은 어떤 문제를 생각할 때,[75] 그 문제를 이해할 수 있게 하고 동시에 그 문제에 대한 신념을 형성하는 서사에 의존한다.

어떤 논쟁이든 오리인가 토끼인가의 문제처럼 두 가지 주장이 존재한다면, 그 문제를 놓고 서로 경쟁하는 두 개의 서사가 존재한다. 우리가 어떤 서사를 선택하는지는 일반적인 사회적 서사에 영향을 받고, 더불어 그 서사가 우리의 도덕성을 얼마나 잘 드러내는지에 따라서도 달라진다. 대체로 우리가 선택한 서사는 이미 잘 알고 있는 이야기일 가능성이 높고, 우리와 공감하는 사람이나 집단을 통해 전달된다. 그렇게 선택한 이야기는 설득력 있고, 일관되며, 솔직하고, 강력하게 느껴질 것이다. 영국 브렉시트 국민투표에서 탈퇴파와 잔류파의 캠페인 구호를 기억하는가? 나는 대부분 사람이 탈퇴파가 외치던 "통제권을 되찾자Take Back Control"라는 구호를 기억한다는 데 큰돈을 걸 수 있다(참고로 나는 도박을 좋아한다). 이 구호

　　1부 우리는 왜 서로 편을 가르는가

는 정치사에서 손꼽힐 만큼 기억에 남고 효과적이었다. 잔류파 구호는 "유럽 안에서 더 강하게Stronger in Europe"였는데, 쓰기 전에 기억이 잘 나지 않아 확인해봐야 했다.

당신이 진실이라고 믿는 이야기를 떠올려보자. 인간이 초래한 기후 변화가 자연적 요인보다 더 크게 지구 온도를 높인다는 이야기, 혹은 소득 불평등이 점점 심해진다는 이야기. 당신은 이런 이야기가 사실이라고 확신하는가? 해당 분야의 전문가가 아닌 이상 거의 불가능한 일이다. 그러다 보니 다른 사람들의 말을 믿고, 관련 분야에서 권위와 전문성을 갖췄다고 생각하는 사람들이 제시하는 출처의 증거와 윤리적 주장을 더 신뢰하게 된다. 당신은 기후 변화 데이터에 관해서는 기후 과학자의 말을 따르지만, 성별 임금 격차에 관한 문제에 관해서는 그들의 말을 신뢰하지 않을 수 있으며, 반대의 경우도 마찬가지다. 신뢰와 전문성은 효과적인 '메시지 전달자'가 갖춰야 할 두 가지 중요한 요건이다.[76] 정보 출처를 어느 정도 신뢰하는지, 또 얼마나 믿을 만하다고 여기는지는 메시지를 전달하는 사람에 대한 호감도에 따라 결정되기도 한다. 신념주의의 핵심은 효과적인 정보 전달자가 전하는 단순한 메시지가 다른 소통 채널이나 '증기 그 자체'보다 훨씬 더 강력히게 '오리' 혹은 '토끼'로 보이게 만든다는 점이다.

어쩌면 우리는 이제 어떤 의견에 동의할지를, 그 의견을 누가 말하는지 보고 나서야 결정하는 지경에 이르렀는지도 모른다. 영국에서 축구선수 마커스 래시포드Marcus Rashford가 방학 동안 취약계층 아동에게 무상 급식을 제공하자는 캠페인을 성공적으로 이끌었던 사례를 떠올려보자. 이 제안은 사실 이튼칼리지 출신이자 외식 체인 레온Leon의 CEO였던 헨리 딤블비Henry Dimbleby가 처음 내놓았다.[77] 애초에 그의 계획은 많은 좌파 진영 사람들에게 비난받았다. 솔직히 말해 그는 '가난한 아이들의 삶에 관해 아무것도 모르는 상류층 남자'였기 때문이었다. 그런데 가난한 환경에서 자란 흑인 축구선수 마커스 래시포드가 이 문제에 대해 이야기하고 나서자, 딤블비를 비판하던 바로 그 사람들이 동일한 제안을 강력하게 지지하기 시작했다. 이 사례는 우리의 신념이 어떤 사안에 관한 주장 자체의 타당성보다는 우리가 동일시하는 사람에 의해 크게 좌우된다는 점을 다시 한번 보여준다.

# 4장

# 믿고 싶은 것을 믿는 사람들

이제 우리의 신념이 주변 인간관계를 결정하는 것을 넘어서, 우리 삶 전반에 어떤 영향을 미치는지에 대해 조금 더 말해볼 때가 된 것 같다. 물론 우리는 신념에 따라 각자 다르게 투표권을 행사한다. 그런데 이것이 우리 삶의 가장 중요한 방식, 즉 행복에도 영향을 미칠까? 만약 신념주의를 줄이는 것이 더 나은 의사결정으로 이끌 뿐만 아니라 사람들을 직접적으로 더 행복하게 만든다면, 신념주의를 술이도록 동기를 부여하기가 훨씬 수월해진다. 이어서 살펴보겠지만, 실제 증거는 많지 않고 모호하다. 그럼에도 신념주의를 줄이려면 우리를 신념주의로 이끄는 심리적 장벽과 행동 편향에 맞서야 한다. 2부에서 신념주의와 그로 인한 해로운 파급 효과를 줄이는 데 도움이 되는 개입 방법을 논의하기 전에 우선 행복과 행동이라는 두 가지 측면을 차례로 살펴보자.

## 신념주의와 행복의 상관관계

—

행복은 부분적으로 기대에 따라 결정되므로 본격적인 이야기에 앞서 당신의 기대를 조금 낮춰보도록 하겠다. 신념이 행복에 직접적인 영향을 미친다는 증거는 그리 많지 않다. 그러나 자신의 신념이 '승리'하는 경험은 중요하다. 2010년 영국 총선을 보면, 승리 정당을 지지한 사람들의 행복도가 눈에 띄게 증가한 것으로 나타났다. 하지만 이 효과는 몇 달 지속되지 못했다.[78] 미국에서 실시한 비슷한 연구에 따르면, 선거 직후 패배한 정당의 지지자들은 행복도가 감소했지만, 그 부정적 영향은 약 일주일 정도 지속될 뿐이었다.[79] 이처럼 행복이 금세 원래 수준으로 돌아가는 현상은 사람들이 대부분의 자극에 비교적 빠르게 적응한다는 수많은 연구 결과와 일치한다. 지난 네 번의 미국 대통령 선거를 분석한 패널 데이터(즉 같은 대상을 상대로 시간의 경과에 따라 수집한 데이터)를 사용한 연구는 기대가 얼마나 중요한지를 보여주었다. 선거에서 승리를 기대했으나 패배한 사람의 경우, 선거가 행복에 미치는 부정적 영향이 훨씬 크고 오

래 지속되었다.[80]

행복이 선거에 미치는 영향을 연구한 결과를 살펴보면, 집권 정당의 선거 운명은 국가 경제 성과와 국민의 평균적인 삶의 만족도에 대단히 영향을 받는 것으로 나타난다.[81] 삶의 만족도가 높을수록 집권 정당의 득표율도 증가하는 경향이 있다. 본 연구는 유로바로미터Eurobarometer 여론조사 데이터를 바탕으로 1973년 이후 열다섯 개 유럽연합 국가에서 치러진 선거를 분석했다. 선거를 앞둔 시점 삶의 만족도와 집권 정당의 선거 성공 사이에는 긍정적 상관관계가 뚜렷이 나타난다. 또 다른 연구는 2016년 미국 대통령 선거에서 도널드 트럼프의 승리 이유를 설명하려 했다.[82] 200만 건 이상의 개별 설문조사를 포함한 대규모 데이터를 주 단위로 묶어 분석한 결과, 낮은 행복 수준은 광범위한 인구통계학적 및 이데올로기적 변수를 고려한 후에도 트럼프의 승리를 강력하게 예측하는 요인임을 보여준다.

만약 우리가 모두 '신념 거품' 안에 살면서 더 행복해진다면, 신념주의는 훨씬 더 쉽게 정당화될 수 있다. 그렇다면 이 가정을 뒷받침할 증거가 있을까? 정치적으로 의견이 다른 사람을 향한 적대감이 건강을 해친다는 몇몇 증거가 있으며, 이는 결국 신념주의가 행복에도 악영향을 미칠 수 있음을 보여준다. 2016년 미국인 약 5,000명을 대상으로 한 연구에 따르면, 적대감은 정치적 참여를 독려하고 정치적 참여는 일반적으로 건강에 이롭지만, 스트레스와 부

정적 감정이 건강에 미치는 악영향이 그 이점보다 더 크다.[83]

미국에서 실시한 또 다른 연구에서는 사회적 양극화가 심각해졌다고 인식한 참여자들이 양극화에 변화가 없다고 인식한 사람들보다 불안과 우울증을 겪을 가능성이 약 50% 더 높은 것으로 나타났다.[84] 이러한 결과에는 중요한 의미가 있지만, 신중하게 해석해야 한다. 양극화와 정신 건강의 악화는 모두 '경제적 낙관론의 변화'나 '개인적 성향' 같은 외부 요인에서 비롯되었을 수도 있기 때문이다. 실제로도 낙관적 태도 자체가 행복과 깊이 연결되어 있다는 사실은 이미 입증된 바 있다.[85]

2008년 금융위기 이후 전 세계적으로 부정적 감정을 느낀다는 보고가 늘어났다.[86] 구체적인 내용과 영향의 규모는 나라마다 다르지만 걱정, 스트레스, 슬픔, 분노와 같은 감정을 더 자주 느낀다는 응답은 공통으로 나타났다. 세계적인 불안정성 증가, 전쟁이나 기후 재해에 대한 두려움 증가, 소셜미디어 사용 확산, 부정적 감정을 드러내려는 경향 등 여러 요인이 원인이 되었을 것으로 보인다. 나는 사회적 양극화가 감정에 큰 영향을 미쳤다기보다는, 부정적 감정의 증가가 정서적 양극화 증가에 중요한 역할을 했다고 생각한다. 우리는 스스로 행복하지 않을 때 타인을 더 가혹하게 판단하는 경향이 있다. 이러한 관계의 원인과 결과를 알아내기 위해 양방향으로 검증하는 연구가 더 필요하다.

신념주의로 차별받는 대상의 건강이 나빠질 것이라는 점은 의

심할 여지가 없다. 물론 인종차별주의가 미치는 영향은 훨씬 더 심각하겠지만, 그 상처는 차별 경험이 어떤 영향을 미치는지를 잘 보여준다. 차별로 인한 스트레스는 몸속에서 염증 반응을 일으켜 당장 건강 문제를 일으키고 시간이 지나면서 만성 질환으로 나타날 수 있다.[87] 인종차별주의가 건강에 미치는 영향은 차별을 직접 경험한 사람들에게만 국한되지 않는다. 인종차별을 목격하기만 해도 아동의 자존감과 정신 건강이 무너져 발달 단계나 학업 성취도에 영향을 미칠 수 있다.[88] 특히 차별이 아동의 부모에게 영향을 미치는 경우에 더욱 그러하며, 연구에 따르면 부당한 대우를 경험한 부모를 둔 자녀는 행동 문제를 보일 가능성이 더 높다.

행복과 신념주의 사이의 직접적인 관계를 보여주는 증거가 부족하다면, 행복과 신념주의와 연관되어 있을 법한 성격 특성 간의 관계를 살펴볼 수 있다. 성격 심리학에서는 인간의 성격이 개방성Openness, 성실성Conscientiousness, 외향성Extraversion, 우호성Agreeableness, 신경증Neuroticism이라는 5대 성격 특성 요소로 이루어져 있다고 설명한다(나는 이 모델을 각 요소의 머리글자를 따서 바다를 의미하는 단어 '오션OCEAN'으로 기억한다). 신념 차별이 적은 사람과 가장 연관성이 높은 성격 특성은 개방성이다. 개방성은 새로운 경험을 받아들이고, 변화를 수용하며, 새로운 아이디어에 열린 태도를 보이려는 의지를 의미한다. 또한 개방성은 행복과 연관성이 가장 약한 성격 특성이기도 하다.[89] 개방성이 행복에 중요하지 않다는 뜻이 아니라 다른 특성들, 특히 외향성에 비해 그 영향이 상대적으로 적다는 의미다. 중국 대학생들을 대상으로 한 연구는 경험에 대한 개방성이 행복을 유의미하게 예측한다는 것을 발견했지만, 높은 수준의 개방성은 경외감, 즉 감탄이나 경탄의 압도적인 감정을 경험하는 더 큰 경향과 관련이 있었다.[90] 따라서 개방성은 신념주의를 줄이는 데 도움이 되지만, 그것만으로는 개인의 행복에 큰 영향을 미치지 않을 것으로 보인다.

따라서 행복을 근거로 신념주의를 줄여야 한다는 주장은 그다지 설득력이 없다. 실제로 어떤 사람들은 다른 신념을 가진 사람들에 대해 덜 차별적인 태도를 취함으로써 단기적으로는 기분이 더 나빠질 수도 있다. 그러나 차별은 차별을 '하는' 쪽에도 상처를 줄 수 있다. 적대감을 느끼는 것이 결코 기분 좋은 일은 아니기 때문이다.[91] 신념주의가 줄어들면 정서적 양극화도 완화되며, 결국 행복에 도움이 된다. 차별의 대상이 되는 사람들은 더더욱이 큰 혜택을 누릴 가능성이 높아, 신념주의가 줄어들면 전 세계적으로 고통이 감소할 것이다. 우리는 자신의 행복이 주변 사람의 행복에 영향을 받는다는 사실을 알고 있다.[92] 무엇보다 중요한 점은, 신념주의의 파급 효과가 줄어들면 더 효율적이고 혁신적인 의사결정을 내려 행복도가 높아진다는 것이다. 따라서 인과관계를 명확히 보여주는 증거는 없어도, 표면상 신념주의를 줄여야 할 타당한 근거는 여전히 존재한다. 다만 관용을 높이는 데에는 상당한 심리적 장벽이 있으며,

이러한 장벽을 직시해야 신념주의를 줄이기 위한 실질적 개입 방법을 논의할 수 있다.

## 신념주의를 넘어서기 위하여

—

신념주의와 그에 따르는 파급 효과를 줄이려면 인간이 지닌 몇 가지 근본적인 성향을 인정해야 한다. 첫째로 앞서 언급했듯이 인간은 실제로 '결정'하는 일이 그리 많지 않다. 매일 수천 번의 결정을 내리지만, 뇌는 대부분의 행동을 자동화하여 결정의 부담을 줄인다. 뇌는 주변에서 신호와 단서를 얻어 반응 방식을 정한다. 여기서 말하는 환경이란 무의식적이고 자동적이며 감정적인 뇌(당신의 '시스템 1')를 활성화하는 매우 '지엽적인' 신호와 계기를 의미한다. 이 관점에서 보면 슈퍼마켓에서 흘러나오는 프랑스 음악은 환경이다. 의식하지 못하는 사이에 당신이 프랑스 와인을 사도록 슬며시 유도할 수 있기 때문이다.[93]

우리는 대체로 자신이 명확한 논리에 따라, 이성적이고 신중한 뇌('시스템 2')를 완전히 가동한 상태에서 자발석으로 행농한다고 믿고 싶어 한다. 하지만 우리가 어떤 사안을 확실하게 오리라고 바라보고 있을 때 같은 사안을 두고 토끼라고 확신하는 사람과 원활하게 교류하려면, 본능과 감정이 얼마나 지대한 영향을 미치는지를 인정해야 한다. '경영자의 자세로 주도적인' 결정을 내렸다고 생각할 때조차, 사실은 종종 맥락의 영향에 대한 반응으로 시스템 1에서 이미 내린 결정을 시스템 2가 '집행'한 것에 가깝다고 볼 수 있다. 결정을 사후에 합리화하는 경우가 얼마나 잦은지 떠올려보라. 우리가 따르는 맥락의 영향과 인지적 정당화는 결코 순수하다고 할 수 없다.

이스라엘 출신의 심리학자 대니얼 카너먼이 국제 협상 자리에서 사람들 대부분이 온건한 비둘기파적 행동보다는 강경한 매파적 행동 쪽으로 행동 편향을 보인다는 사실을 보여주었듯이, 인간 존재의 몇 가지 핵심적 특성 또한 우리를 필연적으로 신념주의자로 만든다.[94] 각 특성이 미치는 영향에 어느 정도로 '시달리는지'는 개인마다 큰 차이가 있을 것이다. 그리고 아마도 더 큰 차이는 자신이 그런 영향에 얼마나 노출되어 있다고 인식하는지에 있을 것이다. 그러나 신념주의의 정도나 그에 대한 인식이 어떠하든, 우리는 인간이라는 이유만으로 이러한 효과에 굴할 수밖에 없을 것이다. 따라서 신념주의와 그 파급 효과를 줄이려면 우리는 모두 자기 의견에 반대하는 사람보다 동의하는 사람을 더 좋아하도록 '타고났고', 모호함을 싫어하며, 자기 견해가 도전받을 때 상당히 방어적으로 변할 수 있다는 사실을 인정해야 한다.

완고한 태도를 고수하는 주요 원인 중 하나는, 어떤 사안에 대해 확신하지 못하는 모습을 보이면 약하거나 심지어 무지하다고 비칠까 하는 걱정이다. 그러나 불확실성이나 부족한 지식을 인정하면 오히려 설득력과 신뢰성을 높일 수 있다. 연구에 따르면 어린이들은 불확실성을 솔직하게 표현하는 사람에게서 더 잘 배운다고 한다. 예를 들어, 아이들이 가끔만 작동하는 물체의 인과관계에 관해 배울 때, 이 불확실성도 함께 전달한 어른의 설명을 더 잘 이해했다. 반대로 지나친 자신감은, 특히 틀렸음이 증명될 때 신뢰를 무너뜨릴 수 있다. 아이들은 자신 있게 정보를 제공했지만 때로는 틀린 것으로 드러나는 성인을 덜 믿는 경향이 있다.[95]

지적 겸손함이 높은 사람, 즉 자신이 모르는 것이 있음을 인정하는 사람은 더 폭넓은 범위의 생각을 고려할 가능성이 높다. 학계 전반이 코로나19의 위협에 '일제히' 대응하는 데 두려움이 큰 역할을 했다는 건 알지만, 일부 사람들이 봉쇄 조치에 대해 보였던 확신은 불안감에서 비롯된 것이 아닌지 하는 의심이 든다. 팬데믹 초기에 사회적 제한 조치가 끼칠 부수적 피해에 관해 글을 쓰기 시작했을 때, 나는 늘 그렇듯 매우 정중한 태도를 유지했다. 그럼에도 런던정경대의 한 원로급 학자가 이메일을 보내, 내 발언이 코로나 사망자 수를 늘리게 될 거라며 글쓰기를 중단하라고 요구했다. 그토록 불확실성이 강한 상황에서 봉쇄 조치에 대한 그의 확신이 조금 부럽기도 했지만, 그보다는 그의 열성적인 태도가 불편했다. 그래서 나는 아주 정중하게 그가 원하는 장소에서 이 문제를 주제로 함께 토론하고 싶다고 답장했다. 하지만 그는 끝내 응답하지 않았다.

이 지점에서 타인에 대한 우리의 (잘못된) 인식이 개입하기도 한다. 어떤 사안에 대해 타협하지 않는 당신의 태도가 그 문제에 대한 강한 신념을 나타낸다고 인식하면, 나는 그 문제를 두고 당신과 논의할 필요가 없다고 생각할지도 모른다. 대체로 우리는 타인이 자신보다 독단적이라고 생각하는 경향이 있는데, 이는 특히 기본적 귀인 오류가 만연하기 때문이다. 우리는 스스로 관용적이라고 생각하지만 타인은 완고하다고 여겨서, 실제로는 어느 정도 대화할 의사가 있다고 해도 끝내 대화로 이어지지 않는다. 게다가 '내'가 먼저 '상대'에게 손을 내민다는 건 생각조차 하기 어렵고, 더 나아가 대화할 가치가 없다고 생각하는 상대가 제안을 거절할 때 느낄 심리적 비용까지 상상하게 된다. 그 결과, 흔히 국제 분쟁에서 양측이 그러하듯, 각자 단절된 자신만의 공간으로 더 깊이 후퇴한다.

우리 자아의 어떤 측면에서 나타난 변화나 경향은 시간이 흐를수록 우리가 점점 더 '신념주의적'으로 변하게 된 원인일 가능성이 높다. '지나치게 높은 개인적 기준을 세우고 과도하게 비판적으로 자신을 평가하는 것'으로 정의되는 '완벽주의'의 증가를 생각해보라. 런던정경대 동료 교수인 톰 커런**Tom Curran**이 설득력 있게 주장했듯이, 이러한 의미에서 자신을 완벽주의자라고 밝힌 사람들의 수가 지난 수십 년간 전 세계적으로 대단히 많이 증가했다.[96] 완벽주의라는 말은 때로 바람직하게 들릴 수 있지만, 사실 이는 불안감에서 비롯된다. 다시 말해, 완벽주의는 무언가 상당히 괜찮다는 사실을 받아들이지 못하고, 어떤 형태의 비판도 견디지 못하는 태도에 뿌리를 두고 있다. 완벽주의자는 자신이 모든 답을 알고 있지 않다는 사실이 내적으로든 외적으로든 드러나는 위험을 감수하기보다는, 자신의 견해나 소속된 집단을 굳게 지키는 편이 훨씬 안전하기에 신념주의자가 될 가능성이 더 크다고 할 수 있다.

어둠의 3요소dark triad에 대해 들어본 적이 있는가? 이는 해를 끼칠 수 있는 인간의 세 가지 성격 특성을 가리키며, 마키아벨리즘 Machiavellianism(지나치게 조종하는 성향), 사이코패시psychopathy(공감 능력 결여), 나르시시즘Narcissism(병적인 자기애)으로 구성된다. 우리는 누구나 이러한 특성을 조금씩 지녔고, 어떤 사람은 그중 한두 가지에서 강한 경향성을 보이며, 극소수는 세 가지 특성을 모두 두드러지게 나타내기도 한다. 마키아벨리즘과 나르시시즘은 정치적 경력에 필요한 자격에 대한 인식 그리고 공직에 도전하고 싶은 욕구와 연결되어 있다. 사이코패시와 나르시시즘 역시 정치 참여에 직접적으로 영향을 미치는 것으로 나타났다. 흥미롭게도 나르시시즘은 높은 정치적 관심과 연관 있지만, 동시에 낮은 정치적 지식 수준과도 연결되어 있다. 마키아벨리즘은 행복과는 관련이 없어 보이고, 사이코패시는 행복에 부정적 영향을 미치지만, 나르시시스트들은 상대적으로 더 행복해 보인다.[97]

완벽주의와 마찬가지로 이러한 특성들 역시 시간이 흐르면서 증가해왔으며, 특히 나르시시즘의 증가가 두드러진다. '나는 중요한 사람이다'라는 문장에 동의하는 비율은 1950년대에 열 명 중 한 명 정도였지만, 현재는 열 명 중 아홉 명으로 증가했다.[98] 물론 응답자 모두가 완전한 나르시시스트는 아니며, 자신을 어느 정도 특별한 존재로 여기는 것은 오히려 건강한 자세라 할 수 있다. 그럼에도 시간이 지나면서 평균적인 사람들이 점점 '특별'해지고 있다. 나르시시스트는 겉으로 자신감 있어 보일 때가 있지만, 실제로 내면은 불안정하다. 자신이 옳다고, 타인보다 낫다고, 존경받을 자격이 있다고 계속해서 스스로 확인하려 할수록 신념주의자가 될 가능성이 커진다. 타인의 생각이 내 생각보다 중요하지 않다면, 굳이 왜 그들의 말에 귀 기울이겠는가?

일부 나르시시스트들은 자신을 돋보이게 하려면 타인을 끌어내려야 한다고 느낀다. 따라서 나르시시즘의 증가는 외집단을 향한 부정적 감정이 커진 이유를 어느 정도 설명해줄 수 있으며, 이것이 바로 감정적 양극화 심화의 가장 큰 원인이다. 이러한 경향은 특히 온라인상에서 일어나는 상호작용에서 두드러지는데, 모욕적인 댓글을 게시하면서 거의 아무런 대가를 치르지 않고도 자신의 불안정한 우월감을 상당히 높일 수 있기 때문이다. 나르시시스트들은 이렇게 내면에 취약성을 지녔으면서도 크게 동정받지 못한다. 기억하겠지만 심리치료사인 내 아내는 나르시시스트들을 상담하는 것을 좋아하는데, 그들이 인간관계를 맺고 유지하는 데 자주 어려움을 겪기 때문이다. 아내는 이 문제를 해결하는 데 도움을 줄 수 있다고 말하는데, 이 말은 상담 치료가 나르시시스트의 인간관계 기술을 개선하고, 그들이 보이는 파괴적인 행동을 일부 줄이는 데 도움을 줄 수 있다는 연구 결과와 일치한다.[99]

아내와는 달리, 대부분 사람은 나르시시스트의 '과시'하는 태도를 불쾌하게 느끼기 때문에 그들의 의견을 종종 무시한다. 그 결과 신념주의의 악순환이 생겨난다. '나는 너를 좋아하지 않으니 네 신념도 좋아하지 않는다. 그러면 너도 나를 싫어하게 될 거고 결국 그 반감 때문에 나는 너를 더 싫어하게 된다'는 식으로 이어진다. 하지만 나르시시스트들의 까다로운 특성에도 불구하고 그들의 말에 귀 기울이는 것이 이익이 될 때도 있다. 예를 들어, 나르시시스트는 존경과 인정에 대한 욕구가 있어서 리더로서 해야 할 역할을 성공적으로 해낼 수 있으며, 그들의 과도한 자신감은 다른 사람들에게 유능함으로 보일 수 있다. 이렇게 해서 그들의 지위가 올라가고 결과적으로 도전에 대해 더 의욕적이고 회복력 있는 태도를 보이게 된다. 우리가 싫어하는 사람의 신념에 귀 기울이는 일은 쉽지 않지만, 자존심을 조금만 내려놓을 수 있다면 보람 있는 일이기도 할 것이다. 솔직히 말해 나 역시 이것이 정말 지독하게 어렵다는 점을 인정하지 않을 수 없다.

우리의 자아는 홀로 존재하지 않는다. 타인과의 상호작용과 우리가 속한 집단 안에서 그 모습을 드러낸다. 지배적이고 때로는 나르시시즘 성향을 보이고, 비대하지만 동시에 종종 불안정한 자아를 지닌 사람들은 보통 직장이나 사회적 환경에서 주도권을 잡으려 한다. 하지만 비대한 자아가 '더 나은' 신념과 상관관계가 있다고 가정할 이유는 전혀 없다. 이는 어떤 개인이 신념주의의 흐름을 거슬러 헤엄치기가 얼마나 어려운지를 상기시켜주며, 특히 그 조류가 시간이 갈수록 강해지고 있다면 더욱 그러하다. 우리와 의견이 다른 사람의 말에 귀 기울이려는 의지는 주로 집단적 행동이나 상호작용의 지형을 재설계하는 데서 비롯될 수 있다. 하지만 불안정한 자아와 지배적인 인물이 넘쳐나고, 완벽주의와 나르시시즘이 확산하고 있는 오늘날의 세계에서는, 우리가 할 수 있는 한 자기 신념에 겸손한 태도를 갖고 타인의 생각을 존중하려고 노력하는 자세가 그 어느 때보다 중요하다.

# 5장

# 신념주의를 넘어서기 위한 준비

지금까지 '편 가르기'에 관해 알아봤다. 이제 책의 1부를 마무리하며 당신이 얻은 주요 통찰이나 시사점을 잠시 생각해보면 좋겠다. 이 책을 통해 내가 이루고자 하는 핵심 목표를 다시 말하자면, 우리와 다른 신념을 가진 사람들을 덜 차별하도록 기여하는 것이다. 신념주의와 그로 인한 파급 효과를 줄이는 일은 언제든 칭찬받을 만한 일이라고 생각한다. 특히 소셜미디어가 관계를 맺는 방식을 바꾸고, 도덕적 이원론, 반정체성 성향, 도덕적 우월감 과시, 정서적 양극화를 심화하면서 인간의 의사결정과 행복에 점점 더 부정적 영향을 미치는 세상에서는 더욱 그렇다.

이러한 배경을 고려하면서 신념주의에 관해 조금 더 깊이 생각해보기를 바란다. 그리고 이 단어를 다른 형태의 차별을 정의하는 여러 '-주의'들과 나란히, 때로는 대조적으로 사용해보길 바란다. 당신은 스스로 생각했던 것보다 더 신념주의자에 가까운가? 아니면 신념주의 경향이 덜한가? 신념주의를 줄이는 것이 왜 중요하지만 어려운 일인지 더 분명해졌는가? 신념주의를 줄이면 개인에게도 상당히 이롭다. 더 다양한 생각을 고려할 수 있는 능력 덕분에 지적 겸손함이 커지고, 관대함과 인내심이 더해져 인간관계가 개선되기 때문이다. 신념주의가 줄어들면 사회가 얻을 수 있는 이점도 수없이 많다. 부모들이 보통 자식들이 서로 매우 다르다고 자랑스럽게 말하듯이, 사회에 대해서도 그렇게 말할 수 있어야 한다. 제대로 기능하는 가족과 사회는 다양성을 존중하고, 그로 인해 더 단단해진다.

안타깝게도 신념주의를 줄이는 것은 절대 쉽지 않은 문제다. 우리는 자신과 의견이 같은 사람을 선호하는 본능적 성향과 확실성과 일관성을 원하는 심리적 욕구를 극복해야 한다. 이러한 경향은 설득력 있는 증거 앞에서도 타인이나 단체에 대한 우리의 견해를 포함해 신념을 바꾸는 데 걸림돌이 된다. 우리는 삶의 모든 영역에서 반대 의견에 고개를 젓기보다는 서로 고개를 끄덕이며 뜻을 함께하는 집단을 만들고 그 안에 머무르고 싶어 한다. 인간의 본능을 따라가다 보면, 오리와 토끼로 편을 나누고, 다른 동물을 보는 사람들은 적대적으로 대하게 된다. 게다가 보통은 상황이 최악인 이유나 자기 기분이 나쁜 이유를 타인이나 다른 집단 탓으로 돌리기가 더 쉽다. 우리가 더 관대해지려고 할 때마다 마주하는 신념주의라는 물결은 인지적·정서적·사회적으로 너무 거세서 이를 거슬러 헤엄치기란 결코 쉽지 않다.

따라서 신념주의와 그 해로운 파급 효과를 줄이는 유일하고 효과적인 방법은, 우리가 너무 열심히 생각하지 않고도 신념주의를 줄일 수 있는 환경을 조성하는 것이다. 그렇다 해도 모든 상황을 닫힌 마음으로 대한다면 '설계에 따른 관용'은 큰 성과를 거둘 수 없다. 맥락이 변화를 유도할 수는 있지만, 자신의 욕구를 근본적으로 바꿀 수는 없기 때문이다. 설령 가능하다 해도 유도적 개입이 개인의 욕망을 함부로 바꾸도록 허용해서는 안 된다는 윤리적 한계도 분명 존재한다. 따라서 신념주의를 줄이려면, 최소한 그렇게 하고자 하는 마음이 있어야 한다. 이 의지는 신념주의가 감소할 때 개인과 사회에 이익이 된다는 인식과 일치한다. 나는 당신에게 이러한 의지가 있음을 알고 있다. 이제 '편 허물기'를 시작하도록 해주는 다양한 개입 방안을 받아들여보자(EMBRACE).

# 어떻게
# 편을
# 허물 것인가

# 6장

# 신념주의를 줄이는 EMBRACE 전략

우리는 신념주의의 원인과 결과를 이제 어느 정도 이해했으므로, 이제 신념주의를 줄이는 방안을 살펴볼 수 있다. 단순히 생각만으로 신념주의를 덜어낼 수는 없다. 우리는 스스로가 도전을 좋아한다고 생각할지 모르지만, 사실은 그렇지 않다. 대체로 가장 저항이 적은 길을 선호하게 마련이다. 의지력은 약하지만 다행히 '설계의 힘'은 강력하다. 덜 신념주의적인 태도를 습관으로 만드는 것, 즉 '설계에 따른 관용'을 실천하는 것은 가능하다. 신념주의를 줄이기 위한 환경을 설계하는 방식을 EMBRACE라는 이름의 새로운 체크리스트로 정리하려 한다. 이 단어 자체가 무언가를 기꺼이 또는 열심히 받아들인다는 의미를 지니고 있어, 기억하기에도 아주 적절하다.

여기서 나는 당신이 삶과 가정, 동호회, 직장, 조직에서 신념주의를 줄일 수 있는 창의적인 방법을 스스로 고안해낼 수 있도록 증거 기반의 사고 틀을 제공하려고 한다. 체크리스트는 신념주의를 줄이기 위해 해야 할 일을 명확하고 신중하게 생각하도록 돕지만, 그 과정에서 개별 요소를 단독으로 적용할 때보다 더 큰 효과를 발휘하는 여러 요소의 조합까지는 고려하지 않는다. 모든 요소를 한꺼번에 적용하는 것은 아마도 최선의 방안이 아닐 것이다. 지나치게 많은 요소를 섞으면 오히려 역효과가 나거나 혼란을 초래해 신념주의를 줄이기는커녕 악화시킬 수도 있기 때문이다. 대신 두세 가지 요소를 결합하는 방식은 효과적일 수 있으므로 이 점을 염두에 두고 EMBRACE 체크리스트를 한 글자씩 살펴보자.

| | |
|---|---|
| 환경 (**E**nvironment) | 상황적 요인을 강조한다. |
| 실수 (**M**istakes) | 실수를 허용하고, 그로부터 배울 수 있다. |
| 유대 (**B**onding) | 우리는 많은 면에서 서로 닮았다는 사실을 기억한다. |
| 이성 (**R**eason) | 더 확실한 증거와 일관된 서사를 갖춘다. |
| 정서 (**A**ffect) | 다른 관점이나 사람을 향한 정서적 반응을 다듬는다. |
| 결합 (**C**ollection) | 의사결정 과정에 다양한 관점과 사람을 포함시킨다. |
| 노출 (**E**xposure) | 생각이 다른 사람과 더 많은 시간을 보낸다. |

     2부 어떻게 편을 허물 것인가

본격적으로 내용을 살펴보기에 앞서, 계속 반복하는 것 같아 조심스럽지만, 우리의 목표는 신념주의와 그 파급 효과를 줄이는 것이지, 결코 신념 자체를 바꿔서 어떤 합의를 끌어내려는 것이 아니다. EMBRACE는 신념주의의 전체 분포를 '더 낮은 수준'으로 옮기려는 방법으로 볼 수 있다. 우리 스스로를 얼마나 관대하고 개방적인 사람이라 여기든, 모든 사람은 어느 정도의 신념주의에 빠지기 마련이다. 그리고 그 정도는 아마도 개인으로서, 혹은 기업이나 정책 결정 과정에서 효과적인 의사결정을 내리기 위해 필요한 '최적의 수준'보다 더 높을 가능성이 크다. EMBRACE는 마치 강한 바람과 같다. 우리를 한 방향으로 밀어주지만 쓰러뜨리지는 않는다. 다만 실제 바람과 달리, 일반적으로 우리가 당장은 알아차리지 못하지만 나중에는 그 효과에 고마워할 만한 방식으로 밀어준다.

# 7장

# E 환경:
## 상황적 요인 강조하기

신념주의를 줄이려는 모든 시도는 행동, 생각, 감정의 상당 부분을 결정하는 '상황적 요인'의 흐름에 몸을 맡기려는 인간의 성향을 반드시 이용해야만 한다. 이 말은 매우 신중하게 우리의 사고방식을 바꾸려는 교육 프로그램들이 행동에 미치는 영향이 제한적이라는 뜻이다. 게다가 효과적인 교육이나 정보 프로그램은 처음부터 교육 수준이 높고 견문이 넓은 사람들에게 가장 큰 성과를 내기 마련이다. 따라서 효과적인 교육 프로그램조차 오히려 교육 격차를 벌리는 역할을 할 뿐이다.[1] 다양성과 포용의 중요성을 학생들에게 교육해 조금 더 관용적인 캠퍼스 환경을 만들려는 대학 차원의 시도를 떠올려보자. 이미 다양성에 많이 노출된 학생일수록 대학의 해당 프로그램에 더 잘 참여하고 더 큰 혜택을 누린다는 사실은 이미 입증되었다.[2] 내 경험상, 행동을 바꿀 만한 충분한 근거가 있을 때는 보통 말로 설명하기보다는 다르게 행동하도록 슬며시 유도하는 편이 훨씬 더 효과적이다.[3]

환경에 약간의 변화만 줘도 신념주의를 줄일 수 있다. 미국에서 실시한 일련의 실험에서 1,700명 이상을 대상으로 연구가 진행되었는데, 그중 절반(실험군)은 미국인이라는 정체성을 떠올리게 하는 이미지와 문구에 사전 노출되었고, 나머지 절반(대조군)은 사전 노출되지 않았다.[4] 이후 두 집단 모두에 자신이 지지하는 정당과 상대 정당에 대한 '호감도'를 0에서 100까지 '온도계'에 비유해 평가하도록 했다. 온도가 높을수록 호감도가 높다는 뜻이다. 실험군에 속한 사람들은 대조군에 속한 사람보다 외집단에 대해 약 5도 정도 더 '따뜻한' 반응을 보였다. 이 결과가 어느 정도인지 비교해보자면, 당파성이 강한 집단과 당파성이 약한 집단이 외집단에 보이는 호감도 차이는 9도였다.

르완다에서 진행된 한 흥미로운 실험에서 연구진은 두 개의 가상 르완다 공동체를 배경으로 집난 간 편견, 폭력, 트라우마를 줄이자는 내용을 담은 라디오 드라마가 사람들에게 미치는 영향을 살펴봤다.[5] 건강을 주제로 한 라디오 드라마를 들은 대조군과 비교했을 때, 실험군 청취자들은 사회적 규범에 관한 인식과 공개적 이의제기, 신뢰, 공감, 협력과 관련한 행동에서 변화를 보였다. 비록 이 연구가 신념주의에 직접적으로 초점을 맞추지는 않았지만(실제로 신념주의를 직접 다룬 연구는 드물다), 편견이 줄어들면 신념주의 또한 감소하리라고 추론하는 것은 타당해 보인다. 특히 주목할 점은 라디오 프로그램이 청취자 개인의 신념 자체는 거의 바꾸지 못했다는 사실이다. 이는 사람들이 신념을 바꾸지 않고도 신념주의를 줄일 수 있다는 점을 다시 한번 확인해준다.

환경 안에서 문제를 어떻게 프레이밍framing 하는지는 조망 수용perspective taking * 능력에 결정적인 역할을 한다.[6] 예를 들어, 어떤 사안을 경쟁적 이해관계가 아니라 공동의 목표라고 프레이밍하면, 공유하는 가치와 협력의 이점을 떠올리며 훨씬 더 유연하게 타협에 임하게 된다. 더 나아가, 외집단 구성원들을 더 미묘하고 공감 어린 시각으로 묘사하는 이야기나 미디어에 개인을 노출시키는 '매개 접촉mediated contact'과 같은 다양한 개입을 통해 조망 수용과 프레이밍을 강화할 수 있다.[7] 조망 수용을 장려하고 건설적인 프레이밍 기법을 활용하는 구조화된 대화의 자리는 양극화된 태도를 줄이고 타협에 나서려는 의지를 높이는 것으로 나타났다.

하지만 양극화를 줄이려는 은근한 개입은 때때로 역효과를 낼 수 있다. 최근 한 연구에서는 1,000명의 사람들에게 한 달 동안 자

* 타인의 생각, 감정, 행동 등을 그 사람의 맥락에서 이해하는 것

신의 정치적 이념과 반대되는 내용을 담은 메시지를 자동으로 리트 윗하는 트위터 봇을 팔로우하도록 하고 대가를 지급했다.[8] 하지만 예상과 달리, 진보 성향의 참여자들은 약간 더 진보적으로 변했고, 보수 성향의 참여자들은 훨씬 더 보수적으로 변했다. 이 연구가 신 념주의 자체를 조사한 것은 아니며, 양극화의 증가 자체가 반드시 문제는 아니라는 점을 기억해야 하지만, 이 결과는 단순히 반대 관 점을 제시하는 것만으로는 장벽을 허물기가 어렵다는 사실을 시사 한다. 역효과는 선택적 노출이 강할 때 더 발생하기 쉽다.[9] 선택적 노출은 자신의 신념과 일치하는 콘텐츠를 선호하고 반대되는 콘텐 츠는 기피하거나 무시하는 경향을 말한다. 우리는 기존 신념이라는 렌즈를 통해 정보를 걸러내는 과정에서 더 양극화될 수 있다. 더욱 이 앞서 살펴본 바와 같이, 소셜미디어는 선택적 노출을 증폭시키 는 에코 챔버를 만들어낼 수 있다.

상황적 맹목situational blindness이라는 현상을 통해, 앞서 언급한 선 택적 노출 문제를 해결할 실마리를 얻을 수 있다. 상황적 맹목은 환 경이 인간 행동에 미치는 가장 보편적인 영향 중 하나이다.[10] 이는 사람들이 의사결정을 하는 당시에 가장 두드러져 보이는 한 가지 요소에만 집중하는 현상을 말하는데, 실세로는 그 요소가 결과의 성패를 결정하는 데 그다지 중요한 요소가 아닐 수도 있다. 이륙 준 비 중인 비행기 조종사를 생각해보자. 그녀는 모든 계기판을 점검 했고 문제가 없어 보여서 이륙을 시작한다. 그런데 정작 옆자리에 부조종사가 없다. 비행 안전에 결정적으로 중요한 요소인 부조종사를 너무 당연히 여긴 나머지 지나치고 잊은 것이다. 조종사가 부조종사 없이 이륙하는 게 말이 되냐고 생각할 수도 있다. 그러나 이런 일은 과거에 종종 발생했고, 비행 안전은 크게 위협받았다. 우리는 누구나 모든 것에 동시에 주의를 기울일 수는 없다. 당신도 중요한 사실을 놓쳤던 순간을 쉽게 떠올릴 수 있을 것이다.

항공 산업은 증거에 기반하고 사고 원인을 매우 철저히 분석하는 분야다. 항공기 추락이나 중대한 사건이 발생하면 매번 향후 사고 위험을 줄이기 위해 실질적인 교훈을 반드시 도출한다. 그렇다면 항공 산업은 '단독 비행' 문제를 어떻게 해결했을까? 해결 방법은 바로 '체크리스트'였다. 체크리스트는 조종사가 상황적 맹목에서 벗어나 상황 인식situational awareness* 상태로 전환하도록 도와, 비행 안전에 기여하는 모든 요소를 빠짐없이 고려하게 한다. 상황적 맹목은 가장 중요한 사항조차 놓치게 만들기 때문에 이 체크리스트는 매우 단순하게 구성된다. 이 책에서 소개하는 EMBRACE와 마찬가지로 체크리스트는 문제에서 한 걸음 물러나 전체적으로 바라볼 수 있게 해준다. 부조종사의 탑승 여부는 조종사가 반드시 확인해야 할 중요한 항목 중 하나이다. 체크리스트를 도입한 결과, 조종석에 조종사 혼자만 탄 채로 이륙하는 일은 사라졌고, 중대 사고 발

* 환경을 해석하고 이해하여 가까운 미래를 예측하는 의사결정의 핵심 기반

생 빈도도 줄었다.[11]

체크리스트는 의학 분야에서도 외과의가 주변 환경에서 중요한 정보를 놓쳐서 발생하는 오류를 줄이기 위해 널리 사용되고 있다.[12] 항공 분야와 마찬가지로, 체크리스트에는 상당히 간단한 정보가 담겨 있지만, 안전에 영향을 미치는 모든 요소를 완전히 파악하게 하는 역할을 한다. 수술을 위해 병원에 입원하면, 의료진이 올바른 환자를 수술하는지 확인하도록 이름과 생년월일을 확인하는 절차를 거친다. 체크리스트에 적힌 각 항목은 환자의 안전에 영향을 미치는 모든 요소를 한눈에 파악할 수 있게 해준다. 의학 분야에서 체크리스트가 오류를 줄이고 치료 결과를 개선하는 데 성공한 사례는 체계화된 정보가 시야가 좁아지는 현상을 완화하는 데 큰 영향을 미칠 수 있음을 강조하여 보여준다. 체크리스트의 힘에 영감을 받아, 나는 몇 년 전 행동 개입*을 위한 체크리스트인 마인드스페이스MINDSPACE를 개발했다. 이는 전달자Messenger, 인센티브Incentives, 규범Norms, 기본값Defaults, 현저성Salience, 유도Priming, 정서Affect, 약속Commitment, 자아Ego의 머리글자를 합친 것이다. 마인드스페이스는 당연하지만 쉽게 지나칠 수 있는 인간 행동의 '사실들'에 주목하게 한다.[13]

항공 산업만큼 체크리스트가 잘 정착된 분야는 없을 것이다. 의

* 바람직한 행동은 늘리고 문제행동은 줄이기 위해 개입하는 전략

학계도 그 정도는 아니며, 행동과학은 말할 것도 없다. 하지만 어떤 항목이 체크리스트에 포함되어야 하는지 그 타당성을 입증하는 과정은, 적어도 해당 근거의 유무에 대해 토론하게 만드는 효과가 있다. 팬데믹 기간의 정책 결정 과정은 그야말로 체크리스트를 간절히 필요로 했다. 사회적 접촉을 제한하는 가혹한 조치가 시행될 때마다, 코로나 감염률에 미칠 영향에 대한 긴 논의가 이어졌다. 하지만 고립감, 교육 격차, 그 밖의 수많은 영향은 거의 고려되지 않았다. 이러한 영향이 낳을 결과를 추정하려는 시도는 고사하고, 문제로 인식조차 되지 않았다는 뜻이다. 이 책의 목적에 비추어 볼 때 여기에서 중요하게 생각해야 할 점은, 어떤 항목을 체크리스트에 넣을지 논의하는 과정은 '어떤 정책 결정을 내려야 하는가'를 두고 논쟁할 때보다 훨씬 더 객관적이며 적대감이 덜할 가능성이 높다는 것이다. 따라서 정책을 결정할 때 체크리스트 개발 과정을 포함하면 신념주의가 줄어들 것으로 기대할 수 있다.

일반적으로 우리 환경 속의 프로세스가 정당성을 갖춘다면, 신념주의 또한 줄어들 것이다. 정치나 공공 정책 문제의 경우, 민주주의 제도가 바로 이 역할을 한다. 자유민주주의 사회에서 대다수 사람은 경쟁 관계에 있는 신념이 투표소에서 검증된다는 사실을 인정하고 존중한다. 정당은 여러 정책 목표를 느슨하게 이야기로 한데 묶어 공약집으로 만들어서 유권자에게 전한다. 유권자는 그 내용을 종합적으로 판단하여 오리를 볼지, 토끼를 볼지 결정한다. 입법부의 역할은 오리와 토끼라는 두 서사가 정책 수립 과정에서 각각 일정한 역할을 수행하도록 보장하는 데 있다. 대다수는 서로 대립하는 신념 사이의 분쟁을 해결하는 '절차' 자체에는 동의한다. 개인적으로는 2024년 영국 총선 이후 패배한 리시 수낙Rishi Sunak 전 총리가 보여준 품위 있는 태도에 깊은 인상을 받았다.

# 8장

# M 실수:
## 실수를 허용하기

인생에서 개인적으로든 직업적으로든, 실수 없이 살아가기란 불가능하다. 문제는 실수하는지 안 하는지가 아니라, 우리와 타인이 그 실수를 어떻게 받아들이는지에 있다. 안타깝게도, 온라인에서 상호작용이 이루어지는 현대 사회에서는 누구나 때로는 잘못을 저지른다는 평범한 사실을 받아들이는 데 매우 인색해 보인다. 2019년 5월 헤이 페스티벌Hay Festival에서 내가 쓴 『해피 에버 애프터Happy Ever After』와 관련해 강연했을 때, 나는 자녀 없는 미혼 여성이 가장 행복하고 건강한 인구 집단이라고 말했다. 물론 결혼 여부를 무작위로 배정하는 대조 실험이 불가능하기 때문에 이를 인과관계로 단정 지을 수는 없다는 점도 강조했다. 그럼에도 불구하고, 사회적 서사는 여성에게 안주할 것을 강요하지만 정작 결혼의 가장 큰 수혜자는 남성인 것으로 보인다는 점을 짚었다.

안타깝게도, 당시 나는 미국인 시간 사용 조사American Time Use Survey, ATUS 데이터 중 '배우자 존재' 항목을 가구 내 배우자의 존재 여부가 아니라 인터뷰 당시 배우자 동석 여부를 묻는다고 잘못 해석한 나 자신의 분석에 의존하고 말았다. 나는 설문지 작성 당시에 배우자가 옆에서 지켜보고 있을 때 여성들이 더 행복하다고 답변하는 것이라 생각했지만, 사실은 남편이 집에 함께 살고 있을 때(군 복무 중이거나 수감 중인 경우와 비교해) 더 행복하다는 의미였다. 이 분석은 전적으로 악의 없는 해석상의 실수였다. 나는 오류를 인지하자마자 「가디언」 지에 알렸고, 언론의 관심을 불러왔던 해당 기사는 수정되었다. 펭귄 출판사 편집자에게도 이를 알려 책을 수정할 수 있게 했으며, 이 실수를 공개적으로 논의했다. 요컨대, 실수를 저질렀을 때 해야 할 모든 조치를 했다. 실수를 인정하고, 가능한 한 최선을 다해 바로잡았다.

실수가 있었다는 사실은 유감스럽지만, 동시에 발견해서 다행이라고 생각한다. 이는 공개적으로 이용할 수 있는 데이터를 분석할 때 얻을 수 있는 많은 장점 중 하나이다. 이 한 가지 실수로 내 책 전체를 깎아내리려는 사람도 있지만, 그 외에 다른 오류는 없다. 장담하건대, 우리를 구속하는 강력한 사회적 서사에 반기를 든 나의 주장을 싫어하는 사람이라면 내 책 전체를 꼼꼼히 뜯어봤을 것이기 때문이다. 또한 그 오류는 책 전체 분량의 약 0.5%(약 8만 단어 중 400 단어)에 불과하다는 점도 언급하고 싶다. 무엇보다 다행인 점은 이 오류가 자녀가 없는 미혼 여성이 얼마나 행복하고 건강한지에 대한 나의 주장에 전혀 영향을 주지 않았다는 사실이다. 2019년 5월 이후로 여러 차례 밝혀왔듯이, 자녀가 없는 미혼 여성은 보통 가장 행복하고 건강한 인구 집단이라는 주장을 뒷받침하는 근거는 충분하다.[14]

하지만 결혼이 여성에게 좋다는 것을 '확신하던' 사람들(이미 그 이미지가 이 동물이 아니라 저 동물이라고 '확신하던' 사람들)은 내 사과를 받아들이지 않고, 트위터와 블로그 게시물을 통해 나를 비방하고 헐뜯었다. 한 미국인 교수는, 행복의 원인과 결과에 관한 진지한 연구를 한 적이 없는 것으로 보이는데도 틈만 나면 계속해서 내 실수를 문제 삼는다. 이 경험을 통해 나는 우리가 살고 있는 이 시대가, 어떤 사람들(심지어 학자를 자처하는 이들조차)이 이미 '사실'이라고 정해놓은 것에 부합하지 않는 증거가 나타나면, 그 증거에 대한 감정적인 반응이 진지한 학술적 논의를 삼켜버리는 시대라는 점을 다시금 깨달았다.

탄탄한 증거를 바탕으로 중요한 사회적·정책적 이슈에 정보를 제공할 수 있어야 한다는 믿음은 아마도 나를 학계로 이끈 가장 큰 동력이었을 것이다. 내 책에 실린 작은 오류가 대중의 관심을 끈 뒤 일부 사람들이 나를 어떻게 대했는지 목격한 이들이라면, 특히 자신의 주장과 증거가 기존 통념을 거스르는 경우, 비판을 각오하고 공개적으로 목소리를 내는 데 주저하게 될까 봐 매우 우려된다. 동료 평가는 학문 연구의 핵심이다. 하지만 동료 비방이 학계를 매우 좁고, 지루하며, 배타적이고, 점점 시대에 뒤떨어지는 곳으로 만들고 있다고 생각한다. 내가 겪은 일도 분명 힘들었지만, 나보다 힘든 일을 겪은 학자도 많다. 실수를 하지 않았는데도 단지 어떤 이미지를 오리라고 보았다는 이유만으로 이미 그 이미지가 토끼라고 '확신하는', 목소리가 대단히 큰 반대 세력이 쏟아내는 공격을 당한 다른 학자들에 비하면 나의 경험은 아무것도 아니다.

서로 다른 관점 사이에 놓인 장벽을 허물려면 누구나 실수할 수 있고 그로부터 배우며 다시 앞으로 나아갈 수 있는 환경을 조성해야 한다. 어떤 면에서는 실수를 축하해야 할지도 모른다. 알다시피 우리는 일을 잘해냈을 때보다 실수했을 때 더 많은 것을 배우기 때문이다. 실수했을 때, 우리는 실수하지 않았더라면 하고 '후회'하기보다는 그로부터 얻을 수 있는 교훈에 더 주목해야 한다. 실수를 단순히 실패가 아니라 소중한 배움의 기회로 바라보는 실제적·비유적 공간이 확실히 더 필요하다. 실수 때문에 '자녀가 없는'이라는 말 대신 '자녀를 갖지 않기로 한'이라는 표현을 시용하게 된 것은 아니지만, 실수를 되돌아보면서 다양한 집단을 지칭하는 방법을 포함하여 결혼과 자녀를 둘러싼 논쟁의 여러 가지 측면에 대해 다시 생각해볼 수 있었다.

실수를 허용하는 데 잠재적으로 큰 영향을 미칠 수 있는 개입 중 하나는 '성장 마인드셋growth mindest'을 함양하는 것이다. 성장 마인드셋은 능력과 지능이 꾸준한 헌신과 노력 그리고 실수에서 배우는 과정을 통해 발전할 수 있다는 믿음에 기초하고 있다. 이로써 지능을 정적인 것으로 보는 관점에서 벗어나 지속적인 배움과 적응을 강조하는 동적인 관점으로 초점이 전환된다. 성장 마인드셋 개입이 많이 이루어진 교육 분야의 한 연구에서는 미국의 중학교 1학년(만 12~13세) 학생 약 400명이 참여하여 노력과 학습이 뇌를 더 강하고 똑똑하게 만든다는 내용을 8회에 걸쳐 배웠다.[15] 또한 학생들은 실수가 배움의 기회라는 사실을 배웠다. 성장 마인드셋 개입을 받은 학생들은 개입을 받지 않은 대조군에 비해 2년 동안 수학 성적이 눈에 띄게 향상했다. 더 중요한 것은, 해당 학생들이 학습에 대한 즐거움도 더 크게 느꼈다는 것이다.

성장 마인드셋 방법에 이견이 없었던 것은 아니라는 점도 주목해야 한다. 여러 연구 결과를 종합한 한 메타 분석에서는 '성장 마인드셋 개입이 학업 성취에 미치는 명백한 효과는 연구 설계의 허점, 보고상의 결함, 편향성 때문일 가능성이 높다'고 결론지었다.[16] 같은 학술지에 실린 또 다른 메타 분석은 '성장 마인드셋 개입이 학업 성과, 정신 건강, 사회적 기능에 미치는 긍정적 효과가 있으며, 특히 가장 큰 혜택을 볼 것으로 예상되는 이들에게 개입이 이루어졌을 때 그러하다'는 결과를 내놓았다.[17] 이 문장의 마지막 부분이

# BOOK21

경제경영-인문

21세기북스는 급변하는 시대의 흐름 속에서 독자의 요구를 먼저 읽어내는 예리한 시각으로 〈칭찬은 고래도 춤추게 한다〉, 〈설득의 심리학〉 등 밀리언셀러를 출간하며 경제 경영 자기계발 분야의 독보적인 브랜드로서 자리매김했습니다.

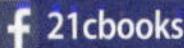

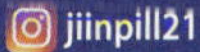

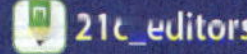

북이십일의 문학 브랜드 아르테는 세계와 호흡하며 세계의 우수한 작가들을 만납니다. 국내에 소개되지 않은 혹은 잊혀서는 안 되는 작품들에, 새로운 가치를 담아 재창조하여 '깊고 아름다운 책'을 만들고자 합니다.

## 원 페이지 인문학

### 하루 5분이면 충분한 실천 인문학

김익한 지음 │ 값 19,900원

하루 한 장의 생각으로 단단해지는 내일 '아는 것'이 아니라 '사는 것'을 제안하는 365일 실천 인문학하루 한 페이지, 5분이면 충분한 성장의 시간!

## 김형석, 백 년의 유산

### 106세 철학자가 길어 올린 최후의 인간학

김형석 지음 │ 값 22,000원

"백 년의 사유가 담긴 우리 시대 마지막 유산"
기네스 공식 인증, 현존 인류 최고령 저자
김형석 교수가 전하는 '만년(萬年)의 교양'

## 법의학자 유성호의 유언 노트

### 후회 없는 삶을 위한 지침서

유성호 지음 │ 값 19,900원

"죽음을 떠올릴 때 삶은 더 선명해진다"
매주 죽음을 만나는 서울대 유성호 교수가 일 년에 한 번 '유언'을 쓰며 발견한 인생의 진정한 가치와 의미, 어떻게 살아가야 할 것인가에 관한 고민과 성찰!

Philos 038

## 신을 찾는 뇌

### 종교는 어떻게 진화했는가

로빈 던바 지음 │ 구형찬 옮김 │ 값 30,000원

'던바의 수' '사회적 뇌' 사회성 연구의 대가 로빈 던바,
종교에 대한 과학적 연구 20년의 결정판
다학제간연구로 종교의 기원과 진화 목적을 밝히다

그레이트하모니 007

## 전쟁과 대통령

### 전쟁을 경험한 일곱 대통령의 결정적 순간들

스티븐 M. 길런 지음 │ 값 48,000원

2차대전은 어떻게 대통령들의 세계관을 형성했는가. 아이젠하워부터 조지 H. W. 부시까지 '참전 시대' 대통령 7인의 일대기!

## 설득자

### 부, 성공, 행복이 따르는 설득 비법

정흥수 지음 | 값 22,000원

"듣게 하고, 믿게 하고, 움직이게 하라!"
인간관계부터 리더십·협상·사업까지,
사람의 마음을 움직이는 실전 설득법

## 80/20 법칙 · 80/20 법칙(행동편)

### 적은 노력으로 크게 성취하는 불변의 진리

리처드 코치 지음 | 각권 24,000원

"사소한 것에 매달리지 마라, 모든 것을 결정 짓는 20%에 몰두하라"
당신의 일상을 완전히 바꾸어 줄 간단한 효율의 과학
최소 노력으로 최대 성과를 내는 똑똑한 일상 설계법

## 직감의 힘

### 촉은 거짓말을 하지 않는다

로라 후앙 지음 | 값 19,900원

"성공한 리더들은 왜 직감을 단련하는가?"
조직행동학 권위자가 수천 명의 리더 인터뷰로 밝혀낸
무의식의 신호를 포착해 더 빠르고 좋은 결정을 내리는 법

## 기획의 감각

### 국내 1세대 A&R 프로듀서 정병기가 써내려간 기획의 세계

정병기(Jaden Jeong) 지음 | 값 18,900원

"남들이 미쳤다고 말할 때 기획은 완성된다!"
원더걸스에서 2PM, 러블리즈, 이달의 소녀, tripleS까지
K-POP 업계를 뒤바꾼 기획자의 시선, 그 혁신적 감각에 대하여

## 브라이언 트레이시 자기 확신론, 브라이언 트레이시 시간 관리론

### 위대한 행동주의자의 성공 원칙 시리즈

브라이언 트레이시 지음 | 각권 20,000원, 22,000원

"당신이 할 수 있는 것, 될 수 있는 것, 이룰 수 있는 것에는 한계가 없다!"
현존하는 인물 중 세계에서 가장 영향력 있는 자기계발 전문가
브라이언 트레이시의 성공 법칙 실천편!

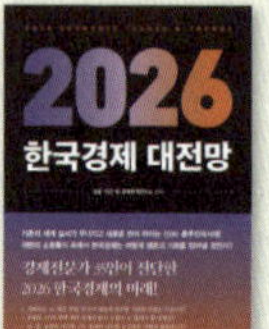

## 2026 한국경제 대전망

### 2026 ECONOMIC ISSUES & TRENDS

오철·이근 외 경제추격연구소 지음 | 값 24,000원

"경제전문가 35인이 진단한 2026 한국경제의 미래!"
기존 질서가 무너지고 새로운 판이 짜이는 신 춘추전국시대! 경제 대전환의
시기에 꼭 읽어야 할 대한민국 최고 경제전문가 35인의 미래 인사이트

## 정서적 연봉

### 월급쟁이에게 돈보다 중요한 것

신재용 지음 | 값 22,000원

"인재가 구글에 가는 건 못 막더라도
경쟁사에 뺏겨서는 안 되지 않겠는가?"
국내 최초, 조직문화에 값을 매기다.
일 잘하는 직원을 잡으려면 감정 급여를 챙겨라!

Philos 040

## 자유의 길

### 경제학은 어떻게 좋은 사회를 만들 수 있는가

조지프 스티글리츠 지음 | 이강국 옮김 | 값 34,000원

자칭 '자유의 수호자'들은 어떻게 자유를 억압해 왔는가?
오늘날 가장 오남용되는 문제적 개념, 노벨상 수상 경제학자의 눈으로 바라
본 자유

## 대한민국, 넥스트 레벨 2

### 철학·정치·사회·경제·통섭 최고 전문가 17인의
### 국가 재설계 제안

코리아다이나미즘포럼 편저 | 값 28,000원

"분열의 시대에 다시 함께 사는 법을 묻다!"
한국 사회 대전환의 5대 실천 코드 새롭게 일어설 대한민국을 위한 전문가
17인의 제언

## 초연결 지구에서 무역하라

### 무역은 사라지고, 연결만 남는다

양송이·최건식 지음 | 값 17,000원

"이 시대 수출은 '보내는 것'이 아니라 '보이게 하는 것'!"
수출에 대한 고정관념에서 탈피하고 전통적 수출 방식에서 벗어나
디지털 생태계 속 새로운 무역의 길을 제시한다.

두 보고서의 결론에 보이는 차이를 상당 부분 설명해준다. 모든 연구를 한데 묶어 분석하면 성장 마인드셋 개입의 평균 효과가 거의 없는 것처럼 보이지만, 효과가 있는 연구와 없는 연구로 나누어 분석해보면 성장 마인드셋 개입이 학업에서 어려움을 겪고 있는 학생들에게 효과적일 수 있음을 시사한다. 더 나아가 데이터 접근 방식이 결론을 좌우할 수 있고, 신념이 데이터 접근 방식을 결정할 수 있음을 잘 보여준다.

실수에서 배우는 과정은 교육을 넘어 다른 분야에서도 중요하다. 기업 또한 직원들이 실수를 자신의 역량이나 가치에 대한 위협이 아닌 성장의 기회로 여기도록 성장 마인드셋을 조성할 수 있다. 조직 행동, 리더십, 혁신 관리 분야 전반에 걸친 다양한 최근 연구에서 실수를 포용할 때 나타나는 긍정적 효과를 뒷받침하는 증거를 확인할 수 있다. 실패에 관해 솔직하게 대화하도록 장려하고, 실패를 학습 기회로 바라보는 리더는 신뢰와 개방성, 지속적인 개선이 가능한 문화를 만드는 데 크게 기여한다.[18] 체크리스트가 얼마나 효과적인지 이미 확인했으니, 조직이 실수 관리를 직장 문화에 정착시키는 데 도움이 될 만한 체크리스트를 살펴보자.

a. **리더십 모범 사례 정착**: 리더가 자신의 실수와 그로부터 얻은 교훈을 공개적으로 공유하여 실수가 성장의 일부로 받아들여지는 분위기를 조성한다.

b. **'회고 세션' 검토 도입**: 프로젝트나 중대 결정 후에 체계적인 사후 검토를 통해 잘된 점과 잘못된 점을 점검하되 책임 전가를 피한다.

c. **혁신 공간 조성**: 직원들이 다양한 시도를 할 수 있도록 장려하고, 모든 시도가 성공할 필요는 없음을 이해하는 환경을 만든다.

d. **명확한 소통 채널 구축**: 피드백 세션이나 익명 제보 등을 통해 직원들이 보복에 대한 두려움 없이 피드백을 공유할 수 있도록 장려한다.

e. **심리적 안전 보장**: 실수를 학습 기회로 받아들이고 비난하지 않는 환경을 조성하고 리더가 이를 지지하고 실천한다.

f. **실수를 통해 학습하는 기회 창출**: '사후 검토' 회의 등을 통해 실수가 발생했을 때 체계적으로 접근할 수 있는 절차를 마련한다.

g. **교육 및 개발 과정에 오류 관리 통합**: 교육 프로그램에 오류 관리, 회복탄력성, 적응력 관련 모듈을 포함한다.

h. **지원 체계 구축**: 실수 이후에 여파를 수습하는 직원들을 멘토나 동료 지원 그룹을 통해 돕는다.

모든 직장에서 이러한 요소를 다 구현하기는 불가능하지만, 다행히 작은 변화로도 큰 효과를 낼 수 있으므로, 자원이 제한된 업무 환경에서도 가능한 범위 내에서 최대한 적용하는 것이 중요하다.[19] 또한 단순히 실수를 용인하는 것을 넘어 중요한 교훈을 얻을 수 있는 기회로 환영받는다는 신호를 보내면 생산성 향상에 도움이 될 것이다. 신호의 강력한 힘을 이미 확인했으니, 이를 긍정적으로 활

　　2부 어떻게 편을 허물 것인가

용할 수 있는 방안을 고려해야 한다. 조직이 효과적으로 혁신하려면, 특히 빠르게 변화하는 산업에서는 실험을 두려워하지 않고 실패가 성공으로 나가는 과정이기도 함을 받아들여야 한다. 실험에는 본질적으로 위험이 따른다. 새로운 아이디어나 방법이 의도한 대로 작동한다는 보장은 없다. 가능성의 한계를 넓히는 과정에서 실패와 좌절은 불가피하다. 혁신가에게는 성공 사례뿐만 아니라 실패 사례를 바탕으로 프로토타입을 만들고, 시험하고, 피드백을 받아 반복할 자유가 있어야 한다.

이 모든 방법이 훌륭하고 좋지만, 대체 신념주의와 무슨 관련이 있냐고 생각할 수 있다. 좋은 질문이다. 질문에 대한 답은, 실수를 배움을 얻을 수 있는 기회로 봤을 때 실수한 사람을 보는 시선이 달라진다는 데 있다. 한번 실수했다고 상대방을 항상 실수만 하는 사람이라고 생각하는 기본적 귀인 오류에서 비롯한 전형적인 반응에서 벗어나, 그들도 우리처럼 가끔은 잘못을 저지르는 사람으로 인정하게 된다. 그러면 그들의 의견에도 귀 기울이게 된다. 만약 상대가 실수를 인정하고 바로잡으려 한다면, 더욱 그들의 말을 들으려 할 것이다. 사람은 누구나 실수하기 마련이기에 중요한 것은 실수 자체가 아니라 실수를 바로잡는 과정이다. 가장 친한 친구를 떠올려보자. 분명 그들도 수많은 실수를 저질렀을 테지만, 당신은 그들을 용서했을 것이다. 용서하기 어려운 일도 있겠지만 대체로 신념주의를 줄이려면, 모든 사람에게 실수할 기회와 진심으로 사과할 기회를 줘야 한다.

# 9장

# B 유대:
## 우리가 서로 닮았다는 사실을 기억하기

진부한 말로 들릴 수 있지만, 그럼에도 진실이다. 우리를 갈라놓는 차이점보다 우리를 하나로 묶는 공통점이 훨씬 많다. 대립을 동기로 삼는 사람은 극소수에 불과하다. 따라서 내집단과 외집단이 추구하는 목표와 동기가 유사하다는 점을 떠올릴 수 있으면, 신념주의를 줄일 수 있을 것이다. 그럴 때 우리는 어떤 사안에 관해 강한 신념을 갖고 서로 견해를 달리한다 해도, 하나의 신념 체계만으로 누군가를 전적으로 선하거나 악하다고 판단하지 않게 될 것이다. 2021년 스티브 베이커와 내가 「더 타임스」의 '레드 박스The Times Red Box' 코너에 백신 여권을 주제로 기고한 글에 달린 댓글 중 절반은 브렉시트에 대한 스티브 베이커 전 차관의 관점에 관한 것이었다. 이제 브렉시트 논쟁을 넘어서야 할 뿐만 아니라, 하나의 사안에 대한 신념으로 그 누구도 규정할 수 없다는 점을 인식해야 한다. 서로의 유사점을 이해하면 편 가르기와 기본적 귀인 오류가 낳는 피해를 줄이는 데 큰 도움이 될 것이다.

2023년에 발표된 한 논문은 미국 전역의 3만 2,000명이 넘는 대규모 참여자를 대상으로 정치적 양극화를 줄이기 위한 스물다섯 가지의 다양한 개입 방법을 체계적으로 평가했다.[20] 연구에서 시행한 개입 방식은 접근법이 다양했으며, 대립하는 정당 간의 공통점과 공유하는 정체성을 강조하는 방식, 상대 진영에 속한 사람을 공감이 가게 그려낸 이야기, 상대 정당원의 신념에 관한 흔한 오해를 바로잡으려는 노력 등이 포함되었다. 연구 결과 상당수의 개입 방법이 상대 정당에 대한 적대감 수준을 완화하는 데 효과적인 것으로 드러났다. 특히 상대 진영 사람들의 공감 가는 이야기를 보여주거나, 정당을 초월한 공통의 정체성을 강조하는 개입이 가장 효과적이었다. 예를 들어, 긍정적 접촉 영상Positive Contact Video 개입 방법에서는, 신념은 상당히 다르지만 그럼에도 상대방을 존중하며 대화하는 사람들의 모습을 보여주었나.

하버드대학교의 연구진은 정치적 양극화를 완화하기 위해, 정치 성향이 다른 사람들이 협력하여 과제를 해결하도록 유도하는 '협력 게임The Co-operation Game'이라는 새로운 도구를 개발했다.[21] 이

게임은 일련의 퀴즈와 상호작용 활동으로 구성되었으며, 참가자들은 이해와 공감을 촉진하는 체계적인 방식으로 자신과 다른 관점을 접하게 된다. 이 접근법은 공유하는 가치와 상호 관심사를 강조하여 당파에 따른 적대감을 줄이고 분열을 넘어선 협력이 가능하며 또한 이롭다는 사실을 보여주는 것이 목표다. 핵심은 사람마다 관점이 서로 다를 수 있지만, 개인과 사회의 안녕을 개선하고자 하는 근본적 동기는 모두 같다는 사실을 깨닫게 하는 것이다.

1부에서 언급했듯이, 당파심이 강한 사람들은 '민주당원'이나 '공화당원'을 생각할 때, 상대 진영을 덜 정직하고 지적 수준도 더 낮은 집단으로 치부한다. 또한 상대 집단을 더 극단적이며 모두 같은 부류의 사람이라고 고정관념에 따라 상상하여, 이러한 고정관념은 당파적 반감을 증폭시킨다. 그러나 현실에서 그렇게 극단적인 개인은 소수에 불과하다. 1,000명을 대상으로 한 한 연구에서 응답자들은 민주당원의 32%가 LGBT*라고 믿었고(실제로는 6%), 공화당원의 38%가 연 소득 25만 달러(약 3억 6,000만 원)를 벌고 있다고 믿었다(실제로는 2%).[22] 이러한 오해는 결과적으로 상대 정당에 대한 당파적 적대감을 키우는 것으로 드러났다. 그러나 상대 진영에 대한 사실을 알게 되면, 적대감이 눈에 띄게 줄어들었다. 이는 당파적 적대감이 주로 상대 정당의 일반적인 구성원이 아닌 극단주의자로

* 레즈비언 · 게이 · 양성애자 · 트랜스젠더를 함께 일컫는 약어

인식된 사람들을 향하고 있으며, 사람들에게 실제 '일반적인' 당원들이 어떤 모습인지 알려주는 것만으로도 적대감을 줄일 수 있음을 보여준다.

우리는 또한 공통점을 찾아서 장벽을 허물고 서로 다른 목소리에 더 열린 태도를 보이게 할 수도 있다. 예를 들어, 낙태 문제에 대한 생각이 전혀 다른 사람이라도 음악 취향이 같을 수 있고, 그 공통 관심사를 논의하다 보면 유대감을 형성할 수 있다. 결국 다른 문제들, 심지어 낙태 문제에 대해서도 상대방의 견해를 더 잘 들을 수 있게 된다. 사람들이 이름이 같거나 생일이 같은 사람을 훨씬 더 호의적으로 평가한다는 증거도 있다.[23] 따라서 이러한 증거를 바탕으로 타인의 의견에 귀 기울일 가능성을 높이는 환경을 만들어낼 창의적인 방법을 모색해야 한다. 예를 들어, 서로 다른 신념을 가진 사람들이 토론하기 전, 음악 취향이나 이름, 생일처럼 신념과는 무관한 공통점을 먼저 공유하게 함으로써 서로에 대한 수용성을 높일 수 있다. 이러한 방식을 당신의 직장에서 구현하는 방법을 생각해 보면 좋을 것이다.

분명히 행복을 결정하는 요인이지만 자주 간과되곤 하는 것이 있는데, 이를 활용하면 신념주의를 효과적으로 줄일 수 있디. 음악, 춤, 스포츠, 유머는 서로 다른 서사를 표현하고 탐색하게 해주는 동시에 '잘 산다는 것'의 의미가 상당 부분 보편적이라는 사실을 우리에게 상기시킨다. 인 플레이스 오브 워In Place of War, IPOW는 분쟁 지역과 폭력, 사회적 혼란을 겪는 공동체에서 음악 프로젝트와 워크숍, 축제를 기획하고 운영하는 단체다.[24] 이들의 활동은 갈등으로 나뉜 사람들을 하나로 모으고, 소외된 목소리를 낼 수 있는 장을 마련해준다. 음악적 교류는 갈등으로 이어질 수도 있는 감정과 에너지를 건설적인 방식으로 해소하게 돕는다. 또한 분쟁 상황에서 쉽게 위태로워지는 정체성과 공동체의 결속력을 함양하는 역할을 한다. 음악이 전쟁 지역에서 신념주의를 줄일 수 있다면, 기업이나 기관의 회의실에서도 분명 효과를 발휘할 수 있을 것이다.

사람들은 태곳적부터 춤을 통해 하나가 되어왔다. 다른 사람과 함께 춤을 추면 서로 연결되고 유대감을 형성하는 데 도움을 주는 호르몬인 옥시토신이 분비된다고 알려져 있다.[25] 나는 춤추는 걸 지독히도 좋아한다. 최근 미국에서 출근 전에 함께 모여 춤을 추는 행사를 주최하는 데이브레이커Daybreaker의 창립자들과 교류하게 되어 매우 기쁘다.[26] 이 글을 쓰고 있는 현재, 그들은 퍼플 투어The Purple Tour라는 프로젝트에 착수했다. 이는 40여 차례에 걸쳐 진행되는 데이브레이터 행사 시리즈로, 빨간색이 상징하는 공화당과 파란색이 상징하는 민주당 지지자들이 한데 모여 춤을 추게 함으로써 2024년 11월 미국 대선 투표 참여를 독려하려는 시도다. 이는 춤이 민주주의를 강화하는 방법으로 활용될 수 있음을 보여준다(그리고 데이브레이커 공동 창립자 라다 아그라왈Radha Agrawal이 설립한 빌롱 센터Belong Center의 목표인 외로움 문제 해결에도 기여한다).[27] 춤을 추면 분비되는 옥

시토신, 도파민, 세로토닌, 엔도르핀 같은 호르몬은 유대감을 강화하여 신념주의를 줄이는 데 확실한 도움을 줄 것이다.

스포츠 또한 신념주의를 초월하거나 완화하는 강력한 힘이 있다. 피스플레이어스 인터내셔널PeacePlayers International, PPI이라는 단체는 분열된 공동체에서 화해를 돕는 도구로 농구를 활용한다. 함께 노는 아이들은 함께 살아가는 방법을 배울 수 있다는 것이 PPI의 핵심 신념이다. PPI는 중동, 남아프리카, 북아일랜드, 키프로스 등 갈등의 역사를 지닌 다양한 지역에서 활동하고 있다. PPI 프로그램은 대립하는 양측의 청소년들을 모아 함께 농구 훈련과 게임을 하도록 설계되었다. 이러한 활동은 단순히 농구에 그치지 않고, 대화하고 우정을 쌓아가도록 정교하게 구조화되어 있다. 이는 갈등이 있는 양측 당사자들을 섞어 혼합 팀을 구성하고, 전문적인 진행자가 이끄는 토론 세션을 포함함으로써 달성된다. 실제로 PPI는 '상대' 집단 구성원에 대한 태도를 긍정적으로 바꾸는 데 효과가 있는 것으로 드러났다.[28] 물론 모두가 스포츠를 즐기는 것은 아니지만, 적어도 경기를 지켜보며 자신의 '팀'을 응원할 수는 있다. 스포츠는 '서로의 다름을 인정'하기로 합의할 수 있는 몇 안 되는 영역 중 하나이다.

신념의 격차를 가로지르는 잠재적 가교로서 단연 돋보이는 도구가 하나 있는데, 바로 유머다. 2019년에 발표된 한 연구에서는, 현재 진행 중이고 매우 중요한 갈등 상황인 이스라엘-팔레스타인

분쟁 상황에서 유머가 감정적 양극화를 줄이는데 미치는 효과를 검증하기 위해 두 가지 실험을 진행했다.[29] 첫 번째 실험에서 팔레스타인계 이스라엘인 113명에게 이스라엘 측 대표가 보낸 것으로 보이는 메시지를 읽게 했는데, 여기에는 해당 분쟁에 대한 이스라엘 측의 관점이 담겨 있었다. 참여자들은 무작위로 세 가지 조건 중 하나에 배정되었다. 유머가 담기지 않은 통제군, 일반적인 유머가 추가된 조건, 구체적으로 이스라엘인 화자 자신이나 이스라엘인을 겨냥한 자기비하적 유머가 포함된 조건이었다. 그 결과, 유머가 포함된 두 가지 조건에 배정된 참여자들은 이스라엘 측 메시지가 더 신뢰할 만하다고 평가했고, 더 많이 동의했다. 특히 자기비하적 유머에 노출된 참여자들은 이스라엘인과 공통점을 더 많이 느끼고, 핵심 갈등 문제에 대해 타협할 의지도 더 강하게 나타냈다.

두 번째 실험에서는 유대계 이스라엘인 225명이 팔레스타인 측 대표의 메시지를 읽는 방식으로 동일한 실험을 진행했다. 이 실험에는 메시지와는 별개로 참가자들이 관련 없는 농담들을 평가하게 하여 긍정적인 기분을 유도하는 네 번째 조건을 추가했다. 그 결과, 단순히 긍정적인 분위기를 만드는 것만으로는 효과가 없었지만, 일반적인 유머는 이번에도 메시지를 더 신뢰하고 동의하게 하는 효과를 보였다. 다만 첫 번째 연구와는 달리, 유대계 이스라엘인 참여자들은 자기비하적 농담이 아니라 일반적인 유머를 읽을 때 공통점을 더 많이 느끼고 타협 의지를 높이는 것으로 드러났다. 연구진은 이러한 결과의 역전이 '권력의 비대칭성'과 관계있을 수 있다고 해석한다. 권력이 더 강한 집단이 자기비하적 유머를 사용하면 권력이 약한 집단이 인지하는 거리감이 줄어들지만, 그 반대의 경우는 같은 효과가 나타나지 않았다. 전반적으로 이 연구 결과는 겉으로 보기에 해결하기 힘든 갈등에서 절묘한 유머가 어떻게 신념주의를 줄일 수 있는지 보여준다. 유머는 갈등의 심각성을 폄하하는 것이 아니라, 신념주의라는 다루기 힘든 문제를 통과해 나갈 수 있는 하나의 길이 되어준다.

교육 환경에서 유머는 학생들의 참여를 유도하고, 학습 효과를 높이며, 다양한 배경을 지닌 학생들이 서로 소통하도록 돕는 강력한 도구로 입증되었다.[30] 교실에서 신념주의를 줄이기 위해 강사는 특히 논쟁적인 주제를 다룰 때 토론에 유머를 추가할 수 있다. 강사는 일반적인 유머나 자기비하적 농담을 활용하여 좀 더 편안한 분위기를 조성하여 학생들이 의견을 더 부담 없이 나누도록 할 수 있다. 이러한 접근은 서로 다른 신념을 지닌 학생들 사이의 장벽을 허물고, 대안이 되는 관점을 열린 마음으로 바라보게 하며, 공통점을 느끼게 하는 데 도움이 될 수 있다. 이제 강의 중에 나오는 나의 썰렁한 농담을 이러한 효과를 노린 시도로 정당화할 수 있겠다.

이러한 사례로부터 얻은 교훈은 2021년에 발표된 한 메타 분석으로도 이어진다. 이 연구는 관리자가 유머를 활용하여 스트레스를 줄이고 리더십, 집단의 결속력, 의사소통, 창의성, 조직 문화를 강화할 수 있음을 보여주었다.[31] 연구진은 자존감을 높이는 유머와 친화적 유머가 특히 효과적이라고 제안한다. 전자는 삶의 어려운 문제를 대할 때 유머 넘치는 관점을 유지하는 능력을 의미하며, 후자는 농담, 재미있는 이야기, 재치 있는 말장난을 포함한다. 의료 분야에서 유머는 고도의 스트레스 상황에서 분위기를 띄우고, 환자의 치료 경과를 개선하며, 의료진과 환자 사이에 원활한 관계를 만드는 데 도움이 되는 것으로 드러났다. 또한 서로 다른 사회적 계층과 문화적 배경 사이의 거리를 좁히는 역할도 할 수 있다.[32]

모든 유머가 동일한 효과를 나타내지는 않는다는 점에 유의해야 한다. 다른 사람이나 집단을 무시하거나 조롱하는 공격적 유머는 분열을 줄이기보다 오히려 악화시키고, 사람들을 불행하게 할 수 있다. 2020년 발표된 한 메타 분석에서는 약 2만 8,000명이 참여한 85개 연구를 검토하여 다양한 유머의 유형과 웰빙(불안, 고통, 우울, 낙관주의 포함) 수치 사이의 관계를 살펴보았다. 그 결과, 친화적 유머와 자존감을 높이는 유머는 웰빙 수준을 높이지만, 공격적 유머는 웰빙 수준을 떨어뜨리는 것으로 나타났다.[33] 핵심은 긴장을 완화하고 공감을 형성하며 대화를 장려하는 유머의 고유한 특성을 활용하는 데 있다. 그러면 신념 차이를 메우는 효과적인 도구가 될 수 있다. 누군가와 함께 한바탕 웃는 것만큼 유대감 형성에 좋은 것은 없다.

아, 어쩌면 이래서 학계가 꽤 신념주의적인 환경인 건지도 모르겠다. 많은 학자가 일을 할 때 자신을 지나치게 진지하게 여기기 때문에 웃음이 개입할 여지가 없다. 이는 가볍게 넘길 수 없는 지적이다. 우리는 특정 목적에 걸맞게, 사람들 사이의 유대감을 북돋울 수 있는 구체적인 장치를 우리 주변 환경 속에 직접 설계해 넣어야 한다. 만약 학자들이 지독하게 진지한 부류라면, 유머는 (내가 뼈아픈 대가를 치르며 계속 배우고 있듯이) 오히려 그들의 심기를 불편하게 만들 수도 있다. 그럼에도 지적 토론과 호기심을 자극하는 방식으로 수업에 더 많은 놀이와 경쾌함을 도입하려고 노력해야 한다. 스포츠처럼 의견 차이가 용인될 뿐만 아니라 오히려 그 차이를 통해 유대를 쌓을 수 있는 주제를 택해, 대학 내에서 더 많은 토론을 장려할 여지가 분명히 있다. 이렇게 하면 '중요한' 문제를 두고 의견이 갈릴 때도 대처하기 쉬워질 것이다. 다음 수업에서는 학생들에게 '콜드플레이는 비틀스 이후 가장 과대평가된 밴드다'라는 명제로 토론을 시켜볼까 한다. 사실, 이건 주장이라기보다 사실에 가깝지만, 내가 무슨 말을 하려는지 이해했으리라 본다.

# 10장

# R 이성:
## 더 확실한 증거와 일관된 서사 갖추기

신념주의를 줄이려면, 서로 다른 신념의 이면에 자리 잡고 있는 이유를 떠올려봐야 한다. 물론 이런 이유만으로 신념을 설명하는 데에는 한계가 있다. 하지만 여기서 핵심은, 우리의 신념이 실제로 타당한 근거에 기반했느냐가 아니라 '우리 스스로는 자신의 신념이 타당한 이유에 근거하고 있다고 믿는다'는 사실이다. 인간의 활동 대부분이 우리가 인지하지 못하는 요인에 의해 좌우되지만, 그럼에도 사람은 누구나 자신이 행동하고 생각하고 느끼는 방식에 대해 그럴싸한 이유를 제시할 수 있다. 게다가 우리는 모두 자신이 일관되고 합리적으로 보이도록 정당화하는 데 능숙한 전문가다. 만약 학자들이 자신이 만들어낸 증거로 무언가를 바꾸고 싶다면, 그 증거는 반드시 강력하고 설득력 있는 이야기로 뒷받침되어야 한다. 이는 너무나 당연한 말이며, 우리는 이미 앞서 이야기의 힘에 대해 논의한 바 있다. 하지만 너무 당연한 것들이 늘 그렇듯, 이 사실은 너무나 자주 간과된다.

사람들이 오리로 보는 이유와 토끼로 보는 이유를 둘 다 충분히 논의하는 방법에는 여러 가지가 있다. 미국에서 실시한 한 연구에서는 참여자들에게 동성결혼에 관한 에세이를 작성하기 전에 자신이 설득하려는 상대 정치 집단의 도덕적 가치를 먼저 고려해보라고 요청했다.[34] 보수 성향의 참여자들에게는 애국심과 권위에 대한 존중을 바탕으로 동성결혼 찬성 논리를, 진보 성향의 참여자들에게는 평등과 공정을 바탕으로 동성결혼 반대 논리를 생각해보도록 했다. 이러한 '도덕적 재구성'은 사람들이 해당 글에 동의하는 정도에 지대한 영향을 미쳤다. 타인의 신념 뒤에 있는 이유를 특히 자신이 직접 '글'로 분명히 표현해야 할 때, 우리는 그 이유를 훨씬 더 쉽게 이해할 수 있다. 이는 타인이 신념을 갖게 된 이유에 관한 정보를 수동적으로 전달받기보다, 상대방의 관점에서 그 이유를 직접 이해하는 과정이 필요함을 강조한다.

비슷한 맥락에서 이성으로 신념주의를 줄이려 할 때 핵심적인 요소는 사람들의 삶과 가치관에 공명하는 방식으로 구성된 '피드백'이다. 우리는 의사결정 과정에 공식적 · 비공식적 피드백을 반영하려고 노력해야 한다. 예를 들어, 정책 입안 과정에는 중요한 결정을 감독하는 상설 기구가 있어야 한다. 팬데믹으로 교훈을 얻는 과정에서 '레드팀red team' 방식의 비판적 검증을 도입해야 한다는 요구가 여러 차례 있었다. 레드팀 방식이란 특정 집단이 정책 제안을 솔직하게 비판적으로 검토하는 역할을 맡는 것이다. 이 책을 쓰고 있는 현재, 영국에서는 코로나19 조사위원회Covid Inquiry가 열리고 있다. 이 위원회는 책임 소재 규명과 누가 누구를 미워했는지, 왓츠앱 메시지에 담긴 욕설이 무엇인지와 같은 자극적인 가십에만 지나치게 초점을 맞춰왔다. 그러나 우리가 얻어야 할 진짜 교훈은 의사결정 과정에 서로 다른 신념과 가치관이 반드시 투입되어야 한다는 것이다.

피드백이 신념주의에 영향을 미치는 과정에서 중요한 메커니즘 중 하나는, 더 개방적이고 포용적인 과학이다. 대다수 사람에게 높은 수준의 과학지식은 이해하기 어렵고, 쉽게 접근하기도 힘들다. 그래서 대중과 새로운 과학적 증거 사이에 일종의 '방어벽'이 만들어진다. 지난 수년간 이러한 간극을 줄이기 위한 노력이 이어져왔다. 대중을 대상으로 한 공개 과학 강연이나, 빛 공해가 밤하늘에 미치는 영향과 같은 현실 세계 문제를 다루기 위해 자원봉사자를 모집해 데이터를 수집하는 시민 과학 프로젝트 등이 그 예다. 이러한 활동은 신념주의를 줄이기 위해 특별히 계획한 것은 아니지만 시민, 과학자, 정책 입안자 사이에 중요한 피드백 메커니즘을 구축

함으로써 과학 분야의 다양한 이해 당사자 사이의 '거리'를 좁히고 그 결과로 적대감을 줄여준다. 다만 한 가지 유의할 점이 있다. 앞서 논의했듯이, 우리는 때로 과학자에 대한 지나친 믿음에 휩싸일 수 있다는 점을 기억해야 한다.

여론에 정보를 알리고, 동시에 여론에서 정보를 얻는 방법으로는 '공론 조사'가 있다. 공론 조사는 참여자들에게 균형 잡힌 정보를 제공하고 깊이 생각하며 의견을 나눌 기회를 제공한다. 이 과정은 우선 인구를 대표하는 표본 집단을 구성하는 것으로 시작된다. 그들에게 특정 사안에 대한 정보를 제공한 뒤, 전문가와 상호작용하며 토론할 수 있는 공간을 마련해준다. 참여자들은 논의를 시작하기 전에 그룹 토론 주제에 관한 자기 신념을 묻는 설문조사에 응한다. 이후 소규모 그룹으로 나뉘어 토론을 진행하는 과정에서 의견을 공유하고 질문하며 서로의 주장을 비판적으로 검증한다. 또한 전문가에게 직접 질문을 던질 수도 있다. 논의가 끝난 후, 참여자들은 동일한 설문조사에 다시 응답하며 자신의 의견, 신념, 태도에 어떤 변화가 있었는지를 확인한다.

공론 조사는 참여자들에게 새로운 정보와 다른 사람의 관점을 고려하여 자신이 기존에 가졌던 신념을 재검토하도록 유도함으로써 신념주의를 직접적으로 다룬다. 이를 통해 피드백이 의사결정 과정에 공식적으로 반영되도록 한다. 이 과정은 증거와 이야기 그리고 피드백이 우리의 신념뿐만 아니라 우리가 토끼를 보고 있을 때 타인이 오리를 보는 것이 어떻게 정당할 수 있는지를 결정하는 다양한 방식을 낱낱이 드러내준다. 나는 1990년대 영국 국립보건임상연구소NICE에서 의료 분야 우선순위 설정 업무를 맡고 있을 때, 시민 배심원이라 불리던 사람들과 일한 경험이 있다. 이처럼 이 접근법은 다양한 형태와 이름으로 오래전부터 존재해왔다. 당시 토론의 수준과 사람들이 서로 다른 관점을 놓고 깊이 논의하는 능력이 매우 인상적이었다.

하지만(이건 정말 중요한 문제인데) 우리는 논의 후에 '뜨거워진' 의견이 논의하기 전 '차가웠던' 의견으로 되돌아가는지 아닌지 알지 못한다. 논의 후 몇 달은커녕 몇 주 후를 추적한 연구도 거의 없다는 사실이 매우 놀랍다. 사실 EMBRACE 요소를 활용한 연구 가운데서도, 참여자들의 변화를 추적한 사례는 드물다. 그 이유는 다양하지만, 대부분의 보상 체계가 단기 효과에만 집중되어 있기 때문이다. 학계에는 시험의 범위를 넘어 장기적 효과를 탐구할 유인이 거의 없고, 가능한 한 빠르게 논문으로 결과를 보여줘야 보상이 더 크다. 마찬가지로 정책 입안자들은 보통 1~2년 정도 직책을 맡기 때문에 다른 자리로 옮기기 전에 '즉각적인 성과'를 보여줘야 한다. 연구와 정책에 장기적인 교훈과 피드백을 제대로 반영하려면 장기적 효과를 살펴보도록 보상 체계를 마련해야 한다.

개인의 삶에도 더 좋은 피드백이 더 많이 필요하다. 물론 쉽지 않은 일이다. 우리가 얻어야 할 진짜 교훈은 의사결정 과정에 서로 다른 신념과 가치관이 반드시 투입되어야 한다는 것이다. 우리 대부분은 의견 차이로 생기는 불편함을 최대한 피하려고 한다. 하지만 서로 다른 관점에 대한 피드백을 마주하면 어떤 감정이 드는지 알아보려는 노력이 필요하다. 다양한 자극이 장기적으로 우리에게 어떤 감정을 불러오는지 잘 예측하지 못한다는 증거는 이미 대단히 많다. 일반적으로 우리는 대부분의 자극과 상황에 상당히 빠르게 적응한다는 사실을 고려하지 않는다. 또한 변화의 부정적인 면에 집중하고 긍정적인 면은 과소평가하는 경향이 있다. 한 연구에서 낯선 사람과 대화를 나누라는 요청을 받은 참여자들은 그 아이디어를 싫어했지만, 의외로 그 경험을 꽤 즐겼다.[35] 낯선 사람들 역시 그 경험을 즐겼을 것이다. 마찬가지로 우리는 다른 관점을 두려워할 수 있지만, 직접 마주하면 놀라운 이점이 있다는 사실을 발견할 수도 있다.

# 11장

# A 정서:
## 다른 관점이나 사람을 향한 정서적 반응 다듬기

우리는 이성적인 존재가 될 수 있지만, 실제로는 대부분 반응적 reactive 존재로 살아간다. 그래서 주변의 수많은 신호와 자극 그리고 타인의 신념에 감정적으로 반응한다. 지난 수십 년간 심화한 정서적 양극화와 온라인에서 나타나는 외집단에 대한 적대감은 모두 감정적 현상이다. 따라서 감정을 의미하는 심리학 용어인 정서는 신념주의를 줄이기 위한 체크리스트에 반드시 포함되어야 할 핵심 요소다. 여기서 말하고자 하는 바는 정서적 반응을 '없애자는 것'이 아니라 '개선해야 한다는 것'이다. '지나치게 감정적'이라는 표현은 보통 모욕으로 쓰이고, 표준 경제이론의 대부분이 감정을 배제하고 있지만, '감정이 전혀 없는 상태' 또한 문제를 일으킬 수 있다.

몇몇 흥미로운 연구는 자기가 한 결정이 어떤 감정을 불러일으키는지에 대한 피드백을 받지 못하면, 우리가 상당히 비합리적인 결정을 내릴 수 있음을 보여준다. 예를 들어, 결과적으로 이득보다 손해가 더 커질 것을 알면서도 계속 같은 선택지를 고르는 경우가 그렇다.[36] 이러한 연구를 바탕으로 '신체 표지 가설Somatic Marker Hypothesis'이 등장했는데, 이 가설은 경제학자들이 합리적이라고 분류할 법한 결정부터 감정이 고조된 상태에서 내리는 충동적인 결정에 이르기까지, 모든 행동을 감정이 이끈다고 주장한다. 뇌 손상으로 행동의 결과가 주는 피드백을 느낄 수 없게 된 환자들을 대상으로 한 연구에 따르면, 신체 표지는 뇌의 복내측 전전두피질과 편도체에서 처리되는 듯 보인다.[37] 하지만 언제나 그렇듯, 우리 삶의 어떤 요소도 그 자체로 완전히 선하거나 악하지는 않다. 중요한 것은 정서적 반응이 본래의 기능에 충실하도록 개선하여, 이를 목적에 부합하게 활용하는 것이다.

공포는 신념 형성과 신념주의에서 특히 강력하게 작용하는 감정이다. 우리는 두려움을 느낄 때, 고정관념에 크게 의존하고 상반된 관점과 소통하려는 의지가 약해진다. 한 연구에서는 참여자들에게 외집단 구성원에 대한 공포 감정을 끌어내는 시나리오나 이미지(피, 주사, 거미, 벌레, 화난 얼굴 등)를 보여주고, 자기 보고와 신경 활동 패턴을 통해 공감 반응을 측정했다.[38] 연구 결과, 공포를 유발하는 자극에 노출된 참여자들은 외집단 구성원과 정서적으로 교감하려는 경향이 크게 줄었다. 게다가 이 참여자들은 부정적 고정관념에 더 강한 지지를 보내고, 내집단 중심의 편향을 더 강하게 드러냈다. 이는 두려움이 기존 신념을 공고히 하고 대안적 시각에 마음을 열지 못하게 하는 방식을 보여준다. 간단히 말해, 두려움이 클수록 공감이 줄어든다.

긍정적 감정이 삶의 여러 측면에서 아주 중요한 역할을 한다는 사실은 이미 잘 알려져 있다. 여기에는 고조된 감정이 온라인의 공유 행동에 얼마나 큰 영향을 미치는지를 보여주는 연구도 포함된다.[39] 경외감과 놀라움은 게시물이 입소문을 타고 빠르게 확산되도록 하며, 특히 이러한 긍정적 감정은 부정적인 감정보다 훨씬 더 강력한 확산 효과를 나타내는 것으로 드러났다. 긍정적 감정이 개인의 사고-행동 레퍼토리thought-action repertoire*를 확장하여 사회적·심리적 자원을 구축하는 데 도움을 준다는 주장도 있다. 하지만 이 주장에 대한 비판도 있다. 부정적인 감정 역시 주의력 범위를 넓힐 수 있다는 최근 연구 결과가 등장했기 때문이다. 이러한 차이는 동기의 차이로 설명할 수 있다. 즉 긍정적이든 부정적이든 어떤 감정은 우리가 무언가에 '다가가고' 싶게 만들고, 또 어떤 감정은 '피하게' 만들 수 있다.

---

*    특정 상황에서 반복적으로 나타나는 생각과 행동 패턴

여기서 핵심은 신념주의의 맥락에서 볼 때, 행복을 비롯한 긍정적 감정이 대안적 관점을 좀 더 열린 마음으로 바라보게 하고 타인에 대한 공감 능력을 키워준다는 점이다. 찰스 두히그Charles Duhigg는 2024년 출간한 저서 『대화의 힘』에서 대화할 때 감정을 활용하는 것이 타인과의 연결을 강화하고 양극화를 줄이는 데 중요하다고 강조했다.[40] 감정 상태는 협상의 자리에서도 핵심적인 역할을 하는데, 이를 신념주의 문제에도 확장해서 생각해볼 수 있다. 맥락은 언제나 중요하다. 예를 들어, 분노를 표출하면 특정 입장에 대해 강한 의지가 있음을 보여주어 상대방의 양보를 끌어낼 수 있지만, 행복을 드러내면 협력과 신뢰를 만들어낼 수 있다.[41] 이러한 감정 표현은 의도적이든 즉흥적이든 상대방에게 자신의 의도와 기대가 무엇인지를 보여주는 중요한 정보를 전달한다.

인간의 감정은 대부분 개인의 생존력과 집단의 기능에 실제로 도움이 되도록 진화했다. 만약 감정이 이런 적응적인 역할을 하도록 선택된 것이 아니라면, 오히려 그게 더 이상한 일일 것이다. 그러나 지적 대화를 나눌 때 자신과 비슷한 사람과 어울리려는 경향이 강하다 보니, 신념주의를 겨냥하려면 어떤 감정을 활성화해야 하는지 알려주는 명확한 인과적 증거는 거의 없다. 긍정적 반응의 역할이 분명히 있지만, 우리가 모두 조금 더 차분해져야 한다는 주장 역시 설득력 있다. 차분함의 중요성은 단순한 감정 조절을 넘어, 다양한 관점이 공존하는 가운데 건설적으로 대화할 수 있는 사회를 지탱하는 기초 기둥이 된다. 차분함의 힘을 이해하고 적절히 활용할 때, 우리는 단순히 서로의 차이를 용인하는 데 그치지 않고, 공동의 담론을 풍성하게 하고 공동체 의식과 상호 이해를 더욱 깊게 만드는 대화의 장을 조성하고 이끌어갈 수 있다.

따라서 신념주의를 줄이기 위해 고안된 많은 개입 방법은 일종의 감정적 심호흡을 요구한다. 사람들이 온라인에서 논쟁 속으로 뛰어드는 것을 막을 수 있는 한 가지 방법은, 게시물을 올릴 때 지연장치를 설정하여 정말 해당 게시물을 올리고 싶은 건지 확인하도록 하는 것이다. 비유적으로 그리고 실제로도 심호흡을 하면 즉각적이고 감정적인 '시스템 1' 환경에서 조금이라도 벗어나 이성적이고 신중한 '시스템 2' 과정을 가동시킬 수 있다. 시스템 1의 감정이 장악하고 있는 상황에서 벗어나 시스템 2가 제대로 작동하기까지는 약 15분이 걸린다.[42] 우리 가족 네 명은 모두 정서적 반응 속도가 빨라서, 집안 분위기가 격해지면 자리를 벗어나야 한다는 것을 배웠다(물론 항상 그런 것은 아니지만, 이 조치가 최소한 서로 죽일 뻔한 상황까지는 가지 않도록 막아준다). 게다가 우리는 서로를 웃게 만들어 상황을 누그러뜨리는 데도 능숙하다. 물론 사람은 모두 다르다 보니, 어떤 사람은 정서적 반응에 잘 대처하지 못해서 일단 흥분하면 진정하는 데까지 더 오랜 시간이 걸리기도 한다.

개인차가 있지만, 휴식이 신념주의를 줄일 수 있다는 꽤 설득력 있는 증거가 있다. 한 연구에서는 심리학자들과 갈등 해결 전문가들이 참여하여, 특히 논쟁이 일어나는 상황에서 '논의 중 휴식 시간'이 어떠한 역할을 하는지 분석했다.[43] 다양한 정치적·사회적 배경을 지닌 참여자들은 의도적으로 휴식 시간이 포함된 구조화된 토론에 참여했다. 이 연구는 협상 과정에서 휴식이 미치는 영향을 탐구하기 위해 실시한 두 가지 실험을 상세히 기술했는데, 하나는 성찰하는 휴식에, 다른 하나는 주의를 분산하는 휴식에 초점을 맞췄다. 성찰하는 휴식 시간에는 참여자들이 협상 과정과 자신의 전략, 상대방의 관점을 되짚어봤다. 반면 주의를 분산하는 휴식 시간에는 참가자들이 지역 우체국 배치도 평가하기 같은 협상과 무관한 과제를 수행하며 주의를 다른 곳으로 돌렸다. 그 결과, 협상이 재개되었을 때 전자의 경우 참여자들은 휴식 후에 오히려 기존 견해를 고수했지만, 후자의 경우 더 생산적인 협상을 진행했다. 따라서 휴식 시간이라고 해서 모두 같은 효과를 내는 것은 아니며, '제대로 된' 휴식이어야 더 효과적일 수 있다.

나는 앞서 교육 프로그램에 대해 다소 부정적이었지만, 교육은 '흥분과 냉정 사이의 감정적 간극hot-cold empathy gap'을 상기시키는 용도로 활용될 수 있다. 이는 우리가 자신의 행동에 미치는 본능적 영향력을 얼마나 과소평가하는지를 일컫는 말이다.[44] 면접하러 갔을 때 예상보다 잘 풀리지 않았던 기억을 떠올려보자. 긴장한 상태에서는 면접 전후에 냉정한 상태에서 상상했던 대로 답변이 나오지 않는다. 이 간극을 다루는 교육 프로그램은 사람들에게 감정이 격해진 상태를 더 잘 예측하고 이해할 수 있는 전략을 갖추도록 도움을 주어, 대인 관계에 대한 이해를 높이고 갈등을 줄여준다. 여기에는 감정적으로 격앙된 상황에서 내렸던 과거 결정을 되돌아보는 논의도 포함된다. 이 교육 프로그램은 다양한 사람이 모여 서로 다른 관점뿐만 아니라 그 차이에 감정적으로 반응하는 방식의 차이로 인해 오해와 갈등이 발생할 수 있는 환경에서 특히 효과적이다.

그러나 논쟁이 격해지면 언제, 어떻게 휴식을 취해야 할지 기억하기 어렵다. 따라서 직장에서는 휴식을 체크리스트 항목에 넣거나, 컴퓨터 화면에 포스트잇 메모로 붙여놓으면 좋다. 실제로 멈춤의 기술은 우리 뇌가 생각을 정리하고 더 나아가 상대방을 더 잘 이해하도록 돕는 역할을 한다. 감정이 격해지면, 다른 사람의 관점에서 바라보는 능력이 가려지기 마련이다. 한 걸음 물러서면 감정을 가라앉히고 인지적 재평가를 할 수 있는 심리적 여유가 생긴다.[45] 단순히 논쟁을 멈추는 것이 아니라, 오히려 논의를 더 풍성하게 만든다는 의미다. 그리고 가벼워진 마음으로, 고통스러운 논쟁 상황에서는 보이지 않았던 새로운 시각으로 다시 논의를 시작할 수 있다. 잠깐의 멈춤은 성찰을 위한 의례가 될 수 있으며, 이러한 과정에서 '생각하는 시간'은 '행동하는 시간'만큼이나 중요해진다.

마음 챙김은 신념주의를 줄이는 데 필요한 정서적 조건에 영향을 미치는 것으로 나타났다. 심리학 논문 31편을 메타 분석한 결과, 마음 챙김 훈련은 공감하는 마음으로 다른 사람을 돕게 하고, 편견을 확실히 줄이며, 친사회적 행동에 긍정적 영향을 미친다.[46] 통제된 호흡법controlled breathing은 신념주의의 여러 전조 현상에 영향을 미치는 것으로 밝혀졌다.[47] 40명의 참여자를 대상으로 한 연구에 따르면, 통제된 호흡은 집중력과 감정 조절이 필요한 과제에서 스트레스를 줄이고 인지적 명료성을 높이는 데 유의미한 효과가 있었다. 물론 이 연구는 신념주의를 직접 측정하지 않았고 표본 크기도 작아서 결과를 일반화하는 데에는 신중해야 한다. 나는 '형식적' 마음 챙김을 그리 좋아하지 않고 통제된 호흡이라는 말만 들어도 과호흡이 일어날 것 같다. 이런 점에서 개입 방법을 설계할 때에는 개인차에 주의를 기울여야 한다. 어떤 방식은 나를 비롯한 일부 사람을 불편하게 만들어 역효과를 낼 수도 있기 때문이다. 그럼에도 마음 챙김은 여전히 효과가 기대되는 개입 방안이다.

'긍정적' 정서가 뒷받침된 대화 수용성conversational receptiveness, CR은 신념주의에 맞서는 한 가지 방법을 제시한다. 말 그대로 대화 수용성은 대화 중에 반대 의견을 얼마나 열린 마음으로 받아들이는지를 포착한다. 대화 중에 정서적 수용성을 높이기 위한 HEAR 기억법은 대화 수용성을 표현하는 네 가지 방법을 정리하여 제시한다.[48] 첫째, '완곡한Hedge' 표현을 사용한다. 완곡한 표현은 주장을 완화해서 다른 가능성에 열려 있음을 보여준다. 예를 들어, '제 생각에는……' 또는 '어쩌면 ……일 수도'와 같은 표현을 사용할 수 있다. 둘째, 동의하는 내용을 '강조Emphasize'한다. 이 방법은 의견 차이를 이야기하기 전에 공감하는 부분을 강조하는 것이다. 이렇게 하면 긍정적인 분위기를 조성하고 공통점을 찾고 있음을 보여줄 수 있다. 셋째, 상대방의 관점을 '인정Acknowledge'한다. 이렇게 하면 설령 동의하지 않더라도 다른 견해를 이해하고 존중하고 있음을 보여줄 수 있다. 넷째, 긍정적인 방향으로 '재구성Reframe'한다. 이 방법에서는 긍정적 정서가 가장 두드러지는 역할을 한다. 이 전략들은 총체적으로 대화의 날카로운 정서를 부드럽게 한다.

이메일 같은 문자를 통한 의사소통을 포함하여 디지털 영역에서 감정 관리는 신념주의를 줄이기 위해 필수적이다. 소통 중에 잠시 시간을 두는 것과 더불어, 메시지에 담긴 의도를 명확히 하고, 타인의 메시지를 해석할 때도 분명한 의미를 요청하는 것이 도움이 된다. 문자 기반 의사소통에서는 비언어적 단서가 부족하면 오해가 생길 수 있다. 경계를 설정하고 대화에서 물러설 때를 아는 것이 아주 중요하다. 케니 로저스Kenny Rogers의 노래 〈더 겜블러The Gambler〉 가사처럼, 계속해야 할 때와 멈춰야 할 때를 알아야 한다. 사람들이 이메일이나 메시지를 얼마나 오랫동안 주고받는지 그리고 그럴 때 그 메시지의 길이가 얼마나 길어지는지 볼 때마다 나는 매번 놀라지 않을 수 없다. 종종 상황은 완전히 불필요한 방향으로 악화되곤 한다. 언제든 대화를 끝내야 할 때가 오기 마련이다. 아예 대화를 완전히 멈추거나 아니면 수화기를 들고 제대로 된 대화를 나누며 오해를 푸는 식으로 말이다.

나는 소설에 눈곱만큼도 관심이 없다는 사실부터, 강연 때 쓰는 테가 하얀 안경에 이르기까지 온갖 이유로 상당히 많은 모욕적인 메시지를 받아왔다. 하지만 이러한 공격에 대응하지 않는다. 그래봤자 불에 기름을 붓는 꼴이기 때문이다. 하지만 만약 내가 답장을 보낸다면, 나를 모욕하는 그에게 대체 어떤 근거로 나를 비난하는지 그 배후에 갈린 이유가 무엇인지 물어볼 것이다. 나는 그런 메시지가 나와 큰 관련이 있다고 생각할 만큼 나르시시즘에 빠져 있지 않으며, 혹은 너무 나르시시즘에 깊이 빠져 있어서(어쩌면 이 두 가지가 동시에 작용해서) 그런 비난이 나 때문이라고 생각하지 않는다. 오히려 그런 메시지는 내가 한 말이나 나의 말투, 옷차림 등 어떤 요소가 말한 사람의 삶이나 경험 속 무언가를 자극한 결과물이라고 할 수 있다. 사람들이 우리에게 보이는 반응은 대부분 우리보다 반응을 보인 사람에 대해 더 많은 것을 말해준다. 이 사실을 기억하면 흥분한 상태, 정확히 말하자면 '부적절하게' 흥분한 상태에서 불필요한 논쟁에 휘말리는 일을 막을 수 있다.

# 12장

# C 결합:
## 의사결정 과정에 다양한 관점과 사람을 넣기

제대로 작동하는 사회는 차이를 받아들인다. 효과적인 의사결정을 하려면 다양한 시각이 필요하다. 물론, 맥락이 중요하다. 과업의 결과가 명확하게 규정되어 있는 경우에는 다양성의 중요성이 떨어진다. 예를 들어 4×100미터 계주팀에는 바통을 잘 넘길 수 있는 가장 빠른 선수들만 있으면 되기에 팀원들이 비슷한 방식으로 생각해도 문제가 되지 않는다. 그러나 직장에서 생산성을 높이는 방법처럼 복잡한 의사결정 상황에서는 보통 다양한 관점이 꼭 필요하다. 다양성이 복잡한 의사결정 환경에서 좋은 성과를 낳는다는 사실을 보여주는 사례는 금융 부문, 특히 투자 펀드 운용 분야에서 찾아볼 수 있다. 배경이 서로 다른 사람들이 팀을 이뤄 운용하는 투자 펀드가 비슷한 구성원들이 운영하는 펀드보다 보통 더 좋은 성과를 낸다는 증거가 있다.[49] 따라서 효율성과 공정성을 고려해 지난 수십 년간 성별이나 인종 등 다양한 특성을 반영하려는 노력이 강조됐다.

이 책은 직장 내 다양성에 관한 책이 아니며, 연구 데이터마다 그 효과가 다르게 나타나기도 한다(게다가 언제나 그렇듯, 학자들이 어떤 신념을 가지고 접근하느냐에 따라 결과가 달라지곤 한다). 하지만 전반적으로 볼 때, 구성원의 특성적 다양성은 기업의 순이익에 작지만 분명히 유의미한 영향을 미친다고 말할 수 있다. 1997년부터 2021년 사이에 발표된 106편의 논문을 기반으로 한 최근의 메타 분석은 고위경영진 팀TMTs 내의 문화적 다양성이 미치는 영향을 종합했다.[50] 이 연구는 경영진의 문화적 다양성이 개인, 팀, 조직 차원의 촉진 요인과 억제 요인이 복합적으로 작용하는 메커니즘을 통해 조직의 성과에 상당한 영향을 미친다는 점을 강조한다. 다양한 구성원으로 이루어진 경영진은 글로벌 고객층을 이해하고 그들의 요구에 대응하는 역량을 더 잘 갖추고 있어서, 고객 만족도와 충성도를 높인다. 경영 실무에서 다양성과 포용성을 실천하는 리더는 폭넓은 고객층을 모을 수 있고, 다양한 시상과 소비사 요구를 너욱 깊이 이해하어 이익을 얻을 수 있다. 다양성을 효과적으로 받아들이고 관리하는 리더는 모든 직원이 존중받고, 자신만의 관점을 제시할 수 있는 포용적인 환경을 조성한다.

성별과 인종, 장애와 성적 지향과 더불어, 우리는 노동자 계층 출신인 사람들뿐만 아니라 자신의 노동자 계급적 정체성을 공개적으로 유지하며 일하는 사람들도 고위직에 더 많이 채용하기 위해 노력해야 한다. 노동자 계급의 '관점'이 고소득·고학력 전문직에서 심각하게 과소 대표되고 있다는 사실은 이미 많은 문헌을 통해 증명되어 있다. 이는 단순히 고위직에 속한 노동자 계층 출신인 '사람'의 수가 적은 것과는 별개의 문제다. 사회 모든 계층의 사람들이 자신이 선택한 직업에서 성공할 기회를 얻는 것은 매우 중요하다. 그러나 동시에 그들이 성장 과정에서 형성한 신념과 행동 방식을 유지할 수 있어야 한다. 단지 성공했다는 이유로 포기해야 한다는 부담을 느끼거나, 심지어 선택한 직업에서 성공하려면 버려야 한다고 '강요'받는 일이 없어야 한다. 노동 계층 출신인 사람들은 여전히 적응하거나 떠나야 하는 기로 앞에서 선택해야 한다. 법적으로 보호받는 특성 목록에 '계급'이 빠져 있다는 사실은 이 문제를 해결하는 데 도움이 되지 않는다.

그러나 이 책에서 가장 중요하게 다루는 문제는 서로 다른 신념이 모이고 받아들여질 때, 실제로 더 나은 결정을 내릴 수 있는지, 만약 그렇다면 어떤 방식을 취해야 하는지이다. 때때로 신념은 개인의 특성과 상관관계를 가지므로, 특성의 다양성이 곧 신념의 다양성으로 이어져 더 효과적인 의사결정을 낳기도 한다. 그 예로, 성별이 섞여 있는 집단이 남성만으로 또는 여성만으로 구성된 집단보다 일반적으로 더 좋은 성과를 낸다고 알려져 있다. 미국의 경영학 학부생 200여 명을 대상으로 한 실험에서는, 정보를 공유해야 성공할 수 있는 '살인 미스터리 과제'에서 다양한 인종으로 이루어진 집단이 비슷한 구성원만 있는 집단보다 더 뛰어난 성과를 보였다.[51] 이 연구는 다양성이 어떻게 사고의 폭을 넓히고 더 창의적인 문제 해결 방식을 끌어내는지를 잘 보여준다. 물론 미국 대학 한 곳에 해당하는 내용이 다른 곳에서도 그대로 일반화될 수 있는 것은 아니다.

우리 신념이 성별, 인종, 연령, 사회 계층, 성적 지향성 등 자신의 정체성과 항상 연결되어 있지는 않다. 따라서 의사결정 과정에서 여성이나 소수 인종 등 다른 집단이 참여한다고 해서 그 자체로 관점의 다양성이 보장되지는 않는다. 오히려 다양한 배경의 사람이 모였다는 이유로 다양한 관점 확보에 '성공'했다고 여기고 현실에 안주하게 될 수도 있다. 우리는 이미 집단 사고가 얼마나 강력하고 만연한지 확인한 바 있다. 따라서 다양한 관점의 표현을 적극적으로 장려하지 않는 환경, 즉 다양성은 있지만 포용적이지 않은 집단은 구성원이 인구통계학적으로 아무리 다양해도 대개 공유된 신념이나 규범으로 동질화되기 마련이나.[52]

학계에서는 주요 대학의 교수진 대부분이 진보 성향의 자유주의자라는 인식이 확산하고 있으며, 이에 따라 비판도 커지고 있다. 기억하기로 학자로서 내 경력이 전반부(2008년경까지)일 때에는 동료들과 거의 연구나 정책 문제에 관해서만 논의했다. 정치적 상황이 언급된 적도 있었지만 그다지 많지 않았고, 논의에 참여한 사람들의 정치적 성향을 당연히 드러내는 방식은 분명히 아니었다. 그러나 그 이후로는 우파 성향의 관점을 조롱하는 일이 학계에서 꽤 흔해졌다. 사실 그다지 놀라운 현상은 아니다. 1991년에 막 학계에 들어선 여드름투성이의 신입 학자였을 때에는 학자 중 약 3분의 2가 노동당에 투표했다고 답했다. 2017년 영국 대학 노조ucu가 실시한 설문조사에서는 응답자의 단 6%만이 자신이 중도 우파 또는 우파에 속한다고 응답했다.[53]

이런 환경은 스스로 진보적이라고 규정하고, 자기 견해를 자유롭게 말하는 데 자부심을 느끼는 학자들에게는 반가운 소식일 수 있다. 그들의 의견에 이의를 제기할 사람이 거의 없다는 생각에 안전함을 느끼기 때문이다. 또한 학자들은 이른바 진보적 대의를 옹호하는 세력과 더욱 직접적으로 관여하고 공공 담론이나 공공 정책에도 직접적으로 영향을 미칠 수 있다. 그러나 학문적 토론의 수준, 연구 주제 선정, 사회 전반에 연구가 미치는 영향을 생각하면 상당히 우려스럽다. 우리는 학계 규범을 근본적으로 전환하여 더 넓은 사회를 더 잘 대표할 수 있어야 한다. 만약 그럴 수 없다면 적어도 소수 의견을 지닌 사람의 목소리가 조롱당하지 않고 존중받도록 해야 한다.

학술 연구에서 사고의 다양성 부족 문제를 해결하는 한 가지

대안으로 대니얼 카너먼이 '적대적 협력adversarial collaboration'이라고 부른 방식이 있다.[54] 적대적 협력은 특정 사안에 대해 공개적으로 다른 신념을 가진 학자들이 협력하여, 해당 사안의 사실관계에 대한 분쟁을 어느 정도 해결할 수 있는 증거를 공동으로 생산하는 과정을 말한다. 나는 연구를 진행할 때 이러한 적대적 협력을 적용하려고 노력한다. 하지만 이 방법은 더 명확한 증거 앞에서 자기 생각을 바꿀 것을 요구하고, 이것이 얼마나 어려운 일인지 우리 모두 알고 있다. 게다가 시작부터 다양한 신념이 공존해야 한다는 전제 조건이 있어서, 결국 학계가 필수적으로 어느 수준 이상의 사고 다양성을 갖춰야 한다는 문제로 다시 돌아간다. 런던정경대에 심리행동과학 학과를 설립할 당시 나는 여러 교수를 임용했는데, 신념 다양성을 기준으로 채용했더라면 좋았겠다는 아쉬움이 남는다. 그러나 개인적 특성의 다양성에 관해서는 수많은 목소리를 들었지만, 정작 신념의 다양성에 대해서는 말 그대로 단 한마디도 듣지 못했다.

학계뿐만 아니라 여러 분야에서 채용 이후 직장 내 다양성을 강화하기 위해 활용하는 근거 기반의 개입 방법 중 하나는 '인지적 다양성cognitive diversity'을 확보하는 것이다. 인지적 다양성은 집단 내 구성원 간의 지식, 관점, 문제 해결 전략의 차이를 의미한다. 이 방법은 인구통계적 다양성을 넘어, 사고 과정과 당면한 과제에 대응하는 방식의 다양성에 초점을 맞춘다. 2015년의 한 메타 분석 결과에 따르면 인지적 다양성 개입 방식은 팀 역학에 상당한 영향을 미칠 수 있다.[55] 인지적 다양성은 인구통계학적 다양성 그 자체보다 집단의 효율성에 더 직접적인 영향을 미친다. 이 방법은 아래 다섯 단계로 구성된다.

1. **참여자 선정:** 여러 심리 검사와 평가 목록을 활용하여 다양한 인지 유형을 기준으로 참여자를 선정한다.

2. **그룹 구성:** 서로 다른 인지 유형이 스타일이 섞이도록 참여자를 배치한다. 예를 들어, 어떤 사람은 분석적이고 다른 사람은 직관적 성향이 강할 수 있다.

3. **문제 해결 과제:** 다양한 관점과 잠재적 해결 방안을 고려해야 하는 복잡하고 모호한 문제를 그룹에 제시한다.

4. **성과 측정:** 그룹의 성과는 해결책의 질, 의사결정에 걸린 시간, 접근 방식의 참신함을 기준으로 측정한다.

5. **그룹 역학 평가:** 관찰과 설문을 통해 그룹 내 역학을 평가한다. 여기에는 서로 다른 관점이 어떻게 통합되었는지, 의사결정 과정에서 어떤 어려움이 있었는지에 대한 평가가 포함된다.


인지적 다양성만으로 모든 문제를 단번에 해결할 수는 없다. 서로 다른 생각을 지닌 팀원들은 서로의 관점과 문제 해결 방식을 이해하기 어렵다 보니, 사회적 유대감을 형성하는 데 어려움을 겪을 수 있다. 당연한 소리처럼 들리겠지만, 인지적 다양성 개입 방법은 팀원들이 그 효과를 진심으로 바랄 때 더 효과적이다. 많은 현상에서 나타나듯, 다양성이 적절한 수준으로 분포되어 있는 골디락스 효과Goldilocks effect*가 나타나는 지점이 있다. 다양성이 너무 적으면 별다른 차이를 만들지 못하고, 다양성으로부터 얻는 이득은 어느 지점까지는 늘어나다가, 다양성이 '한 단계씩' 증가할 때마다 얻는 혜택이 점차 줄어들어 결국 효과가 없어지는 임계점에 도달하게 될 것이다.

사고의 다양성은 의사결정 과정에서 적극적으로 유도될 수 있다. 이를 '노출된' 인지적 다양성이라고 한다. 여기서 핵심은 팀원들이 업무나 시스템을 이해하는 방식을 조정하여 팀 내에 다양한 인지적 접근 방식이 생겨나도록 유도하는 데 있다. 복잡한 과업을 처리하는 경우, 절차적 이해와 지식 기반 이해를 모두 갖춘 팀이 단일한 방식으로 이해하는 팀보다 더 좋은 성과를 내는 것으로 드러났다. 중국 학술 연구팀을 대상으로 한 연구에서 연구자들은 인지적 다양성과 그 다양성이 성과에 미치는 효과를 측정하려 했다.[56] 연구진은 먼저 학술팀 구성원들을 인터뷰해 관련 척도 항목을 도출했으며, 이 항목을 열다섯 개 척도로 정교화했다. 그리고 여러 표본을 대상으로 한 탐색적 및 확인적 요인 분석을 통해 이 척도를 검증하고 그 구조와 신뢰도를 확인했다. 연구 결과, 이 새로운 척도로 측

* 너무 뜨겁지도, 너무 차갑지도 않은, 딱 적당한 상태

정한 인지적 다양성은 팀의 창의성 및 성과 향상과 긍정적인 상관 관계가 있음이 밝혀졌다.

이 책은 다양성이 아닌 신념주의에 초점을 맞추고 있지만, 이런 유형의 연구는 다양성이 더 나아가 어떻게 신념주의를 타파하는 데 도움이 되는지를 잘 보여준다. 업무 환경을 논의할 때는 최근의 기술 발전과 이와 관련된 현대적인 관행인 재택 근무를 반드시 고려해야 한다. 기술은 업무를 수행하는 데 도움을 주기도 하고 방해가 될 수도 있다. 대면 의사소통에서 얻은 핵심 교훈 일부는 온라인 의사소통에도 그대로 적용될 수 있다. 명확한 의사소통, 온라인 팀 결속 활동,[57] 다양한 팀이 동등하고 효과적으로 참여할 수 있게 하는 전문가 중재,[58] 선택적 익명성의 적절한 활용은 모두 협업을 촉진하여 삶의 질과 생산성을 높이고, 신념주의를 줄이는 데 도움이 된다. 우리는 여전히 온라인 회의 방식에 적응해가는 단계에 있으며, 원격 회의는 말 그대로 매우 '멀게' 느껴질 수 있다. 따라서 포용적 환경을 만드는 핵심 요소들을 온라인 회의 설계 단계에서부터 반영하는 것이 그 무엇보다 더 중요하다.

# 13장

# E 노출:

## 생각이 다른 사람과 더 많은 시간 보내기

신념주의를 줄이는 대표적인 방법 가운데 하나는 외집단과 그들의 신념에 '노출'되는 것이다. 집단 간 긍정적 접촉을 장려하는 환경은 편견을 줄이고 집단 간 관계를 개선한다고 입증되었다. 심리학자 고든 올포트Gordon Allport가 1950년대 제안한 접촉 가설contact hypothesis에 따르면 서로 다른 집단 구성원 사이의 직접 접촉이 늘어나면 편견이 줄어들고 관계가 좋아진다.[59] 인종 분리 정책, 사회적 불안, 시민권 운동의 태동기로 대변되는 20세기 중반의 미국은 올포트의 이론이 등장하기에 비옥한 토대를 제공했다. 올포트는 편견과 차별의 근원을 이해하는 데 관심이 많았고, 특히 인종과 민족 사이의 갈등에 집중했다. 그의 이론은 편견으로 이어지는 사회적 역학에 대한 비판적 분석과 함께 집단 간 갈등, 고정관념, 사회적 정체성에 관한 기존 심리학 연구 및 이론에 대한 철저한 검토를 바탕으로 만들어졌다.

올포트의 이론은 그 이후로 광범위한 실증적 검증의 대상이 되었으며, 핵심 주장을 뒷받침하는 연구가 상당히 많이 진행됐다. 인종이 섞여 있는 학교와 스포츠팀은 실제로 접촉 가설의 효과를 보여주는 대표적인 사례다.[60] 학교를 비롯한 다양한 환경의 데이터를 분석한 집단 간 접촉에 대한 메타 분석에서도, 접촉이 일반적으로 집단 간 편견을 줄이는 것으로 나타났다.[61] 스포츠의 경우, 공동의 승리를 위해 협력하는 행위만으로도 인종이나 민족 배경이 다른 개인들 사이의 장벽을 허물 수 있다. 대표적 사례로 메이저리그 야구에서의 인종 통합이 있다(1947년까지는 흑인 선수를 배제하는 '인종 장벽color bar'이 있었다). 이 변화는 사회적 규범에 대한 도전이었을 뿐만 아니라, 서로 다른 인종의 선수들 사이에 동료의식과 상호 존중을 형성했다.[62]

접촉 개입 방법이 성공하려면 다음 네 가지 조건이 충족되어야 한다.

1. 양측 모두 실질적인 측면에서 '공유하고 있다'고 인식하는 목표가 있어야 한다.

**2.** 집단 간 우정이 잠재적으로 발전할 수 있는 환경이어야 하며, 이는 신념주의를 줄이는 데 중요한 역할을 한다.

**3.** 최근의 기술 발전과 이와 관련된 현대적인 관행인 재택 근무를 반드시 고려해야 한다.

**4.** 상호작용을 정당화하고 갈등의 위험을 줄일 수 있는 광범위한 제도적 지원이 있어야 한다.

1번과 2번 조건은 EMBRACE 중 유대와 관련이 있다. 3번 조건은 권력 역학의 중요성을 일깨워주며, 4번 조건은 노출이 일어나는 주변 환경이 신념주의를 줄이려는 노력에 큰 영향을 미친다는 점을 알려준다.

집단 사이의 접촉 이론과 적용에 관한 연구는 몇 가지 중요한 발견을 제시한다. 첫째, 비교적 짧은 기간의 상호작용도 때로는 효과적일 수 있다. 지역사회와 조직 환경에서 실시한 실험은 몇 주간의 지역사회 봉사 활동이나 몇 달간의 문화 교류 프로그램만으로도 외집단 구성원에 대한 태도가 개선되고 편견이 줄어드는 결과로 이어질 수 있음을 보여준다. 메타 분석 결과에 따르면 직접 대면 접촉, 협동 학습, 확장된 접촉(예를 들어, 외집단에 대한 긍정적 이야기나 미디어에 노출)을 포함한 개입 방법은 개입 직후는 물론, 이후 1년까지도 서로 다른 민족 집단에 대한 태도를 개선하는 데 효과적인 것으로 나타났다.[63]

둘째, 그다지 놀라운 결과는 아니지만 장기적인 노출도 효과적일 수 있다. 최근 한 연구는 편견 감소와 신념주의 감소 사이의 연관관계를 잘 보여준다.[64] 역사적 데이터와 현대의 데이터를 결합하여 진행된 이 연구는, 외국인 혈통에 장기간 노출되는 경우 현지인의 태도와 행동이 어떤 변화를 보였는지에 초점을 맞췄다. 특정 외국인 집단, 이 연구의 경우 아랍계 무슬림들에게 지속해서 노출되었을 때 해당 집단에 대한 명시적이고 암묵적인 편견이 줄어들 수 있음을 보여주었다. 또한 장기간 노출했을 때 아랍계 무슬림에게 적대적 정책이나 정치인에 대한 지지도 감소했다. 이러한 정치적 태도의 변화는 신념주의에서 벗어나고 있음을 보여주는 신호로 해석될 수 있다.

셋째, 여러 연구 결과가 위에 언급한 접촉 이론의 세 번째 조건을 뒷받침한다. 즉 집단 간 접촉이 신념주의 감소에 기여하려면 서로 비슷한 지위에 있는 집단 사이에서 접촉이 이루어져야 한다.[65] 지위 격차가 유지된 경우, 지위가 높은 집단의 태도를 바꿀 만한 동기가 크지 않고, 지위가 낮은 집단은 정체성 위협을 느껴 집단 사이의 긴장이 높아질 수 있다. 상호작용은 적어도 기존 위계질서를 강화하지 않아야 한다. 이를 위해 하위 집단 구성원이 상호작용에 적극적으로 참여할 수 있어야 하고, 그러는 동안은 이들의 지위를 상위 집단과 동등한 수준으로 맞추는 환경을 마련해야 한다.

넷째, 앞서 언급한 네 번째 조건인 집단 사이의 긍정적 접촉을 가능하게 하는 제도의 역할을 과소평가하면 안 된다.[66] 직장에서는 다양성 교육 프로그램을 시행할 수 있고, 학교에서는 다양한 배경을 지닌 학생들 사이의 협업 프로젝트를 포함한 교육과정을 계획할 수 있다. 예를 들어, 기업은 신입사원 교육과정에 다양성 교육을 포함할 수 있다. 신입사원은 다양한 집단 간의 모의 상황을 훈련하는 워크숍에 참여하여 동료들의 다양한 관점을 접하고 그로부터 배울 수 있다. 여기에 다양한 배경을 지닌 연사를 초청하면 프로그램이 더욱 풍부해진다. 이러한 노력은 직원들이 집단 간 관계의 미묘한 차이를 이해하고 효과적으로 협업하는 기술을 갖추도록 돕는다. 관리자의 태도와 행동은 집단 간 접촉이 성공적으로 이루어지는 데 큰 영향을 미친다. 관리자가 다양성 존중 활동을 적극적으로 지지하고 참여할 때, 이러한 노력의 가치와 중요성에 대한 강력한 메시지를 전달할 수 있다.

노출을 비롯한 EMBRACE의 그 어떤 요소도, 집단 간 거리를 형성하는 경제·사회적 조건을 고려하지 않고는 논할 수 없다. 경제적 어려움은 집단 간 갈등을 유발할 수 있다.[67] 사회가 점점 더 불평등해지면 공공 기관에 대한 신뢰가 위태로워지고 민주적 협치가 무너지며, 동시에 지정학적 안정성이 위협을 받는다.[68] 불평등이 심한 사회에서는 사람들이 이러한 기관들의 공정성과 효율성에 의문을 품게 되고, 이는 시민 참여도를 떨어뜨리고 소외감 확산으로 이어질 수 있다. 이러한 신뢰의 붕괴는 민주주의의 근간인 평등과 대표성의 원칙 자체를 훼손한다는 점에서 민주주의적 협치에 특히 해롭다.

다섯째, '설계에 의한 관용'을 최대한 쉽게 실천하기 위해 아마도 더 중요하게 생각해야 할 점은, 단기 개입을 비롯해 이러한 개입 방법 대부분이 많은 자원과 시간을 필요로 한다는 것이다. 일상생활에서 신념주의를 줄이려면 접촉 이론이 요구하는 까다로운 요건들을 우회할 수 있는 효과적인 '지름길'을 찾아야 한다. 서로 다른 집단이 의미 있고 협력적으로 상호작용할 기회를 만들고 포착해야 한다는 그럴싸한 말 외에 우리가 할 수 있는 일은 무엇일까? 기술 발전이 몇 가지 가능성을 제시한다. 예를 들어, 일부 연구진은 온라인 포럼이나 가상 환경에서 참여자들이 서로 다른 집단 구성원을 대표하는 아바타와 상호작용하는 실험을 통해 집단 간 접촉을 탐구해왔다.

한 연구에서는 가상현실VR 환경을 활용하여 집단 간 접촉 조건을 만들고, 서른두 명의 참여자가 가상의 도시에서 다양한 인종의 아바타와 교류하게 했다.[69] 이 개입 방법은 3주 동안 진행되었으며, 가상현실 내에서 주기적으로 협업 과제와 토론을 실행했다. 연구 결과, 참여자들은 가상현실 경험 후에 실제 생활에서 다른 인종 배경을 지닌 사람들과 교류하려는 의지가 커졌다고 응답했다. 또 다른 연구는 온라인 포럼이 집단 간 접촉에 미치는 영향을 살펴보았다.[70] 연구진은 인종 간 대화를 촉진하도록 특별히 설계된 온라인 토론 그룹에서 활동한 118명의 참여자를 대상으로 데이터를 수집했다. 이번 개입은 6개월 동안 진행되었으며, 참여자들에게 일상생활에서부터 집단 간의 구체적인 문제에 이르기까지 다양한 주제를 논의할 수 있는 플랫폼을 제공했다. 연구 결과는 이러한 포럼에 계속해서 참여하면 외집단 구성원에 대한 태도가 더 긍정적으로 변하고 편파적인 고정관념이 줄어들 수 있다는 초기 증거를 제시한다.

비슷한 방식으로 유대인 학생과 아랍계 학생을 대상으로 한 또 다른 연구에서는 온라인상에서의 집단 간 접촉이 상대 집단을 더 신뢰하게 하고 비인간화를 줄이는 역할을 한 것으로 나타났다.[71] 500명 이상의 참여자는 4주 혹은 8주간 진행된 프로그램에 참여하기 전후에 설문조사를 완료했다. 그리고 효과의 지속성을 평가하기 위해 프로그램 종료 후 최대 18개월까지 추적 조사를 진행했다. 연구 결과 편견 수준은 감소했고, 집단행동에 참여하려는 성향, 외집단에 대한 지식, 문화 간 의사소통 능력에 대한 자신감은 높아진 것으로 나타났다. 이러한 긍정적 결과는 프로그램이 종료된 후에도 최대 18개월까지 지속되었다. 또한 프로그램 기간이 4주든 8주든 그 효과에는 큰 차이가 없는 것으로 확인되었다.

2023년 런던정경대 연구진이 발표한 한 논문은 영국 내 양극화에 정당(노동당 또는 보수당) 에코 챔버가 미치는 영향을 분석하고 노출의 차이가 어떤 역할을 하는지 살펴보기 위해 724명을 대상으로 진행한 실험을 기술하고 있다.[72] 참여자들은 같은 정당 지지자만으로 구성된 집단 또는 같은 정당 지지자와 반대 정당 지지자가 균형 있게 섞인 집단에 무작위로 배정되었다. 토론은 약 45분간 진행되었으며, 이민 정책에 관한 5분짜리 정보 영상을 시청한 후 훈련된 사회자가 진행하는 집단 토론을 30분간 실시하고 사후 설문조사로 마무리되었다. 주요 연구 결과에 따르면 같은 정당 지지자만으로 구성된 집단에 배정된 참여자들은 토론 후 극단화가 더욱 뚜렷해졌다. 반면 정치 성향이 다른 지지자들이 섞인 집단에 배정된 참여자들은 극단화가 눈에 띄게 완화되었다.

EMBRACE와 노출에 관한 내용을 마무리하면서, 나는 다른 신념에 대한 나의 (상대적이고 주관적인) 관용적 태도가 평생 다양한 관점과 사람들에 노출되며 살아온 데서 비롯되지 않았나 하는 생각을 했다. 프린스턴대학교에서 근무할 때 뉴욕에서 잠시 살았던 기간을 제외하면 평생을 영국에서 살았지만, 민족적 다양성 정도와 형태가 다른 여러 지역에서 살아왔다. 게다가 런던에서도 꽤 다양성이 높은 지역인 해크니Hackney에서 태어났다. 그러나 그보다 중요한 점은 시작할 때 언급했듯이 나는 다양한 사회 계층의 사람을 접해왔으며, (출신 배경이나 사회적 동화 과정을 통해) 중산층이 된 학자들과 함께 일하는 동시에 노동 계층인 친구들과 여전히 어울리고 있다. 물론 이 모든 생각이 완전히 헛소리일 수도 있고, 나는 심각한 신념주의자가 아니라고 스스로를 속이고 있는 것일지도 모른다. 하지만 그렇다 해도 나는 나와 생각이 다른 사람들에게 더 많이 노출되기 위

해 노력할 것이다. 어쩌면 콜드플레이 공연에 갈지도 모르겠다. 아
니다, 그건 아무래도 안 될 것 같다.

# 14장

# 모두
## 포용하기

체크리스트에는 명백해 보이지만 자주 간과되는 것들에 주목하게 만드는 힘이 있다. 그 힘을 바탕으로 당신의 일상과 모임, 조직, 제도에 EMBRACE 체크리스트의 원칙을 적용하기를 바란다. 무엇보다도, 신념주의를 줄이겠다는 확고한 의지가 있어야 한다. 반대 의견을 단순히 용인하는 수준을 넘어 행복, 혁신, 성장을 위한 선행조건으로 적극적으로 포용하는 세상을 꿈꿔야 한다. 또한 상반된 감정과 모호함을 편안하게 받아들이는 법을 배워야 한다. 신념주의를 줄이기 위한 개입은 현실과 동떨어진 상태에서 이루어지지 않는다. 전 세계적으로 민주주의가 위협받고 있는 상황에서 신념주의는 증가하고 있으며, 이를 줄이려는 개입 노력은 그 효과가 약해질 수 있다. 따라서 우리는 열린 대화라는 기본 원칙을 계속해서 유지해야 한다.

신념주의를 줄이겠다는 의지가 있다면, 물리적 환경과 가상 환경을 설계할 때 단순히 이를 염두에 두는 수준을 넘어 참여자 모두의 '목표'로 설정할 수 있다. 이러한 환경에서 실수는 약점의 인정이라기보다는 배움에 꼭 필요한 요소로 받아들여진다. 공동의 목표와 가치는 토론과 논쟁 속에 반영되어 우리가 가진 '유대'의 힘을 떠올리게 하고, 공감력과 이해심이 깊은 상호작용을 촉진한다. '이성'에 근거한 증거와 윤리에 대한 존중이 존재하며, 이는 모든 신념이 동등하게 만들어지는 건 아니라는 사실을 떠올리게 한다. 때로 강력한 감정을 불러일으키는 사안을 헤쳐나갈 때는 균형 잡힌 '정서'가 필요하다. 그러는 동안에도 우리는 서로 다른 사람들과 관점의 '집합체'가 더 나은 결정을 도출한다는 사실을 기억해야 한다. 우리가 오리를 볼 때 누군가는 토끼를 본다는 사실을 깨닫고, 그들에게 더 많이 '노출'될수록, 신념주의가 덜한 세상이라는 포부가 현실이 될 가능성이 커진다.

신념주의를 줄이기 위한 EMBRACE 요소가 효과를 발휘하려면 당연히 이를 실제로 활용해야 한다. 따라서 우리는 환경적 요인에 의존하는 개입 방안이 더 잘 실행될 수 있도록 환경을 설계해야 한다. 내가 개발한 마인드스페이스 체크리스트에서 M은 전달자를 의미하며, '전달자'는 메시지 자체보다 신념과 행동을 형성하는 데 더 효과적인 것으로 확인되었다. 가장 효과적인 전달자 중에는 짐바브웨의 여성 미용사들이 있었다. 이들은 HIV 예방 교육을 받고 고객의 머리를 자르는 동안 관련 정보를 전달했다. 미용사들은 고객의 신뢰를 받았고, 전문성을 갖추었으며, 고객이 공감할 수 있는 사람이었기 때문에 완벽한 전달자 역할을 할 수 있었다.

이 사례가 던지는 가장 흥미로운 질문은 미용사를 활용했다는 기발함 자체보다 미용사들을 잠재력 있는 전달자로 확인하고 실제로 역할에 적합한지 검증하게 된 '과정'이 무엇인가 하는 점이다. 참고로 말하자면, 나는 그 답을 모른다. 그러나 이 사례는 신념주의처럼 매우 다루기 어려운 도전 과제를 마주할 때, 새로운 접근 방식을 받아들일 필요가 있음을 분명히 보여준다. 의도적으로 신념주의를 줄이고 관용적인 태도를 보일수록 신념주의의 감소에 도움이 되는 아이디어를 포함해 새로운 아이디어에 마음을 더 열게 될 것이다. EMBRACE 틀이 증거와 혁신의 선순환을 촉진하여 개인 생활, 기업, 공공 정책에서 우리가 직면한 문제들을 해결하는 데 기여하기를 바란다.

신념주의를 줄이는 여정에서 한 걸음 더 나아가기 위해, 이제 일반적인 원칙에서 구체적인 사안으로 초점을 옮기려고 한다. 하지만 그에 앞서, EMBRACE 요소 중에 개인의 삶이나 직장 생활에 적용할 수 있다고 생각하는 핵심 내용을 정리해두면 도움이 될 것이다. 어떤 요소에 가장 공감이 가는가? 실행하기에 가장 적합하다고 생각되는 요소는 무엇인가? 나는 변화를 유도하기 위해서이기도 하지만, 우리가 신념주의를 줄일 수 있으며 줄여야 한다고 진심으로 믿기 때문에 이 책을 썼다. 따라서 EMBRACE 틀을 책 안에만 가둬두지 않고 어떻게 사적·공적 논의의 중심에 놓을 수 있을지 당신의 의견을 듣고 싶다.

# 무엇을 선택하고 어떻게 함께할 것인가

'편 가르기'와 '편 허물기'를 살펴보았으니, 이제 이 책의 마지막 부분에서는 중요한 쟁점에서 어떻게 '편을 고르는지'를 논의해보려 한다. 각 쟁점에 대해 방대한 학술적 근거를 나열하여 부담을 주기보다는, 양측의 전형적인 대립 관점을 아주 간략하게 개요만 설명한 뒤 나의 입장을 제시할 것이다. 이렇게 하는 이유는 언젠가 우리의 의견이 서로 다르다는 사실을 알게 되었을 때(분명 어느 지점에서는 그럴 것이다) 당신이 나에 대해 어떻게 느끼는지 스스로 성찰해보도록 하기 위함이다. 사안마다 EMBRACE의 한두 가지 요소를 활용해, 어떻게 하면 '오리와 토끼'를 결합하여 신념주의와 그 부작용을 줄일 수 있을지도 간략히 논의할 것이다. EMBRACE의 구체적인 적용 사례를 보는 동안, 현재 신념주의를 부채질하는 문제에 대응하기 위한 새로운 아이디어가 떠오르기를 바란다.

책 서두의 설문조사 결과에 따라, 우리와 의견이 다른 사람들을 가장 피하고 싶어 하는 주제, 즉 신념주의로 이어질 가능성이 가장 큰 여섯 가지의 가장 중요하고도 양극화된 주제를 선정했다. 그것은 바로 경제적 불평등, 이민, 기후 변화, 표현의 자유, 약물 사용 그리고 낙태다. 서로 다른 신념을 존중하며 소통하려면 우선 논의의 기반이 되는 몇 가지 핵심 토대를 마련해야 한다. 공동의 틀과 언어를 갖추면 실제 의견 차이뿐 아니라, 그에 못지않게 개념의 혼란에서 비롯되는 양극화 인식도 줄일 수 있다.

# 15장

# 논의를 위한 토대 마련하기

처음에 어떤 틀을 채택할지를 두고 의견 차이가 있을 수 있다는 점은 잘 알지만 어느 정도까지 합의할 수 있는지 우선 살펴보기로 하자. 어떤 신념을 지녔든, 세상에 존재하는 고통이 전반적으로 줄어드는 것이 바람직하다는 점에는 동의할 것이다. 일단 당신이 내 생각에 동의한다고 가정하고 개인, 시민, 부모, 정책 입안자 모두에게 가능한 한 고통을 줄이기 위해 노력해야 할 의무가 있다는 전제에서 출발해보자. '부정적 공리주의negative utilitarianism'는 고통을 '사람들이 어떻게 느끼는가'의 관점에서 바라본다.[1] 물론 개인이 전하는 감정 상태가 삶의 전부를 대변하지는 않겠지만 한 사람의 삶이 순

조로운지 힘든지를 가늠하는 유용한 지표가 될 것이다. 이는 문명화된 사회의 목표 중 하나가 실제 사람들이 느끼는 실제 고통을 최대한 줄이는 것이어야 한다는 의미다. 앞서 나는 '정당한 신념'이란 그 신념이 실행되었을 때 발생하는 비용과 이익을 기꺼이 검토하고 수용하려는 태도에 기반한다고 말한 바 있다. 그리고 부정적 공리주의는 이러한 비용과 이익을 검토하는 데 좋은 출발점을 제공한다.

## 공정성과 권리에 관한 가치관의 차이

—

고통의 최소화만으로는 충분하지 않을 때 활용할 수 있는 두 가지 방식이 있다.[2] 첫 번째는 공정성에 관한 것으로, 어떤 이들(예를 들어, 최빈곤층이나 사회적 약자)의 불행은 개인적인 영향을 넘어 다른 이들의 불행보다 더 무겁게 평가되어야 할 수도 있다는 관점이다. 둘째는 특정 '권리'(예를 들어, 표현의 자유)에 관한 것으로, 이는 개인에게 미치는 어떠한 영향보다도 우선시되어야 할 가치일 수 있다. 오늘날 대두되는 주요 현안들이 겉으로는 공정성이나 권리라는 기준으로 짜여 있지 않을 수도 있지만, 나는 이 둘이야말로 의견 차이가 생기는 근본 원인이라고 생각한다. 공정성과 권리에 관한 가치관의 차이가 특정 사안에 대한 견해 차이로 이어지는 본질적인 이유를 설명하기 위해, 이 두 가지와 관련된 뜨거운 쟁점을 세 가지씩 살펴보려고 한다. 그에 앞서, 어떻게 공정성과 권리가 각각 사람들의 감정을 넘어서고 그보다 앞서는지 간략히 설명하겠다.

만약 우리가 단지 고통의 총합을 최소화하는 데에만 신경 쓴다면, 가성비가 높은 정책에만 관심을 둘 것이다. 하지만 우리 대부분이 '효율성'에만 신경 쓰지는 않는다. 우리는 '평등', 즉 가장 어려운 처지에 놓인 사람의 불행을 줄이는 일에도 관심을 갖는다. 이를 설명하기 위해, 행복(또는 건강이나 소득 등 다른 복지 수준을 나타내는 척도)이 10점 만점에 3점인 X 집단과, 10점 만점에 1점인 Y 집단이 있다고 상상해보자. 그리고 두 집단은 도덕적 측면에서 조건이 동일하다고 가정한다. 이때, 주어진 지출로 A) X 집단의 행복을 2점 높이거나 B) Y 집단의 행복을 1점 높일 수 있다고 가정해보자. A)는 전체 고통 수준을 두 배로 줄이므로 효율적이지만, B)는 두 집단 간의 격차를 좁힌다. 당신이라면 A)와 B) 중 무엇을 선택하겠는가? 이 질문에는 정답도 오답도 없어서, 어떤 선택이 사회를 위해 최선일지는 단정할 수 없다.

A)와 B) 중 어떤 선택을 할지는, 행복의 차이가 어디서 비롯되었는지에 영향을 받는다. 불평등이 '불운'보다는 '잘못된 선택'의 결과일수록, 우리는 불평등을 줄이는 데 관심이 줄어든다. 집단 X는 자신의 삶을 개선하기 위해 열심히 노력하지만, Y 집단은 게으르다고 상상해보자. 처음에는 B)를 선택하려던 사람들도 A) 쪽으로 많이 돌아설 수 있다. X 집단과 Y 집단 사이에 불평등이 존재하지만,

그렇다고 불공정하다는 의미는 아니다. 우리가 자기 행동을 거의 통제할 수 없는 상황이더라도, 우연과 선택 사이에는 여전히 여러 단계가 있다. 예를 들어, 대부분 사람은 총격전에서 총에 맞은 갱단원이, 비록 갱단원이 되기까지 선택권이 없었다 할지라도 일반 행인보다는 그 상황을 통제할 힘이 있었을 거라고 판단할 것이다. 우리가 단순히 '불평등'이 아니라 '형평성(공정성)'에 대한 신념을 갖게 되는 데는 이 정도의 인식 차이 만으로도 충분하다. 어떤 불평등은 공정하다고 여겨지기도 할 것이다. 우리 각자는 특정 불평등의 '크기'와 그 '원인'에 대한 인식에 따라 우려하거나 이를 바탕으로 행동하고자 하는 일련의 신념과 '메타 선호'를 가지고 있다.[3]

여기서 논의하려는 주제는 결과의 불평등, 즉 행복, 건강, 소득 등 최종 분배에서 나타나는 불평등이다. 많은 철학자, 평론가, 정치인, 시민은 기회 평등에 주목하려고 한다.[4] 이때 목표는 모두에게 공정한 경쟁의 장을 여는 것이며, 비유적으로 말하자면 부를 향해 달려갈 때 모두가 동일한 출발선에 서도록 하는 것이다. 그 결과로 발생하는 불평등은 스포츠 경기에서 승자와 패자가 있는 것이 공정하다고 보는 것과 마찬가지로 공정하다고 여길 수 있다. 하지만 스포츠 경기의 출발선이나 규칙에서는 기회 평등을 비교적 쉽게 구현할 수 있지만, 현실에서는 거의 불가능하다. 태어날 때부터 사람들이 마주하는 기회에 엄청난 차이가 있기 때문이다. 설령 기회 평등이 가능하다 해도, 여전히 소득과 같은 결과에서는 받아들이기 힘든 불평등이 나타날 수 있다. 따라서 나는 결과의 분배에 초점을 맞춰 논의하고자 한다. 결국 대부분의 첨예한 논쟁이 바로 이 문제를 두고 벌어지기 때문이다.

권리는 고통을 최소화하려는 시도에 제약을 가한다. 철학적 용어로 말하자면, 이는 '의무론적deontological' 문제이다. '목적론적teleological' 문제는 좋은 결과나 나쁜 결과, 혹은 그 배분 방식을 생성하기 때문에 중요하지만, 이와 달리 의무론적 문제는 그 자체만으로 가치를 지닌다.[5] 설명을 위해 조금 도발적인 예를 들어보겠다. 어떤 사람들은 인종차별이 나쁜 이유가 평등하게 대우받을 기본 인권이 침해되기 때문이라고 말한다. 권리를 옹호하는 것은 도덕적으로 '강력한' 입장이다. 인종차별주의는 나쁘다. 끝. 여기서 문제는 기본 인권에도 종류가 많다는 점이다. 흑인과는 절대 데이트하지 않겠다는 백인을 상상해보자. 흑인에게 차별받지 않을 기본권이 있다는 이유로 그 백인에게 흑인 파트너를 만나보라고 강요해야 할까? 아니면 원하는 사람이라면 누구든 파트너로 선택할 권리를 행사하도록 허용해야 할까? 데이팅 사이트에서 오직 자신과 같은 인종만 선택하는 사람을 금지하는 조치에 대해서는 어떻게 생각하는가?

이러한 질문, 더 나아가 모든 질문에 대한 목적론적인 답변은 '최선의 결과를 낳는 일'을 하는 것이다. 의무론적 접근 방식을 채택하려면, 어떤 권리가 우선하는지 그리고 그 이유가 무엇인지 설명해야 한다. 하지만 실제로 시간이 흐르면서 발생하는 고통의 전 과정을 증명하는 일은 완곡히 말한다 해도 대단히 어려운 일이다. 따라서 실제로 의무론적 관점이나 목적론적 관점을 선택하려는 사람들 사이에는 큰 개념적 차이가 있지만, 실제 삶의 문제에 적용하는 모든 신념주의는 결국 '어떤 우려사항을 가장 중요하게 여기느냐'에 대한 신념 차이로 귀결될 가능성이 크다. 그럼에도 우리는 비용과 이익의 전체 흐름을 측정하려고 최대한 노력해야 한다. 그래야 자기 신념에 지적 책임을 질 수 있음을 명심하자. 도덕적으로 강력한 입장이란, 기본 권리를 행사하려면 아무리 그 권리가 정당하다고 해도 비용이 따른다는 사실을 외면하지 않고, 그에 따르는 상충관계를 인정하는 태도이다.

## 분열을 낳는 6가지 쟁점

—

설명을 위해, 이 문제들을 '오리와 토끼 문제'처럼 두 입장으로 나누어 논의하려고 한다. 물론 실제 토론은 '양자택일'이라는 이분법적 틀에 담기에는 훨씬 미묘하고 복잡하겠지만 말이다. 나는 이미 2021년에 녹음한 〈덕-래빗〉 팟캐스트에서 일부 주제를 다뤘다. 그 이후로도 결과, 공정성, 권리와 관련해 이 문제를 더 깊이 고민해왔기에, 이제 더 완성된 모습의 신념을 공유하는 기분이 든다. 하지만 당신이 나를 설득할 수 있다면 내 생각을 바꿀 것이며, 내가 모든 답을 알고 있다고 주장하지도 않는다. 모든 답을 알고 있는 사람이 과연 있겠는가? 각 주제를 약 1,500 단어 내로 다루었지만, 그 열 배를 쓴다 해도 부족한 내용이다. 그러니 주제를 간략하게 다룬 점을 너그럽게 양해해주기 바란다. 이 여섯 가지 주제에 대한 내 생각의 변화나 미묘한 차이보다, 신념주의를 이해하고 줄이려는 목표에 계속해서 집중하는 것이 더욱 중요하다. 각 주제를 살펴보면서 자신과 반대되는 견해를 지닌 사람들(때로는 그게 나일 수도 있겠다)에 대한 감정이 어떻게 변화하는지에 집중하기를 바란다.

먼저 당신의 신념이 불평등, 이민, 기후라는 세 가지 공정성 문제에 대해 어떤 입장인지 살펴보자. 아래 문장을 읽고 1) 매우 동의한다 2) 대체로 동의한다 3) 대체로 동의하지 않는다 4) 전혀 동의하지 않는다 중에 하나를 선택하면 된다. 이 질문들은 직관적이고

| | 1 | 2 | 3 | 4 |
|---|---|---|---|---|
| 1a. 우리나라의 소득 불평등은 지나치게 심각하며 반드시 줄여야 한다. | 1 | 2 | 3 | 4 |
| 1b. 세금은 혁신과 근로 의욕을 저해하므로 줄여야 한다. | 1 | 2 | 3 | 4 |
| 2a. 이민은 경제 및 문화 측면에서 막대한 이익을 가져온다. | 1 | 2 | 3 | 4 |
| 2b. 이민은 사회 갈등을 유발하므로 제한해야 한다. | 1 | 2 | 3 | 4 |
| 3a. 기후 변화는 생존에 위협이 되므로 모든 노력을 기울여 대응해야 한다. | 1 | 2 | 3 | 4 |
| 3b. 기후 변화는 되돌리기에 너무 늦었으며, 이제 공존하는 법을 배워야 한다. | 1 | 2 | 3 | 4 |

포괄적인 반응을 파악하기 위해 단순하게 구성했다.

책 초반에 언급한 설문조사에 참여했던 패브 500을 기억할 것이다. 우리는 그들에게도 같은 질문을 던졌다. 그들의 답변은 아래와 같으며, '동의'와 '매우 동의'는 '동의' 그룹으로 분류하고, '반대'와 '절대 반대'는 '반대' 그룹으로 분류했다. 여기서 두 가지가 눈에 띈다. 첫째, 질문 전반에 걸쳐 답변이 거의 반반으로 갈렸다. 이러한 문제들을 추가로 논의해야 하는 정당성을 여기서 찾을 수 있다. 둘째, 각 쌍의 두 번째 질문은 첫 번째 질문을 (어느 정도) 뒤집은 문장인데도 동의가 반대보다 약간 더 많다. 이는 사람들이 어떤 주장에 대해 반대하기보다는 동의하는 쪽으로 약간 기울어져 있음을 보여준다(직장에서 설문조사를 만들 때 이 점을 유념해두면 좋다).

사람들의 감정과 공정성에 대한 관심뿐 아니라, 우리는 표현의

|  | 동의 | 반대 |
|---|---|---|
| 1a. 소득 불평등은 지나치게 심각하다. | 53% | 47% |
| 1b. 세금을 줄여야 한다. | 54% | 46% |
| 2a. 이민은 이익을 가져온다. | 55% | 45% |
| 2b. 이민은 사회 갈등을 유발한다. | 52% | 48% |
| 3a. 기후 변화는 생존에 위협이 된다. | 52% | 48% |
| 3b. 기후 변화와 공존하는 법을 배워야 한다. | 55% | 45% |

 

자유, 자기 결정권, 생명권 등 일부 '양도할 수 없는 권리'를 언제, 왜, 어떤 상황에서 갖는지에 대해서도 논의할 수 있다. 많은 이들이 고통을 최소화하려는 노력이 정당하다고 말하지만, 이는 이러한 규칙이나 권리 중 하나 이상이 충족된다는 전제하에서만 그렇다고 주장할 것이다. 당신의 신념이 이러한 쟁점들과 어떻게 연관되는지 생각해보는 것도 가치 있을 것이다. 앞서와 마찬가지로, 1) 매우 동의한다 2) 대체로 동의한다 3) 대체로 동의하지 않는다 4) 전혀 동의하지 않는다 중에 하나를 선택하면 된다. 이번에도 질문은 권리에 대한 직관적이고 포괄적인 반응을 파악하기 위해 단순하게 구성했다.

| | | | | |
|---|---|---|---|---|
| 4a. 사람들은 다른 사람을 정말 불쾌하게 하더라도 원하는 대로 자유롭게 말할 수 있어야 한다. | 1 | 2 | 3 | 4 |
| 4b. 많은 사람의 감정을 해친다면, 알라와 같은 신을 조롱하는 것은 잘못된 일이다. | 1 | 2 | 3 | 4 |
| 5a. 사람들은 원하는 대로 먹고, 마시고, 코로 흡입하고, 피울 수 있어야 한다. | 1 | 2 | 3 | 4 |
| 5b. 코카인이나 헤로인 등 일부 약물 사용이 불법인 것은 타당하다. | 1 | 2 | 3 | 4 |
| 6a. 사람의 생명은 수정 단계부터 시작되므로 낙태는 도덕적으로 잘못되었다. | 1 | 2 | 3 | 4 |
| 6b. 임신 단계와 관계없이 임신을 중단할 여성의 권리가 보장되어야 하다. | 1 | 2 | 3 | 4 |

다음 표는 패브 500의 답변을 보여준다. 이번에도 질문 전반에 걸쳐 답변이 거의 반반으로 갈렸다. 또한 6a 문항을 제외하고는, 제

시된 권리에 찬성하는 쪽이 우세한 경향을 보였다.

|  | 동의 | 반대 |
| --- | --- | --- |
| 4a. 사람들은 원하는 대로 자유롭게 말할 수 있어야 한다. | 56% | 44% |
| 4b. 신을 조롱하는 것은 잘못된 일이다. | 54% | 46% |
| 5a. 사람들은 원하는 대로 무엇이든 할 수 있어야 한다. | 51% | 49% |
| 5b. 일부 약물이 불법인 것은 타당하다. | 55% | 45% |
| 6a. 사람의 생명은 수정 단계부터 시작된다. | 47% | 53% |
| 6b. 임신 단계와 관계없이 임신을 중단할 권리가 있다. | 50% | 50% |

다음 장에서는 각 쟁점을 논의한 후, EMBRACE 요소를 활용하여 오리와 토끼의 관점을 존중하는 동시에 하나로 모으는 방법을 살펴볼 것이다. 논의할 쟁점은 여섯 개이고 EMBRACE 요소는 일곱 가지여서, 완결성을 위해 한 쟁점(이민 문제)은 EMBRACE의 두 요소와 연결될 것이다. 각 쟁점과 연관된 신념주의는 EMBRACE의 모든 요소를 통해 다룰 수 있지만, 여기서는 설명을 위해 한 가지 요소만 선택했다. 각 쟁점에 어떤 요소가 더 '적합'한지를 두고 더 좋은 생각이 있을지도 모르겠다. 실제로 앞서 언급했듯이, 사례마다 제시된 예시를 통해 '설계에 의한 관용'을 늘리기 위한 더 좋은 방법이 떠오르기를 바란다.

# 16장

# 다름을 공정하게 다루기

## 경제적 불평등

—

가난이 인간에게 해롭다는 사실에 대부분 동의할 것이다. 가난은 분명 사람을 비참하게 한다.[6] 누구도 최소한 그 밑으로 떨어지지 않게 보호하는 안전망이 필요하다는 점에는 대개 동의한다. 그 안전망을 어느 수준으로 정해야 할지에 대해서는 의견이 다를 수 있지만, 적어도 영국에서는 사람을 굶주리게 내버려둬야 한다고 주장하는 사람은 거의 없다. 모든 정부는 자원을 가장 필요한 곳에 효과적으로 공급하는 방법을 찾으려 노력해왔다. 개인들도 최소한의 기준

아래로 삶의 수준이 떨어진 사람들을 돕기 위해 상당히 많은 돈을 기부하고 있다. 따라서 사회적으로 가장 취약한 계층을 돌봐야 한다는 생각에는 합의가 이루어져 있다. 실제로 '가장 가난한 사람을 어떻게 대우하는가'로 한 나라의 수준을 가늠할 수 있다는 말이 있다. 나도 그 말에 동의한다. 영국에 최저임금제가 있다는 점은 자랑스럽지만, 약 400만 명의 어린이가 빈곤 속에 살고 있다는 현실은 자랑스럽지 않다.[7]

불평등을 생각할 때 대개는 경제적 불평등, 즉 사회 안에서의 부와 소득의 분배를 떠올린다. 실제로 이민과 기후 변화를 비롯한 여러 문제를 바라보는 우리의 견해는 대부분 부와 소득이 삶의 질에 얼마나 중요한지 그리고 부와 소득의 지속적 불평등에 얼마나 관심을 두는지에 따라 결정된다. 이러한 문제에 대한 우리의 기본 태도 또한 증거를 해석하는 방식에 영향을 미친다. 현재 경제학자들 사이에서는 지난 수십 년간 소득 불평등이 증가했는지를 둘러싸고 격렬한 논쟁이 벌어지고 있다. 소득 불평등이 증가했다고 보는 학자도 있지만, 큰 변화가 없다는 의견도 점차 늘고 있다.[8] 가치 판단의 문제가 아니라 사실의 문제라고 생각할 수도 있지만, 소득 데이터는 상당히 신뢰도가 떨어진다. 예를 들어, 실제 소득과 세금 납부액 또는 자진 신고 소득 간의 관계를 어떻게 추정하느냐에 따라 도출되는 결론이 크게 달라지기 때문이다. 설문조사에 따르면 사람들은 경제적 불평등이 실제보다 심하지 않다고 인식하고 있고, 동

시에 그 격차가 더 줄어들기를 바란다.[9]

모든 불평등이 반드시 불공평한 것은 아니다. 더 열심히 일할수록 사회는 그 노력에 더 많은 보상을 해줄 것이다. 오리-토끼 문제는 개인의 노력이 성공을 얼마나 좌우하는지 그리고 결과적으로 어느 정도의 재분배가 이루어져야 하는지와 관련하여 제기된다. 불평등을 오리로 보는 좌파 진영은 사회적 지위가 대부분 미리 정해져 있다고 주장한다. 그들은 많은 부자가 게으르지만, 가난한 사람은 대다수가 아주 열심히 일한다고 생각한다. 따라서 운이 좋은 부자에게서 운이 나쁜 빈자에게로 부가 재분배되는 것은 공정하다고 주장한다. 반면 불평등을 토끼로 보는 우파 진영은 사회에서 지위가 주로 노력에 따라 결정된다고 주장한다. 부유층에서 빈곤층으로 재분배가 과도하게 일어나면 열심히 일하고자 하는 의욕이 떨어지고 게으름이 조장되며 불공평하다고 생각한다. '좌파 오리'들은 자신을 연민과 빈자의 수호자로, '우파 토끼'들은 스스로를 야망과 혁신의 옹호자로 그려낸다.

이는 일종의 잘못된 이분법이다. 스스로 당당히 좌파 오리임을 인정하더라도 나는 개인의 야망과 집단의 연민을 '동시에' 중요하게 생각하며, 보상과 재분배를 모두 고려한 정책을 세울 수도 있다. 얼마나 열심히 일하는지는 개인의 의지에 따른 결정이라기보다는 통제할 수 없는 외부 요인에 따라 주로 결정된다고 나는 확신한다. 노력만이 유독 선택권이 거의 없는 다른 행동과 본질적으로 다르다고는 볼 수 없다. 유전자와 환경 그리고 이 둘 사이의 상호작용에 대해 깊이 이해할수록 자유의지가 비집고 들어갈 여지가 점점 줄어든다. 여기에 운까지 더해지면, 의지가 차지할 공간은 거의 남지 않는다. 따라서 사회에서의 위치는 '당신이' 결정하기보다는 이미 상당 부분 '당신에게' 주어져 있다.

하지만 실제로는 그렇지 않더라도 자신이 삶을 통제하고 있다고 믿으면 도움이 된다. 자유의지가 있다고 믿는 사람이 업무성과도 더 좋다고 알려져 있다.[10] 우리가 무엇을 하고 얼마나 열심히 일할지를 어느 정도 선택할 수 있다는 착각은, 아침에 일어나 하루를 시작하게 하는 원동력이 된다. '우리'가 자유의지를 지닌 것처럼 느끼면 개인에게는 유익할 수 있지만, '타인'이 전적으로 자기 의지에 따라 행동한다고 믿는 것은 대개 사회 정의에 해롭다. 열심히 노력하기만 하면 누구나 성공할 수 있다는 생각, 소위 자유민주주의 국가들이 내세우는 '아메리칸드림'은 현대 사회의 체계적 불평등을 의도적으로 외면한 결과다. 야망과 노력을 장려하는 동시에 불행과 고통이 가장 큰 곳으로 자원을 재분배하는 것은 충분히 가능하며, 모순된 일이 아니다.

빈곤층을 어떻게 도울지를 고민하는 것뿐만 아니라, 예컨대 매년 수천만 파운드를 벌어들이는 극소수 부유층을 어떻게 대해야 할지도 고민해야 한다. 기업가적 활동을 끌어내기 위해서는 분명 장려책이 필요하다. 최상위 부유층은 총소득의 35~40퍼센트를 세금으로 내고, 그중 다수는 자선활동을 위해 큰돈을 기부하기도 한다 (비록 소득 대비 기부 비율은 최하위 빈곤층이 더 높긴 하지만).[11] 그러나 최상위 부유층에게는 여전히 매년 수천만 파운드의 돈이 남으며, 그 돈은 공공서비스 비용으로 쓰일 수도 있다. 이 글을 쓰고 있는 현재, 일론 머스크Elon Musk는 560억 달러 규모의 급여 보상을 받게 되었다. 영국에서는 단 50개 가구가 전체 인구의 절반, 즉 3,300만 명보다 더 많은 부를 소유하고 있다. 만약 이 사실을 지금 알게 되었다면, 잠시 멈춰서 생각해보자. 정말 충격적이지 않은가?

최근 개인이 축적할 수 있는 부에 상한선을 두어야 한다는 의견이 제기되었다.[12] 이 주장에 대한 근거에는 돈이 많아질수록 부유함에서 얻는 행복이 빠르게 줄어들고, 부의 수준이 너무 높아지면 결국 그마저도 완전히 사라질 수 있다는 사실이 포함된다. 부에 상한선을 두면 남는 돈으로 사회 최하위 계층에게 훨씬 큰 행복을 선사할 수 있다. 내 생각에 부유세를 도입해야 하는 가장 설득력 있는 이유는 최상위 부유층이 정치에 행사하는 영향력을 제한하기 위해서이다. 예를 들어, 10억 파운드 이상의 부를 축적했을 경우 매우 높은 한계세율을 도입해볼 만하다. 2024년 「선데이 타임스」 부자 명단에 따르면, 이 세율을 도입할 경우 영국 내에서 165명만이 영향을 받는다.

부에 상한선을 두면 전 세계 최상위 부유층의 동기 수준이 떨어지고 혁신 의지가 꺾일 것이다. 어쩌면 다른 나라로 이주할지도 모른다. 그러나 훈장이나 상을 통해 명예를 부여하는 방식으로 추가적인 동기부여를 할 수 있고, 이는 돈을 더 많이 갖는 것보다 자존감과 행복에 훨씬 더 큰 보상이 될 수 있다. 또한 그들에게서 거둬들인 세금을 어디에 사용할지 함께 책임지고 논의하게 하는 방법도 있다. 부의 상한제가 가장 효과적으로 작동하는 방법은 여러 국가가 함께 합의하여 시행하는 것이다. 또한 영국의 국영 복권처럼 거둬들인 자원을 배분하는 비정부 기관을 만드는 것도 좋은 방법이다. 한 나라만이라도 먼저 첫걸음을 내디디면 경제적 불평등을 얼마나 중요하게 생각하는지를 보여줄 수 있다. 당신은 나라에서 부의 상한제를 시도하기를 바라는가? 경제적 불평등에 대한 나의 이런 좌파 오리적 가치관에 대해 어떻게 생각하는가? 그 가치관이 '나'에 대한 당신의 감정에 어떤 영향을 미쳤는가?

## 경제적 불평등에 대한 신념주의를 줄이기 위한 결합 포용하기

전반적으로 나는 경제적 불평등을 올바른 방향으로 해결하기 위한 실제 행동이 턱없이 부족하다고 생각한다. 여기에는 수많은 이유가 있지만, 사회에서 힘 있는 위치에 노동 계층 출신의 사람들이 부족하다는 점도 분명 어느 정도 영향을 미쳤을 것이다. 지난 수십 년간 영국 의회에서는 성별과 인종 다양성이 느리지만 확실하게 확대되고 있다. 그러나 동시에 사회 계층에 따른 '대표성 격차 representation gap'는 점점 심해지고 있다.[13] 노동 계층 대표성이 줄어들고 있다는 사실보다 더 우려되는 점은 언론의 무관심에서 볼 수 있듯, 이 문제에 관심을 갖는 사람이 거의 없다는 현실이다. 더욱 심각한 문제는 의회가 고등교육을 받은 사람들의 전유물이 되어야 한다는 암묵적 인식이 퍼져 있는 것처럼 보인다는 데 있다. 의회는 평범한 대중과 비슷하거나 학력이 더 높은 사람들로 구성되는 것이 당연히 여겨진다. 하지만 연구에 따르면 노동 계층 출신의 의원들이 빈곤 문제와 경제적 불평등을 해결하는 정책을 지지하는 경향이 두드러진다.[14]

인지적 다양성에 관한 논의에서 보았듯이, 효과적인 의사결정에서 중요한 것은 생각의 다양성이다. 그러나 일반 대중의 선호도와 상황, 제약을 제대로 이해하려면, 의회 역시 사회 내에 다양한 선호도와 상황, 제약을 최대한 대표할 수 있어야 한다. 이를 위해 의회는 성별과 인종뿐만 아니라 가능하다면 장애와 성적 지향성에서도 대표성을 갖추어야 한다. 그러나 무엇보다 다양한 사회 계층을 대표할 수 있어야 한다. 이 점을 강조하는 이유는, 다른 성별이나 인종으로 바꾸고 싶은 사람은 거의 없다고 여겨지는 반면, 노동 계층은 중산층이 되기를 바란다고 쉽게 단정하기 때문이다. 실제로 그런 열망을 품은 사람도 있겠지만 다수는 그렇게 생각하지 않기 때문에, 이러한 선호도를 제대로 반영할 수 있어야 한다. 물론 대다수 사람이 적절한 생활 수준을 유지하고, 사회에 기여하고 있음을 존중받고 싶어 한다. 그렇다고 해서 건설 노동자보다는 은행원이 되길 바란다는 의미는 아니다.

이는 단순히 국회만의 문제에 그치지 않는다. 모든 조직과 기관에는 모든 수준과 층위에 걸쳐 다양한 사람들의 결합이 필요하다. 노동 계층 청년들에게 진정한 롤모델이 되어줄 수 있는, 자신이 자라온 환경의 신념을 유지하며 고위직에 오른 인물들이 필요하다. 또한, 사회의 계층 차이를 더 잘 반영하는 집단이 필요한 이유는 단지 경제적 불평등을 해결하기 위해서만이 아니다. 증거를 두고 논쟁이 있긴 하지만, 노동 계층이 중산층보다 더 협력적이고 관대한 성향을 보여왔으며, 따라서 고위직에서 노동 계층의 신념과 행동을 더 공개적으로 나타내면 조직의 생산성과 사회 전체에 유익할 것이다.[15]

그렇다면 이를 어떻게 실행할 수 있을까? 나는 할당제라는 커다란 망치로 이 문제를 단숨에 해결하려는 생각에 반대한다. 특히 경제적 불평등 해결을 위한 의사결정 과정에 다양성을 더하기 위한 정교한 유도책이 필요하다. 다양한 의사결정 상황에서 사람들은 보통 투명성이 높을수록 좋은 결과를 얻는다. 누가 바람직한 행동을 하는지가 보이면 자원봉사와 자선활동이 늘어나고,[16] 누가 잘못된 행동을 하는지가 보이면 부정행위와 부패가 줄어든다.[17] 따라서 적어도 정당이 선거에 출마할 노동 계층 출신의 후보자 수를 공개하도록 요구해야 한다. 상장 기업들에도 조직의 각 직급별로 노동 계층 출신 지원자가 얼마나 유입되는지를 기록하고 공개하도록 요구할 수 있다.

기업이나 정책 결정에서 경제적 불평등 문제를 다룰 때는, 조직이나 사회 안에서 서로 다른 소득 계층의 목소리를 반영할 수 있는 시민이나 노동자 단체를 구성할 수 있다. 이 문제와 관련하여 집중적으로 활동하는 풀뿌리 운동이나 조직을 지원하여 의사결정하는 자리에서 노동 계층의 의견이 더 많이 반영되도록 노력할 수 있다. 기업도 이러한 단체와 파트너가 되어 노동 계층 출신들을 위한 리더십 프로그램을 개발하는 방법을 고려해볼 수 있다. 소셜미디어와 여타 플랫폼은 권력층 내에서 노동 계층임을 공개적으로 드러내는 인사가 부족하다는 사실에 대한 인식을 높이는 데 사용될 수 있다. 이 모든 행동은 노동 계층 사람들이 단순히 수행하는 직무 때문이 아니라 사회적 기대에 의해 정체성의 모든 측면에서 중산층이 되도록 '강요'받지 않을 때 일어날 가능성이 더 높고 효과도 클 것이다. 앞서 언급했듯이, 높은 지위의 직업을 얻은 노동 계층 사람들은 여전히 '적응하거나 떠나거나'라는 꽤 가혹한 선택 앞에 놓여 있다.

롭 헨더슨Rob Henderson은 최근에 '사치 신념luxury beliefs'이 지위를 상징하는 역할을 하며, 이는 '평범한' 사람들이 겪는 문제와 상류층이 얼마나 동떨어져 있는지를 보여준다고 주장했다.[18] 사치 신념의 예시로 극단적인 환경주의가 있다. 사회에서 가장 부유한 사람들은 버킨백 등으로 경제적 부유함을 더 미묘하게 과시하는 동시에, 평범한 사람들이 실천에 옮기기에는 '감당하기' 어려운 사치 신념을 통해 '도덕적' 부유함을 드러내려 한다. 사치 신념은 '엘리트 과 잉 생산'과 맞닿아 있을 수 있다. 엘리트 과잉 생산은 일자리 수에 비해 고등 교육을 받거나 스펙이 넘치는 사람이 많다는 현상을 의 미한다. 예를 들면, 대학 학위를 지닌 바리스타가 많다는 현실에서 이를 확인할 수 있다. 경제적 지위를 과시할 수 없는 사람에게 사치 신념은 자신의 우월성을 드러내는 또 다른 방식이다.[19]

물론 노동 계층에 속한 사람들이 모두 같다고 볼 수는 없다. 롭 헨더슨과 나는 여러 면에서 전혀 다른 환경에서 자랐지만, 둘 다 노 동 계층 출신이라는 공통점이 있다. 우리는 빈곤 문제를 다루는 방 법을 두고 내린 결론이 서로 상당히 다르다는 점에 관심을 두어왔 다. 하지만 불평등을 줄여야 한다는 데에는 깊이 공감했다. 물론 일 부 노동 계층 사람들은 추가적인 재분배를 반대하기도 하고 소득 세 감축을 주장하는 정당에 투표하기도 한다. 성공을 이룬 노동 계 층에 속한 사람 중 다수는 자신의 '노력'이 정당하게, 충분히 보상 받아야 한다는 이유로 추가적인 재분배를 반대한다. 여기에서 사람 들을 너무 동일한 성격을 지닌 집단으로 뭉뚱그린 면은 있지만, 핵 심 요지는 여전히 유효하다. 더 폭넓은 견해와 다양한 경험이 모이 면 논의가 풍부해진다. 만약 그 결과로 경제적 불평등 감소를 지지 하는 목소리가 줄어든다면, 결국 그 정당성을 더욱 설득력 있게 입 증해야 할 것이다.

## 이민

—

공정성에 관한 우려와 직결되는 또 하나의 논쟁적인 사안은 이민이다. 둘 중 하나만 선택해야 하는 양극화 사회에서는 이동의 자유를 옹호하는 '개방적인 오리' 입장을 선택하거나, 이주를 엄격하게 제한해야 한다고 생각하는 '제한적인 토끼' 입장이 되어야 한다. 오리의 관점에서는 경제가 잠재력만큼 빠르게 성장하지 못하고 있으며, 대량 이민 없이는 국가가 경제적·문화적으로 뒤처질지도 모른다고 우려할 것이다. 또한 인생의 기회를 찾아 영국을 선택한 이주민을 받아들여야 한다는 도덕적 의무감을 느낄지도 모른다. 반대로 토끼의 관점에서는 외국인 노동자에게 일자리를 뺏기고, 임금 수준이 낮아지며, 공공서비스 부담이 늘어난다고 우려할 수도 있다. 더불어 영국의 가치와 행동양식이 흐려질 수 있다는 불안을 느낄지도 모른다.

이민이나 다른 사안을 논의할 때는, 비록 그 증거가 거의 매번 논쟁의 대상이 될지라도 객관적인 증거에 호소하는 것이 바람직하다. 경제학자들은 영국으로 유입되는 이민자들이 경제 발전에 대단히 긍정적인 영향을 미친다는 데 대체로 동의한다.[20] 세수가 늘어나고 공공서비스에 투입할 수 있는 자원도 늘어난다. 하지만 낮은 숙련도만으로도 가능한 일부 경제 분야의 경우 이민자 유입으로 임금 수준이 제한될 수 있다.[21] 원칙적으로 이민과 세계화로 손해를 보는 측은 이익을 보는 측에게서 충분히 보상받을 수 '있어야' 한다. 하지만 보통 현실은 그렇지 않다. 그래서 이민으로 직업 전망이나 임금에 가장 크게 영향을 받는 저임금 노동자들이 경제적 불평등을 이유로 대규모 이민을 반대하는 것도 일견 타당한 면이 있다. 이러한 맥락에서 고학력·고소득층이 저학력·저소득층보다 이민에 더 우호적인 것은 당연하다.

경제적 효과 측면에서 이민은 효율과 형평의 상충관계를 보여주는 완벽한 사례라고 할 수 있으며, 따라서 이민의 경제적 효과도 이러한 관점에서 논의해야 한다. 일반적으로 투명성이 높아질수록 논의의 질이 높아지기 때문에, 이민의 유형과 수준에 따라 예상되는 영향을 소득 분위별(최하위부터 최상위까지 10%별)로 제시하고 논의하는 것이 바람직하다고 생각한다. 이렇게 하면 사회적 파급 효과가 가장 큰 분야에 이민을 집중시키고, 이민으로 발생하는 경제적 이익이 사회 전반에 더욱 공정하게 분배되도록 보장하는 정책을 만들어가는 데 도움이 될 것이다.

이민이 문화에 미치는 영향은 파악하기가 훨씬 더 어려워서, 그 결과 이에 대한 견해도 양극화된다. 이주자들은 문화를 다양하게 만들고 음식·음악·예술 경험을 풍성하게 하지만, 영국 특유의 유머 감각처럼 사회 구성원들을 하나로 묶어주는 일부 관습이나 문화에는 익숙하지 않을 수도 있다. 결국 이민자들이 사회에 얼마나 잘 통합되는지, 아니면 서로 분리된 채 살아가게 되는지에 따라 많은 것이 결정된다. 자신을 진보적 자유주의자라고 생각하는 사람들은 보통 다문화 사회를 꿈꾼다. 그러나 다른 나라에서 온 사람들은 보통 넓은 주류 사회와 거리를 두는 경향이 있다.[22] 앞서 길게 논의했듯이, 중요한 면에서 자신과 비슷한 사람과 어울리고 싶어 하는 것은 인간의 자연스러운 본성이다.

우리를 양극단으로 갈라치는 모든 사안이 그렇듯, 상황의 복잡함을 놓친 채 관점이 다른 사람들의 입장을 안이하게 생각하기 쉽다. 예를 들어, 런던 이스트엔드의 백인 노동 계층이 방글라데시로부터의 이민에 대해 당혹감을 표했을 때, 일부 진보적 자유주의자들은 그들을 '인종차별주의자'라고 낙인찍었다. 물론 어떤 사람들은 정말로 인종차별주의자일 수 있다. 하지만 공공주택 배정 시 특정 가족이 그 지역에 얼마나 오래 살았는지가 충분히 고려되지 않고 있다는 구체적인 우려에는 본질적으로 인종차별적인 요소가 전혀 없었다. 공공주택이 주로 가족 구성원 수에 따라 배정되면, 대가족인 방글라데시인 가정은 그 지역에서 수 세대 동안 살아온 백인 노동 계층 가정을 제치고 우선순위를 차지하게 될 수도 있었다. 이스트엔드에서 여러 세대에 걸쳐 살아온 사람으로서, 나는 해당 지역 거주 기간을 공공주택 배정에서 중요한 요소로 고려하는 것이 공정하다고 생각한다.[23]

사실 나는 모든 사안에 접근할 때 공정성을 고려하며, 이 태도는 이민 문제에 있어서도 마찬가지다. 이러한 관점으로 접근한다면, 현재보다 훨씬 더 합의에 이르기 쉬워지고, 신념주의도 분명 줄어들 거라고 생각한다. 우리 대부분은 사회에 순수하게 기여만 할 사람의 이민을 받아들이는 것이 공정하다고 생각할 것이다. 대신 이민으로 손해를 본 사람들에게 영국으로 유입된 이민자가 만들어내는 경제적 이익으로 보상하는 것이 공정하다는 생각에도 보통 동의할 것이다. 이민자들에게 빠르게 영어를 배우고, 영국 법과 관습을 충실히 따르며, 영국 사회와 문화에 잘 적응하라고 요구하는 것도 적절하다고 생각할 것이다. 게다가 이민자들이 영국 문화에 크게 이바지한다는 점에도 이견이 없을 것이다.

이 모든 의견은 특별히 논쟁거리가 아니며, 그래서도 안 된다고 생각한다. 그러나 이민에 관한 논쟁에서 오리 측과 토끼 측 모두, 이민을 옹호하는 사람과 이민에 관해 정당한 우려를 표하는 사람에게 혐오와 경시를 담은 언어를 사용하는 모습을 보인다. 논쟁에서는 수사적 표현을 배제해야 한다. 하지만 만약 오리와 토끼 중에 반드시 하나를 선택해야 한다면 나는 개방적인 오리보다 제한적인 토끼를 선택할 것이다. 이 선택을 두고 당신은 나에 대해 어떤 감정을 느끼는가? 만약 내가 한쪽을 선택해야 한다면, 현재 우리가 처한 상황을 고려하여 그렇게 선택할 것이다. 20여 년 전에는 백인이 아닌 영국인이 전체 인구의 10%도 채 되지 않았다. 현재는 영국인 다섯명 중 한 명이 유색인종이며 그 수는 증가하고 있다.[24] 비교적 짧은 기간에 이렇게 급속도로 유색인종의 수가 늘어난 것 자체는 문제가 아니다. 다만 이제 영국 일부 지역에서는 영어가 제2의 언어가 되었다. 이렇게 되면 집단 사이에 이성적인 대화와 농담이나 소소한 대화가 불가능해진다.

지난 20여 년 동안 다양성을 최우선 가치로 삼았기에, 이제는 한동안 포용(질적인 통합)을 우선할 시간이 되었다고 생각한다. 당연히 우선순위는 시간이 흐르면서 변한다. 정치적 흐름이 바뀌는 이유도 있지만, 주로 상황 변화에 따라 우선순위도 바뀐다. 한 가지 분명한 점은 정치인들이 자기 공약을 훨씬 더 적극적으로 이행해야 한다는 점이다. 몇 정부를 거치는 동안 연속해서 이민자 수가 예상보다 훨씬 높게 증가했으며, 지난 20여 년간 어떤 정부도 그들의 말과는 달리 이민자 수를 줄이지 못했다.[25] 이제 유럽은 물론이고 미국에서도 저임금 노동력에 대한 의존성을 줄이고 대신 숙련도 높은 이민자에 집중하는, 투명하고 효과적인 이민 정책으로의 전환이 필요하다. 이는 지난 10여 년에 걸쳐 더욱 뚜렷해진 우익 포퓰리즘의 부상에 대응하는 가장 효과적인 방법이다.

포용에 상대적으로 더 비중을 두기로 했다면, 매우 중요한 한 가지 변화를 마주해야 한다. 바로 급격한 출산율 하락이다. 인구 안정을 위한 적정 출산율은 2.1명이다. 그리나 현재 영국의 평균 출산율은 1.5명이고 이마저도 하락하고 있다. 이는 은퇴 인구 대비 노동 인구 비율이 하락하고 있으며, 결과적으로 노동 인구의 부양 부담이 어느 때보다 높아지고 있음을 의미한다. 이 문제를 해결하기 위한 한 가지 방법은 사하라 남부 아프리카 국가 등 출산율이 훨씬 높은 국가에서 이민자를 유입하는 것이다. 어느 정도 이민이 필요하다는 점은 분명하므로 포용을 강조하려면 균형의 문제를 반드시 해결해야 한다. 최근 이민자의 유입 속도 때문에 발생한 여러 어려움이 있기는 하지만, 다행히 오랜 시간 이민 문제를 다뤄온 영국의 자랑스러운 역사는 여기에서도 빛을 발할 것이다.

하지만 이민에 대한 의존도를 제한하려면, 복지 제도를 대대적으로 개편하여 노동 연령 인구가 짊어진 부담을 줄여주어야 한다. 여기에는 은퇴 연령을 높이는 방안도 포함되어야 한다. 1908년 영국에 70세 이상을 대상으로 '노령 연금'이 처음 도입되었을 당시, 평균 예상 수명이 50세 전후였음을 생각해볼 필요가 있다. 내 생각에 정년을 대폭 상향하는 것은, 출산율 저하에 대응하는 방안으로서 대규모 이민을 받아들이는 것만큼이나 훌륭한 정책적 선택지이다. 더 오래 일한다면 현재 많은 사람이 그렇듯, 은퇴할 날짜만 세며 시간을 보내기보다는 자신의 직업이 더 의미 있게 느껴지기를 바라는 노동자들의 요구가 커질 것이다. 사실 정작 은퇴하면 예상했던 것만큼 즐겁지 않은 경우도 많다. 어쩌면 이 생각에 동의하지 않을지도 모르지만, 쉬운 선택은 없다. 따라서 우리가 바라는 사회의 기반이 될 근본적인 가치를 명확히 끌어낼 필요가 있다.

## 이민에 대한 신념주의를 줄이기 위한 환경과 유대 포용하기

윤리적으로 볼 때, 이민 문제의 많은 부분은 우리가 우선순위를 두는 '내집단'과 '외집단'을 어떻게 정의하느냐에 달려 있다. 지구상 모든 사람을 내집단이라고 생각하고 외집단이 존재하지 않는다면, 이민자의 복지는 자국민의 복지와 완전히 동등해야 한다. 이 말은 결국 이민자들의 소득 수준이 보통 더 낮으므로 대량 이민이 윤리적으로 훨씬 더 매력적인 대안이 된다는 뜻이다. 그러나 우리는 지리적·정치적 국경으로 나뉜 민족 국가로 이루어진 세계에 살고 있다. 민주주의 국가든 독재 국가든, 선출된 정치인이든 선출되지 않은 정치인이든, 그들의 주요 관심사는 자국민이다. 국회의원인 정치인은 자신의 지역구민을 우선시하지만, 장관인 정치인은 국민 전체를 염두에 둬야 한다. 한 국가의 정치인은 자국민을 우선할 수 있지만, 국제 원조 기구에서 근무하는 사람은 전 세계 고통받는 이들에게 관심을 가져야 한다.

따라서 우리 관점이 얼마나 편향되었는지 또는 편향되지 않았는지는 우리가 활동하는 환경 안에서 맡은 구체적인 역할에 따라 결정된다. 부모로서 내 자식을 최우선으로 생각하는 것은 정당한 일이지만, 만약 내가 스포츠팀 코치를 맡고 있다면 내 아이라 할지라도 다른 팀원들과 똑같이 대해야 한다. 나는 전 세계 다른 지역의 빈곤층에 깊은 관심이 있으며, 그들을 돕기 위해 현재보다 더 많은 노력을 기울여야 한다고 생각한다. 하지만 영국 국민으로서 영국

내 가난한 사람에게 더 마음이 간다. 그러므로 어떤 상황에서든, 특히 이민 문제에 있어서 신념주의와 그 파급 효과를 줄일 수 있는 한 가지 방법은 의사결정을 할 때 다양한 관점을 고려하는 것이다.

이는 앞서 논의한 관점 선택하기와 비슷하며, 건설적인 프레임 기법이 양극화를 줄일 수 있음을 보여준다.[26] 이 과정에서 적극적 경청이 대단히 중요한 단계임을 기억하자. 이민 문제를 둘러싼 다양한 관점과 그 복잡성을 완전히 이해해야 한다. 사안의 복잡성을 고려할 때, 겸손과 호기심은 이민 문제에 접근하는 방식 그리고 특히 다양성과 포용 사이의 까다로운 균형을 고민할 때 필수적인 요소다. 조용한 카페에서 시간을 보내거나 자연에서 평화롭게 산책하는 등 '까다로운' 논의를 고민해볼 개인적 공간을 마련하는 것도 좋은 방법이다. 사안의 전반적인 프레임은 대중이 문제를 인식하는 방법에 결정적인 역할을 하며, 특히 이민 문제에서는 그 역할이 두드러진다.[27] 앞서 논의한 대로, 이민 문제는 경제 전반과 출산율 및 인구 대체율이 미치는 영향에 더해 이민 속도가 문화에 미치는 결과를 함께 고려하여 접근해야 한다.

새로운 이민자와 기존 이민자 사이를 갈라놓기보다는(사실 우리는 모두 한때 이민자였다),[28] 모든 차이를 넘어서는 공동의 희망과 목표, 삶의 경험을 강조하는 방안을 찾아야 한다. 이렇게 접근하면 유대감을 경험하여 서로 다른 신념을 자유롭게 드러낼 수 있다. 이를 위해 다양한 배경을 지닌 사람들이 모이는 지역 단체나 활동에 참여하는 방법이 있다. 스포츠팀, 독서 모임, 합창단, 지역 봉사 단체에 참가하거나, 카페나 바에서 훨씬 더 비공식적으로 교류할 수도 있다. 스포츠와 음악에 관한 대화는 유대감을 형성하는 훌륭한 방법이다. 나 역시 오랫동안 마음고생한 웨스트햄 팬으로서, 대화 중간에 자기비하적인 유머를 던졌을 때 이런 유머가 장벽을 허물고 유대감을 형성하는 데 효과적이라는 사실을 확인했다.

기업은 신념주의의 원인이 되는 요인을 파악하고 완화하기 위해 물리적·문화적 환경을 점검해야 한다. 채용 및 승진 기준과 같은 조직의 위계 구조와 관행을 재평가하면 특정 집단에 불이익을 주는 암묵적 편견을 확인하고 바로잡을 수 있다. 기업은 신규 이민자를 포함한 다양한 직원들이 조직 안에서 유대감을 형성하도록 지원해야 한다. 또는 직원들이 개인적인 이야기를 나누고 공통점을 발견할 수 있는 대화의 장을 마련하는 것도 도움이 된다. 예를 들어, 안전하고 존중받는 환경에서 직원들이 자신의 배경과 개인적인 이야기를 나눌 수 있도록 정기적인 팀워크 강화 프로그램을 구성할 수 있다. 갈등이 발생하는 상황에서는 갈등 해결 능력을 갖춘 중립적 중재자를 도입하는 것도 도움이 된다. 이 중재자는 '하지만' 대신 '그리고'의 같은 포용적 인어를 사용해 논생적 문제를 재구성하고, 다양한 관점을 인정하며, 공동의 목표와 야망을 다시 떠올리도록 할 수 있다.

정부가 계획적으로 신념주의를 줄일 방법은 다양하다. 이민자와 시민이 가족을 위해 공통으로 품고 있는 꿈을 부각하는 교육 프로그램을 시행할 수 있고, 이민자와 지역 주민이 지역사회를 위한 프로젝트나 대의를 위해 협업하는 활동을 지원할 수도 있다. 국가를 구성하는 다양한 전통을 기념하는 문화 교류 행사를 지원하는 것도 방법일 수 있다. 나아가 정책 업무에만 집중하는 것이 아니라, 정책 입안자들 간의 대인 관계와 상호 이해 증진을 위해 설계된 활동이 포함된 부처 간 정기 워크숍을 조직할 수도 있다. 여기에는 이민 정책의 가상 시나리오를 공동으로 해결하는 '협력적 과제 수행'이 포함될 수 있으며, 이를 통해 일체감과 공동의 목표의식을 키울 수 있다. 결정적으로, 정치인들은 이민 문제를 논의할 때 자신들이 사용하는 언어에 대해 항상 기민하게 깨어 있어야 한다.

## 기후 변화

—

기후 변화는 신념주의를 보여주는 또 다른 강력한 사례다. 이 문제를 다룰 때는 단순히 특정 시점에서 서로 다른 사람들의 삶 전체를 비교하는 것을 넘어, 세대 전반에 걸친 복지를 고려해야 한다. 우리는 대부분 전 세계가 인간이 초래한 기후 변화로 심각한 문제를 마주하고 있다는 점은 인정하지만, 이를 해결하기 위해 어디까지 감수할 용기가 있는지, 그 과정에서 인간의 복지를 위한 다른 목표 중 무엇과 기꺼이 맞바꿀 것인지에 대해서는 상당한 의견 차이가 있다. 현재 가장 신뢰할 만한 추정치에 따르면 기온이 1도 상승하면 전 세계 GDP의 약 2~12%가 감소할 수 있다. 모든 방법론이 중대한 도전에 직면해 있고, 기후 변화 비용을 정확하게 예측하기에는 불확실한 매개변수와 누락된 변수가 너무 많지만, 기후 변화가 초기에 예상했던 것보다 훨씬 더 큰 비용을 수반한다는 데에는 광범위한 합의가 존재한다.[29]

논쟁의 핵심은 결국 '완화' 정책과 '적응' 정책 중 하나를 어느 조건에서, 어떤 정도까지 채택하는가에 있다. '완화를 주장하는 오리' 측은 기후 변화의 원인을 해결하고 생태계가 적응할 수 있는 시간을 벌기 위해 이산화탄소 배출을 제한해야 한다고 본다. 재생 에너지 활용이 대표적인 예다. '적응을 주장하는 토끼' 측은 기후 변화의 폐해에 대한 취약성을 줄여 변화에 적응해야 한다고 주장한다. 그 예로 홍수 방어 시설을 구축하거나, 가뭄에 강한 작물을 개발하여 식량 공급을 안정시키고, 폭염에 더 잘 대응할 수 있도록 도시 지역을 재설계하는 방안이 있다. 기후 변화에 대처하기 위한 합리적이고 지속 가능한 모든 시도는 두 가지 접근 방식을 모두 활용해야 한다. 우리는 새로운 기술을 개발하여 기후 변화 속도를 늦추는 동시에, 기후 변화의 결과에 대응할 준비를 할 수 있다. 원자력 에너지를 지지하는 입장도 완화 또는 적응이라는 두 관점 모두에서 정당화될 수 있다.

대체로 완화 정책에 투입되는 자원을 동시에 적응 정책에 투입할 수는 없기에, 논쟁은 기후 변화를 가능한 한 빨리 멈추려는 오리 측과 좀 더 서서히 줄이려는 토끼 측으로 양극화되었다. 영국에서 오리 측을 가장 잘 대변하는 단체는 아마도 저스트 스톱 오일Just Stop Oil, JSO•일 것이다. JSO의 목표는 화석연료 신규 허가 및 생산을 중단하는 것이다. 그래서 비폭력적 시민 불복종을 통해 관심을 끌어 정부를 설득하고자 한다. 나는 그런 JSO의 입장에 상당히 공감한다. 화석연료 허가는 예측보다 훨씬 저렴해지고 있는 재생 에너지로 전환하려는 유인 노력을 무력하게 한다. 게다가 앞서 정책 결정과 인간 행동에 이야기가 얼마나 큰 영향을 미치는지 확인했듯이, 화석연료를 허가하면 개인과 기관에 기후 변화 대응 행동이 시급하지 않다는 인상을 줄 수 있다. 또한 개발도상국에도 화석연료 채굴 속도를 늦춰야 한다는 바람직한 신호를 보내지 못하게 된다.

나는 JSO의 야망에는 공감하지만, 그들의 행동에는 훨씬 덜 공감한다. 혼란을 일으키는 것이 점점 시위의 부수적 결과라기보다는 활동의 주된 목적이 되어가고 있기 때문이다. 이 둘은 도덕적으로 중요한 차이가 있으며, 이러한 행동이 정당한지에 대한 판단은 시위가 정부 정책에 어떤 영향을 미칠 것이라고 보는지에 따라 크게 달라질 것이다. 종합해서 말하자면, 사람들이 목적보다 행동에

• 　　영국 정부의 석유 사용 금지를 목표로 시민 저항 운동을 벌이는 환경단체

집중하면 오히려 역효과가 생긴다. 2024년 7월, 영국 주요 교통로에서 혼란을 일으킬 계획을 세웠던 JSO 시위자 다섯 명에게 내려진 가혹한 형량은 실제로 역효과가 일어나고 있음을 보여준다. 기후 변화에 대한 신념에 따라 그 형량이 적절한지를 두고 논쟁이 양극화되는 모습을 지켜보는 것은 흥미로운 경험이었다. 원칙적으로 이 두 문제는 별개다. 시위의 공식 목적을 떠나, 혼란을 일으키려는 행위는 표현의 자유 범위를 넘어서며 처벌 대상이라고 생각하지만, 5년 형이라는 형량은 지나치다고 생각한다.

JSO 활동에 문제점이 있기는 하지만 시위 단체와 옹호 활동은 개인의 행동 변화보다 기후 변화 억제에 더 효과적일 수 있다.[30] 이런 집단적 행동은 수많은 사람이 소비 행동을 바꾸는 것보다 훨씬 더 강력하게 정부 정책을 바꿀 수 있는 잠재력을 지녔다. 물론 집단행동과 개인 행동이 상호 배타적이지는 않지만, '허용적 파급 효과permitting spillovers'가 작동하면 상충할 수 있다. 허용적 파급 효과는 한 가지 '선한' 행동을 하면 또 다른 '선한' 행동은 하지 않아도 된다고 밀어내는 현상을 말한다. 예를 들어, 재활용을 하면서 환경을 위해 노력하고 있다고 생각하면 이미 자기 몫을 했으므로 옹호 활동에는 참여하지 않아도 된다고 스스로 정당화할 수 있다. 허용적 파급 효과가 넘쳐나고 있는데도, 더 많이 논의되지 않았다는 점이 의아하다.[31]

국제적 차원에서는 허용적 파급 효과가 적용될 가능성이 낮다.

영국이 이산화탄소 배출량을 줄이기 위해 노력한다고 해서 다른 국가들이 행동에 동참하도록 설득하는 노력이 줄어드는 것은 아니다. 사실 정반대다. 우리가 우리 몫을 다하면, 다른 국가들도 동참하도록 활동을 '유도'하게 될 것이다. 물론 영국이 전 세계 이산화탄소 배출량의 1%도 차지하지 않는다는 점도 사실이다. 따라서 우리가 활용할 수 있는 가장 효과적인 전략은 다른 국가들의 행동 가능성을 높이는 것이다. 그리고 '아, 우리는 전 세계 이산화탄소 배출량에서 차지하는 비중이 아주 작으니, 우리가 무엇을 하든 무슨 상관인가?'라고 느긋하게 생각하기보다는 우리 몫을 다하여 다른 국가들의 행동 가능성을 높일 수 있다. 기후 변화는 집단행동의 문제이며, 영국을 비롯하여 역사적으로 이산화탄소를 많이 배출하고 가장 큰 혜택을 본 국가들이 주도하는 전 세계적인 행동이 필요하다.

궁극적으로, 기후 변화도 다른 문제와 마찬가지로 다양한 상충 관계를 조율해야 하는 문제다. 사실상 상충관계는 현재를 살아가는 사람들의 복지와 앞으로 태어날 사람들의 복지 사이에서 발생한다. 물론 이 문제가 그리 단순하지 않다는 점은 인정한다. 오늘날 인간 복지와 분배를 어떻게 하느냐는 미래에 우리가 마주하게 될 상충관계에도 영향을 미칠 것이며, 결정적으로 기후 변화는 다른 대부분의 현상과 마찬가지로 가장 가난한 사람들에게 가장 큰 영향을 미칠 것이다. 그럼에도 내가 지금까지 주장해왔듯이, 때로는 문제를 근본적인 상충관계로 단순화하면 대응하기 쉬워지고 양극화도 줄

 | 3부 무엇을 선택하고 어떻게 함께할 것인가

어들 수 있다. 보통 사람들은 미래의 가난한 사람들보다 현재 가난한 사람들에게 더 큰 관심을 둔다. 당연한 일이다. 기후 변화의 영향과 그 피해를 줄이기 위한 모든 정책은 이미 살아가고 있는 사람을 우선으로 고려해야 한다.

모든 것을 고려해보면, 나는 적응을 주장하는 토끼 측이다. 이런 내 입장이 당신을 놀라게 하거나 짜증 나게 하거나 아니면 기쁘게 하는가? 어쩌면 내가 무슨 생각을 하든 당신은 관심이 없을지도 모른다. 정의라는 원칙에서 바라볼 때, 나는 오늘날 가장 가난한 사람들이 아직 태어나지도 않은 미래의 가상 인물을 위해 과도한 희생을 요구받아서는 안 된다고 주장한다. 말 그대로, 내일은 아직 오지 않은 날이지만, 오늘의 고통은 현실이고 실질적이기 때문이다. 만약 그 결과로 세계 인구가 줄어야 한다면, 그렇게 되도록 내버려둬야 한다.[32] 실제로 인구가 감소하면 1인당 자원 소비가 줄어 기후 변화에 더 효과적으로 적응할 수 있으며,[33] 생태계 부담 완화와 자원 가용성 개선을 통해 전반적인 삶의 질이 향상된다는 연구 결과가 이 주장을 뒷받침한다. 우리에게는 예상되는 피해보다 현재의 고통을 해결해야 하는 더 큰 도덕적 의무가 있다.[34] 기후 변화는 현재 세대에 점점 더 많은 영향을 미치고 있기에, 그 피해에 대응히는 것이 도덕적 의무다. 그런데 이 의무는 주로 적응 중심의 정책으로 이어진다.

세대 간 할인율은 기후 정책, 인프라 투자, 환경 보존 활동과 같이 미래 세대에 영향을 미치는 의사결정을 형성하는 공공 정책 분석의 핵심 요소이다. 이 할인율은 현재 의사결정자가 미래 이익과 비용을 어떻게 평가하는지를 수치화한다. 세대 간 할인율에 관한 실증 연구들은 다양한 여론과 전문가의 의견을 반영하여 여러 수치를 제시해왔다. 예를 들어, 기후 변화 경제학에 관한 '스턴 보고서 Stern Review'에서는 할인율이 0%에 가깝다고 주장했는데, 이는 미래 세대에 큰 비중을 둔다는 의미다.[35] 이에 반해 좀 더 전통적인 경제학적 접근법에서는 시장 금리와 시간 선호 데이터를 근거로 할인율을 보통 3~5%로 제시하며, 현재의 이익에 더 큰 비중을 두고 있음을 보여준다. 여기서 까다로운 과제는 미래 세대를 고려해야 한다는 윤리적 책임과 현재 사회의 필요를 반영한 현실적 고려 사이에서 균형을 맞추는 데 있다.

나는 총 행복이나 총 고통을 기준으로 한 공리주의가 늘 조금 이상하다고 생각해왔다. 인생이 대체로 살 만한 가치가 있다고 가정하면, 공리주의 관점은 인구 증가가 좋은 일이라는 결론으로 이어진다. 나는 그보다는 평균적인 삶의 질에 초점을 맞추는 편이 훨씬 낫다고 생각한다. 새로 태어날 사람들이 이미 살아가고 있는 사람들보다 평균적으로 더 나은 삶을 살 수 있을 때만 인구 증가가 바람직하다는 뜻이다. 기후 변화는 이미 많은 곳을 살기에 매우 불편한 곳으로 만들고 있다. 그렇다면 일부 국가에서 인구가 줄어드는 상황도 받아들여야 한다고 생각한다. 그렇다면 앞서 이민 문제에 관한 논의에서 언급했듯이, 출생률이 최소한 사망률과 같아야 젊은 사람들이 경제 성장을 이끌고 노인들을 부양할 수 있다는 전제를 기반으로 한 현재 경제 모델과 복지 제도에 근본적인 검토가 필요하다. 따라서 인구 규모를 늘리는 것보다 은퇴 연령을 크게 높이는 것이 다시 한번 훨씬 나은 대안으로 보인다. 이 생각에 동의하는가? 동의하지 않더라도 나를 미워하지 않기를 바란다.

## 기후 변화에 대한 신념주의를 줄이기 위한 이성적 사고 포용하기

여전히 인간이 초래한 기후 변화를 부정하는 사람들이 있지만, 점점 그 수가 줄어들어 영향력을 잃고 있는 소수만을 대변할 뿐이다. 우리 행동이 지구 온난화를 가속하고 있다는 증거는 더욱 설득력을 얻고 있으며 널리 받아들여지고 있다. 이런 현상은 이성이 때로는 느리지만 결국에는 이긴다는 사실을 보여준다. 앞서 우리는 배심원단이나 시민 의회가 사안에 대한 신중하고 증거를 기반으로 한 숙의에 시민들을 참여시키는 한 가지 방법임을 살펴보았다. 현재 세대와 미래 세대의 요구 사이에서 균형을 맞추는 방법을 고민하는 과정에서 우리는 숙의적 접근법을 더 많이 활용해야 한다. '정부를 갖춘' 대중은 기후 변화가 직면한 도전 과제를 더 많은 대중에게 전달하기에 이상적인 전달자가 될 것이다.

실제로 2020년 영국에서는 기후 변화를 논의하고 정부에 권고안을 제시하기 위한 시민기후의회CA가 개최되었다.[36] 의회는 총

108명으로 나이, 성별, 인종, 교육 수준, 영국 내 거주 지역, 도시 또는 농촌 거주 여부 그리고 기후 변화에 관한 관심 수준 측면에서 영국 인구를 대표하도록 구성되었다. 전반적으로 CA는 대다수가 상식적이라고 여길 만한 결론에 도달했으며, 본질적으로 기후 변화 문제에서 완화를 주장하는 오리 측과 적응을 주장하는 토끼 측을 모두 인식했다. CA는 완화와 적응을 동시에 추진하고자 했으며, 권고안에서는 빈곤층이 떠안게 될 부담을 경고했다. 예를 들어, 의회 구성원들은 자동차 사용을 크게 줄이기보다는 전기차로 전환하고 대중교통을 개선하는 쪽에 중점을 두어 여행과 생활 방식에 미치는 제한을 최소화하는 미래를 권고했다.

많은 환경운동가는 CA에 실질적인 의사결정 권한이 없다는 점을 강하게 비판했다. 그러나 시민 의회는 자문 기구로서 중요한 기능을 수행할 수 있지만, 의사결정을 내릴 정당성을 갖기는 어렵다. 또한 영국이 2050년 탄소중립 목표를 더 앞당겨야 하는지를 CA의 검토 대상에 넣지 않았다는 점에 대한 비판도 제기되었다. 이 지적은 어느 정도 타당하지만, 기후 변화 대응과 다른 경제적 과제 해결 사이의 상충관계가 수반되는 그 어떤 결론에 대해서도 비판적이었을 것이다. 물론 다양한 방안의 비용과 이익을 제시하며 논리적으로 입장을 제시하는 환경운동가도 많지만, 기후 변화 대응만이 '유일하게' 중요한 문제인 것처럼 글을 쓰는 사람들도 있다.[37]

이성의 역할과 관련하여 한 가지 확실한 점은, 기후 변화에 관한 정보 전달 방식이 더욱 세밀해져야 하며, 그래야 대응 방식도 정교해질 수 있다는 것이다. 기후 과학자 패트릭 T. 브라운Patrick T. Brown은 산불이 일어나는 유일한 원인을 기후 변화로 보는 주장이 지나치게 강조되다 보니, 산림 관리 등 다른 중요한 요인을 가리고 있다고 주장한다.[38] 그는 「네이처」와 같은 권위 있는 학술지도 기후 변화의 영향에 관한 기존의 지배적인 견해와 부합하는 이야기만을 선호한다며 비판한다. 그는 연구자들이 영향력 있는 학술지에 논문을 게재해야 한다는 부담을 느끼는 데서 이러한 경향이 비롯되며, 결국 연구 내용이 학술지 편집자와 검토 위원의 기대에 맞게 작성되면서 집단 사고가 고개를 들게 된다고 지적한다. 브라운은 적응 전략을 포함한 기후 변화에 대한 더욱 균형 잡힌 논의를 주장한다. 그의 견해에 대한 논란이 없지는 않지만,[39] 다양한 의견을 통합할 수 있는 합법적인 제도와 절차가 필요하다는 점을 일깨워준다.

기후 변화와 관련한 의사결정은 선입견이나 입증되지 않은 증거에 의존하기보다, 반드시 확실한 데이터와 측정할 수 있는 영향을 바탕으로 해야 한다. 이를 위해 환경 영향에 대한 포괄적이고 수준 높은 데이터를 수집한 후 시민, 기업, 정책 입안자를 포함한 모든 이해관계자가 접근하고 이해할 수 있도록 제공해야 한다. 기후 문제를 더 깊이 이해하고 이에 비판적으로 참여하기 위해, 각 개인은 다양한 매체를 통해 스스로 학습할 수 있다. 책을 읽거나, 다큐멘터리를 시청하며, 기후 변화 대응에 관한 다양한 관점을 제시하는 사상가들의 생각을 알아보는 것도 우리의 이해를 돕는다. 특히 반대 의견을 지닌 사람들과 토론하거나 논의에 참여하는 것도 기후 문제의 복잡성을 이해하고 자기 견해를 다듬는 중요한 방법이다.

다른 분야와 마찬가지로, 이러한 노력에서는 투명성이 매우 중요하다. 예를 들어, 기업들이 자사의 환경 발자국을 일반 대중이 쉽게 이해할 수 있는 형식으로 공개하도록 요구하는 규제를 시행할 수 있다. 또한 환경 데이터 수집과 분석에 도움을 주는 도구를 제공할 수 있다. 여기에는 기후 문제에 대한 여론조사 템플릿, 환경 영향과 관련한 인구통계 데이터 수집 방법, 다양한 기후 정책의 실질적 결과를 보여주는 사례 연구 등이 포함될 수 있다. 개인과 조직이 정보에 기반하여 의사결정할 수 있도록 정부 기관은 직원들을 상대로 증거 기반 의사결정 능력을 높이는 교육 프로그램을 개발할 수 있다. 이 프로그램에는 비판적 사고와 다양한 출처의 데이터를 평가하는 방법 등이 포함된다.

# 17장

# 동의하지 않을 권리

## 표현의 자유

—

어떤 사람들(편의상 '허용하는 오리'라고 부르자)은 표현의 자유를 권리로 여긴다. 나도 그런 오리 중 하나다. 나는 경제적 불평등 문제에서 한쪽 편을 고르는 것만큼이나 이 문제에서 입장을 정하는 것이 매우 쉽다고 느낀다. 하지만 권리에는 책임이 따른다. 내표적인 예로, 만약 내가 사람이 많은 공간에서 "불이야!" 하고 외쳐 사람들이 공포에 질려 출구로 몰려 다치는 일이 발생하면 나는 법적·사회적 문제에 휘말릴 것이다. 다른 여러 문제에서와 마찬가지로, 권리를 지키는 것과 권리를 행사할 때 발생하는 피해를 경계하는 것 사이에서 균형을 잡기란 어려운 일이다. 신체적 피해를 초래하는 발언은 지난 수십 년간 불법이었다.[40] 대다수는 이러한 경우가 표현의 자유를 제한할 수 있는 정당한 근거가 된다고 생각할 것이다.

나는 적어도 정치적으로는 냉전 시대였던 1980년대에 성장했는데, 당시 동유럽 '철의 장막' 뒤에 살던 사람들은 말과 행동에 심한 제약을 받았다. 아마도 이런 환경에서 자라다 보니 표현의 자유를 소중히 여기고 지켜야 할 가치라고 생각하게 된 것 같다. 나는 또한 국민 전선National Front과 영국국민당BNP이 이민을 반대하고 영국을 백인 사회로 유지하자(대체 그게 무슨 뜻인지 모르겠지만)는 시위를 벌이던 시절을 겪으며 자랐다. 1980년대는 말할 것도 없고, 불과 20년 전만 해도 인종차별적 견해의 공개적 표현이 지금보다 훨씬 용인되는 분위기였다. 나는 인종차별주의자들의 주장이 비난보다는 공개적 폭로를 통해 무너지는 모습을 목격했다. 아마 많은 사람이 당시 BNP 리더였던 닉 그리핀Nick Griffin이 TV 프로그램 〈퀘스천 타임Question Time〉에 출연했던 장면을 기억할 것이다.[41] 그의 주장은 완전히 무너졌고, 다행히 이후 BNP는 사실상 회복하지 못했다.

지난 10년간 영국에서는 심리적 피해를 유발하는 '혐오 발언'이 형사 처벌 대상이었다. 현재 인종, 종교, 장애, 성적 지향 또는 트랜스젠더 정체성을 이유로 적대감을 보이면 혐오 범죄로 간주한다. 영국의 상황이 낯설더라도, 이 법이 개념 정의와 맥락을 해석하는 역할 측면에서 문제점을 안고 있음을 알 수 있을 것이다. 적대감이라는 개념에는 법적 정의가 없어서, 영국 검찰청은 '악의, 원한, 경멸, 편견, 불친절, 적대감, 분노, 혐오 등을 포함하는 단어의 통상적인 의미'에 따라 판단한다. 이 정의가 얼마나 광범위하고 해석의 여지가 큰지 알 수 있다. 혐오 범죄로 체포된 사례 중에는 어이없다고 할 수밖에 없는 경우도 분명히 있었다. 예를 들어, 한 16세 자폐 소녀가 경찰관을 보고 '레즈비언인 우리 할머니를 닮았다'고 말했다는 이유로 (실제로 그 소녀의 할머니는 레즈비언이다) 동성애 혐오 혐의로 체포된 경우가 있었다.[42]

표현의 자유에 대한 제약은 상당히 교묘할 수 있어서 개인의 인식이 중요하다. 영국에서는 다섯 명 중 약 세 명이 판단이나 부정적 반응이 두려워 정치적 또는 사회적 견해를 표현하지 않은 경험이 있다고 밝혔다.[43] 이러한 자기 검열은 특히 사회적 문제에 대해 진보적 성향이 덜한 사람들에게서 더 흔하다. 표현의 자유와 모욕적이거나 혐오적인 발언을 방지하는 것 사이의 균형점을 찾는 문제에서 영국인은 의견이 갈린다. 38%는 표현의 자유 보호를 우선시하지만, 43%는 모욕적이거나 혐오적인 발언을 방지하는 것을 더 중요하게 생각한다. 이 결과에는 연령과 성별에 따른 차이가 나타나는데, 고령층과 남성이 표현의 자유를 지지하는 비율이 약간 더 높았다. 미국은 정부 검열에 대해 역사적으로 오랫동안 강력하게 반대해왔지만, 밀레니얼 세대의 입장은 과거만큼 단호하지 않다.

이들 중 약 40%는 정부가 소수 집단을 모욕하는 발언을 제지할 수 있어야 한다고 생각하는데, 이는 베이비붐 세대의 15%보다 훨씬 높은 수치다.[44]

최근에는 모욕적이거나 용납할 수 없다고 여겨지는 의견을 공개적으로 드러낸 사람들을 배척하는 데 찬성하는 사람이 확실히 더 많아 보인다. 모욕적인 견해를 지녔다는 이유로 누군가를 '퇴출'해야 한다고 주장하는 사람들을 '검열하는 토끼'라고 부르자. 이 표현이 다소 거칠게 들릴 수 있지만, 때로는 정당한 의견도 자유롭게 말하지 못하게 제약을 가하려는 사람들이 있다. 그런 이들을 지칭하기에 이보다 더 적당한 표현이 떠오르지 않는다. 우리는 복잡하고 혼란스러운 세상에 일정한 질서와 구조를 갖추기 위해 이름표 붙이기를 좋아한다. 물론 그 이름표의 언어와 구성은 이름표가 인식되는 방식에 결정적인 영향을 미친다. '검열'이라는 표현을 기꺼이 받아들이는 사람도 있고 그렇지 않은 사람도 있을 수 있지만, 이 단어를 사용한 이유는 신체적 피해를 막기 위해 제한을 두는 것을 넘어, 표현 자체도 추가로 규제하고자 하는 사람들을 설명하기 위해서다.

나는 검열하는 토끼가 아니다. 불쾌함을 낳을 수 있다 해도 표현의 자유를 지켜야 한다고 확신한다. 그래서 증오범죄 법을 통해 경찰 권력이 확대되는 현상이 우려된다. 이러한 법과 나의 의견에 대한 당신의 생각은 어떠한가? 종교 단체들이 '모욕감을 느꼈다'는 명분을 내세워 자신들에 대한 조롱이나 비판을 제한하려 드는 상황이 나는 우려스럽다. 유튜브, 페이스북, X(구 트위터) 같은 주요 플랫폼이 개인이나 집단의 견해를 이유로 계정을 차단하거나 플랫폼에서 배제했다는 비판을 받아온 점도 걱정스럽다. 또한 내 직업상, 학계 연사들이 자신의 견해를 이유로 강연 초청이 취소되거나 캠퍼스에서 공격적인 시위를 마주하는 현실이 특히 걱정된다. 학자들은 본래 토론하고 반대해야 한다. 설득력 있게 논의할 수 있다는 점이 내가 학자가 된 이유 중 하나였다. 그런데 오늘날에도 그 이유가 성립하는지 확신할 수가 없기에, 서른 살만 더 젊었다면 학자의 길을 선택하지 않았을지도 모른다. 훌륭한 영국 드라마 〈더글라스 이즈 캔슬드Douglas Is Cancelled〉의 표현을 빌리자면, 안타깝게도 우리는 탄소 배출 넷 제로Net Zero Carbon에 도달하기보다는 학자들의 발언에서 의미 있는 내용이 사라진 '인지적 내용 넷 제로Net Zero Cognitive Conten'•에 가까워지고 있다.[45]

표현의 자유에 대한 나의 견해는 불쾌감으로 발생하는 고통을 피해로 보고 표현의 제한을 통해 완화할 수 있다고 보는 부정적 공리주의적 계산법과는 결이 달라 보일 수 있다. 그러나 우리는 검열로 생기는 즉각적인 파장뿐만 아니라 그 파급 효과 전체를 고려해야 한다. 표현의 자유를 제한하면 안 좋은 아이디어를 세대로 배제하지 못하고, 특정 집단이 공론장에서 밀려나면서 사회에 더 큰 분

•        알맹이 없는 말하기

열이 생길 수 있다. 또한 새로운 아이디어를 억압하고 창의성과 혁신을 제한할 수 있다. 지적으로 성장하려면 반드시 다양한 관점에 노출되어야 하는데, 학생들을 논란이 되거나 불쾌할 수 있는 생각에서 보호하려다 보면 오히려 과도하게 예민해지고 비판적 사고 능력이 저해될 수 있다.[46] 나는 표현의 자유가 가져다주는 온전한 이익을 누리기 위해서라면 어느 정도의 피해는 감수할 용의가 있다.

물론 당신은 다른 판단을 내릴 수도 있지만, 특정 집단의 감수성을 배려하려는 선의의 시도가 의도치 않은 피해를 낳을 수 있다는 사실을 인정해야 한다. 장기적인 관점에서 표현의 자유가 사회에 유익한 이유를 내가 입증해야 하는 것처럼, 표현의 자유를 제한하려는 사람들도 제한해서 얻는 이익이 비용을 감수할 만큼 가치 있다는 근거를 제시해야 한다. 또한 붐비는 곳에서 고의로 "불이야!"라고 외쳐 거짓말을 한 사람을 처벌하는 것이 합리적이라고 받아들여지듯이, 어떤 종류의 모욕이 허용되는지, 누구에게, 언제 허용되는지에 대한 명확한 기준도 제시해야 한다. 여기서 핵심은 고의적인 거짓말인가 하는 문제이며, 내가 생각하는 표현의 자유에 대한 한계 역시 고의적인 거짓말을 크게 넘어서지 않는다.

이와 더불어 우리는 표현의 자유가 사람들을 괴롭히는 수단으로 악용되는 상황은 항상 경계해야 한다. 권리와 책임에 대해 서로 다른 견해를 갖게 된 배경에 어떤 경험과 신념이 있는지 이해하기 위해 더 큰 노력을 기울여야 한다. 물론 표현의 자유를 신중하게 판단하여 행사해야 한다. 말하기 전에 생각해야 하며, 우리가 하려는 말이 끼칠 수 있는 피해를 충분히 고려해야 한다. 자신이 미치는 영향을 고려하지 못해서 불필요하게 누군가를 모욕하면 당연히 사회적 제재가 따라야 한다. 어쩌면 여기서 진짜 문제는 의견이 다르다는 이유로 상대를 비방하는 것이다. 그러면 다시 신념주의로 돌아가게 된다. 우리는 장기적으로 전반적인 고통을 줄이기 위해 새로운 아이디어와 접근법을 찾는 과정에서 때로는 어느 정도의 불쾌감을 감수할 수 있어야 한다. 고인이 된 위대한 인지 심리학자 대니얼 카너먼의 말대로 나는 뿌리 깊은 낙관주의자이며, 좋은 논증이 나쁜 논증을 이기는 방법은 배제하는 것이 아니라 밖으로 끌어내는 것이라고 생각한다.

### 표현의 자유에 대한 신념주의를 줄이기 위해 실수 포용하기

표현의 자유에 대한 나의 신념은 대개는 사람들이 의도치 않게 상처를 준다는 믿음에 근거한다. 다소 순진하게 들릴 수도 있겠지만, 이 믿음이 꽤 괜찮은 출발점이며, 그 자체만으로도 신념주의를 줄이는 데 도움이 된다고 생각한다. 나는 문제를 제기하고 도발히기도 하지민, 그깃은 오직 장기적으로 인류 선제의 고통을 술이는 데 도움이 될 때뿐이다. 나는 결코(물론 가끔 아닌 경우도 있지만) 상대방을 화나게 하려고 일부러 행동하지 않으며, 다른 사람들 역시 마찬가지일 거라고 생각한다. 만약 상대방을 화나게 한다면 사과할 것이며 가능하다면 피해를 줄이려고 노력할 것이다. 그리고 상대방이 그 사과를 받아들여주기를 바란다. 물론 그가 반드시 사과를 받아들일 필요는 없지만, 그렇다고 해서 어떤 식으로로든 검열을 당하고 싶지는 않다. 사과는 누군가의 행동을 판단하는 데 있어 상당히 중요하게 다뤄져야 한다. 여기서 사과란 단순히 '그런 뜻이 아니었다'고 말하는 무의미한 사과가 아니라, 잘못을 바로잡으려는 행동을 동반한 진심 어린 사과를 의미한다. 가끔 실수할 수 있고, 그 실수에 대해 사과할 기회도 제공하는 환경이 반드시 있어야 표현의 자유라는 권리를 제대로 행사할 수 있다.

나와 매우 친한 친구 중 한 명은 나와 마찬가지로 여성을 '새 bird'*라고 부르는 것이 당연하게 여겨지던 시대에 자랐다(나는 그 표현이 성차별적이라 생각되어 한 번도 쓴 적이 없다). 하지만 그 친구는 1년 전까지도 여전히 그 표현을 사용하고 있어서 나는 그 점을 지적했다. 친구는 내 지적을 고마워하며 다시는 그 단어를 쓰지 않았다(적어도 내 앞에서는). 우리는 자칫하면 역효과를 불러일으켜 득보다 실이 많을 수 있는 법을 도입하지 않고도 언어를 더 진보적인 방향으로 (좋은 의미에서) 바꿔나갈 수 있다. 항상 오리나 토끼 둘 중 하나로만 나뉘는 것은 없으며, 당연히 맥락이 중요하다. 특히 우리가 하는 말을 판단할 때는 더욱 그러하다. 맥락을 모른다면 어떤 표현이

---

*     여성 비하적 뉘앙스가 섞인 속어

모욕적인지 인종차별적인지 알 수 없다. 성급하게 결론을 내려서는 안 된다. 내 친구도 여성을 새라고 부를 때 모욕하려는 의도가 전혀 없었지만, 의도치 않게 상처를 줄 수 있다는 점을 인정했다.

우리는 이 모든 문제에 제대로 대처하지 못하고 있는 것 같다. 최근에 있었던 가수 로이진 머피Róisín Murphy의 사례만 봐도 그렇다.[47] 그녀는 2023년에 사춘기 억제제가 청소년에게 미치는 영향이 우려된다는 글을 페이스북에 올렸다는 이유로 BBC 6 뮤직 편성에서 사실상 배제되었다(BBC는 이를 부인했다). 그녀의 발언을 트랜스젠더 혐오로 보든 아니라고 보든, 이 사건에는 더 중요한 점이 있다. 논란이 커지자, 로이진은 자신의 발언에 상처받은 사람들에게 빠르게 사과했고, 이 문제에 대해 언급하기에 자신이 적합하지 않다는 점을 인정했으며, 더 이상 이 논의에 참여하지 않겠다고 분명히 밝혔다. 그러나 이런 조치는 그녀가 받은 대우에 별다른 영향을 미치지 못했다. 우리에게는 실수할 자유가 있어야 한다. 로이진의 발언에 일리가 있다고 생각할 수도 있고, 분노했을 수도 있다. 중요한 것은 그녀가 사과했다는 점이다. 그리고 그 사과로 그녀에 대한 비난은 멈춰야 했다.

누군가 우리를 불쾌하게 했다면 사과할 시간을 줘야 한다. 다시 말해, 즉각적으로 항의하고 달려들지 말아야 한다. 자신 또한 때때로 상당히 서툴 수 있음을 인정하는 겸손함을 보여야 한다. 또한 모욕당했을 때 공개적으로 반응하기 전에 자신을 성찰하고 전후 맥락을 파악하여 더욱 관대한 태도를 길러야 한다. 대화 내용을 되돌아보며 다른 의견을 무시하거나 지나치게 비판하여 대화를 차단해버린 순간이 있는지 확인해보기 바란다. 이러한 접근법은 신념주의를 줄이고 더불어 표현의 자유와 건설적인 대화라는 근본 원칙을 보호하는 데 도움이 된다. 지금까지 나는 신념주의를 줄이는 방법이 쉽다는 주장을 입증해왔다. 그러나 무엇보다도 신념주의를 줄여야겠다는 의지가 중요하며, 이는 때때로 우리에게 쉽지 않은 일이다.

우리는 이미 실수에서 배운 내용을 업무 환경에 접목하는 방법을 확인했으며, 이때 사용한 동일한 '도구'를 표현의 자유에도 적용할 수 있다. 예를 들어, 실수를 배움의 기회로 보는 '비난 금지' 정책을 도입하고, 직원들이 자유롭게 의견을 표현할 수 있도록 심리적 안전감을 높이는 것이다. 이 정책은 의도하지 않은 실수와 고의적 해악을 구분하여, 전자의 경우 처벌의 근거가 아닌 성장의 기회로 삼는 데 초점을 맞춘다. 또한 긍정적 소통 환경을 더욱 지원하기 위해, 기업은 직원들이 자기 경험이나 의사소통 관행을 개선하기 위한 제안을 익명으로 할 수 있는 강력한 피드백 시스템을 마련해야 한다.

정치인은 불쾌한 상황에 대응하는 방식에서 훨씬 더 나은 본보기를 보여야 한다. 정치인은 흔히 반대 진영 정치인이 실수할 때마다 사퇴를 요구하는 목소리를 높인다. 이런 반응은 실제 발언에 비해 지나치게 과한 경우가 많다. 만약 언론이 주요 정당들에 연간 두 차례 '사퇴 요구' 기회를 주면 어떨까? 물론 이 방식에도 여러 문제가 있겠지만, 과연 지금 상황보다 더 나쁠까? 우리는 정치인들이 건강하고 서로를 존중하는 논의를 할 수 있도록 장려하는 창의적인 방법을 고민해야 한다. 예를 들어, 효과적인 갈등 해결에 참여한 정치인을 공개적으로 인정하고 상을 수여하는 방식(이미 이런 상은 일부 존재한다)[48]도 생각해볼 수 있다. 이 문제에서 언론의 책임 또한 가볍지 않다. 언론은 단순히 보도하는 데 그치지 않고, 자신들이 갈등을 얼마나 부추기고 있는지를 더 엄중히 성찰하도록 요구받아야 한다. 선정성보다는 사안의 심각성을 우선시하는 윤리적 보도 기준을 지키는 정도에 따라 언론사에 정치인과의 독점 인터뷰나 심층 정보를 제공하는 방법도 고려할 수 있다.

## 자기 결정권

—

1989년의 훌륭한 스탠드업 코미디와 이를 인용한 1999년 영화 〈휴먼 트래픽Human Traffic〉서 고인이 된 빌 힉스Bill Hicks는 이렇게 말했다. "나도 예진에 마약을 해본 직이 있어…… 정말 즐거운 시간이었지." 많은 사람이 실제로 이런 식으로 약물을 접한다. 격렬한 운동 후 '러너스 하이runner's high'를 경험하는 사람도 많다. 그런데 보통 약물 사용은 악으로, 운동은 선으로 여길 것이다. 아마 당신도 처음에는 그렇게 반응할 것이다. 그리고 깊이 생각해본 후에도 여전히 그렇게 느낄지도 모르겠다(다만 그 확신이 조금은 약해졌을 거라 생각한다). 이 책의 시작 부분으로 돌아가보면, 약물에 대해 우리와 다른 견해를 지닌 사람들이야말로 우리가 가장 피하고 싶어 하는 사람이라는 점이 기억날 것이다. 대체 정확히 무엇이 쾌락을 위한 행동은 나쁘게 보고 다른 활동은 좋다고 판단하게 하는 걸까? 또 무엇이 특정 약물로 인한 쾌감을 금지하고 이를 어긴 사람은 감옥에 보내는 법을 지지하게 하는 걸까?

자세한 설명을 위해 MDMA(엑스터시)와 10킬로미터 달리기를 비교해보자. 그리고 각각 오락을 목적으로 한 달에 한 번씩 '복용'한다고 가정하자. 어쩌면 우리는 타인의 행복보다 건강에 대해 더 걱정하고 있는지도 모른다. 만약 MDMA가 10킬로미터 달리기보다 기대 수명을 낮추고 삶의 질을 악화시킨다면, 불법으로 규제할 근거가 될 수 있을 것이다. 그러나 나는 MDMA의 오락적 사용이 적어도 달리기만큼 건강에 유익하다고 생각한다. MDMA 사용(1980년대 미국에서 치료 목적으로 처음 사용되었다)은 달리기로 느끼는 정신적 흥분만큼이나 정신 건강에 상당한 도움이 될 수 있다.[49] MDMA 약효가 사라진 후에는 기분 저하가 동반되지만, 장거리 달리기를 하는 사람 중 무릎이 성한 사람을 찾기도 쉽지 않을 것이다. 그렇다고 해도 나는 사람들이 말도 안 되게 긴 거리를 달리는 것을 막을 생각이 전혀 없다.

약물 관련 법에 있어 나는 '후견주의적 토끼'보다는 '자유주의적 오리'에 가깝다. 지금 내 입장에 대한 당신의 생각은 어떠한가? 약물이 건강에 더 해롭다 해도, 행복을 희생시키면서까지 건강을 강요하는 것은 가학적인 후견주의처럼 느껴진다. 우리 각자는 가치관, 우선순위, 위험 감수성이 다르며, 국가도 대체로 약물 복용 외에는 삶의 대부분 영역에서 우리가 스스로 헤쳐나가도록 허용한다. 사실 우리가 복용하는 약물보다 오히려 인간관계의 유형에 개입하는 것이 후견주의의 근거로 더 적당할지도 모른다. 한 사람에게 충만하고 의미 있는 경험이 다른 사람에게는 무모하고 불필요해 보일 수 있다. 모든 사람에게 똑같이 '선하다' 또는 '안전하다'는 관점을 강요하는 후견주의적 정책은 개성과 개인의 성장, 행복 추구를 억누른다. 강요하기보다는 정보를 제공하는 편이 훨씬 낫다.

아마도 우리는 약물이 달리기보다 중독성이 강하다고 생각할지도 모른다. 글쎄, 매달 MDMA를 사용하는 사람이 매달 10킬로미터를 달리는 사람보다 더 중독되어 있는지는 아직 해결되지 않은 문제다. 설령 둘 다 중독된 상태라 해도 어쩌겠는가? 그들은 여전히 중독으로 인한 손해보다 이익이 더 크다고 판단할 수 있다. 혹시 약물 사용자가 달리기하는 사람보다 생산성이 떨어진다고 생각하는가? 이 문제 역시 답하기 쉽지 않다. MDMA는 러너스 하이로는 얻을 수 없는 창의적 사고를 촉진할 수 있다. 게다가 사회는 오랫동안 카페인, 설탕,[50] 알코올[51]과 같은 일부 약물이 (경제적) 성과를 높이는 효과가 있다며 칭찬해왔다.

화학적으로 향상한 행복에는 문제가 있는 걸까? 우리는 정신적·신체적 건강을 개선하는 방법을 '자연적' 또는 '인위적'으로 구분하곤 한다. 많은 사람이 운동선수가 고지대에서 훈련하는 것은 괜찮지만 스테로이드를 복용하는 것은 안 된다고 생각한다. 문제는 자연스러운 것과 인위적인 것 사이의 경계가 매우 모호하다는 데 있다. 예를 들어, 많은 달리기 선수가 더 빨리 달리려고 합법적인 각성제를 복용하며, 금지 약물 목록도 계속 변한다. 더 중요한 점은, 신체적·정신적 고통을 줄이고자 화학물질의 힘을 빌려 행복을 찾는 행위에 반대하는 사람은 거의 없다는 사실이다. 이 모든 기준이 다소 혼란스럽다.

사회적 계층에 관한 판단 또한 중요한 역할을 한다. 우리는 불법 약물 사용이나 과식처럼 노동 계층에서 두드러지는 건강 관련 행동을 하는 사람을 부정적으로 평가한다. 그러나 타인에게 해를 끼치지 않고, 더 좋고 충분한 정보를 준다면 절대 동의하지 않을 방식으로 자신에게 심각한 피해를 주고 있다는 점이 확실히 증명되지 않는 한, 우리는 원하는 방식대로 기분이 좋아지는 행동을 할 수 있어야 한다. 인생의 모든 일에는 대가가 따르기에, 약물 복용(또는 달리기를 포함한 어떤 행동)이 건강에 미치는 영향이나 기타 비용이 그 선택에서 오는 행복이나 다른 이익을 포기할 만한 가치가 있는지는 스스로 결정할 수 있어야 한다.

오리나 토끼 둘 중 하나로 명확히 나눌 수 있는 문제는 거의 없다. 나처럼 꽤 극단적인 자유주의자도 우리가 문자 그대로 원하는 걸 다 할 수 있도록 내버려둘 수 없다는 사실은 인정한다. 아이들이 술을 마시지 못하게 하고, 교실에서 중독성 기기(휴대폰)를 사용하지 못하게 하는 것도 같은 이유에서다. 사람의 뇌는 20대 중반까지 계속 발달하기 때문에, 이 나이까지 약물과 알코올 접근을 제한하는 것은 타당하다. 나는 성인에게는 자유주의적이지만, 어린이와 청소년에 대해서는 후견주의적이다. 약물을 적절히 사용해온 내 친구들 대부분은 20대 중반에 '약물 경험'을 시작했다. 모든 것을 고려해볼 때, 영국 정부가 최근에 16세가 된 세대에게 담배를 금지하려는 시도는 좋다고 생각한다. 다만 내 생각에는 25세까지 점진적으로 흡연을 금지하는 편이 나았을 것 같다.

우리 행동이 타인에게 미치는 영향 또한 제대로 고려해야 한다. 스물다섯 살 미혼 남성이 자신의 건강을 두고 위험을 감수하는 것과 두 아이를 둔 서른다섯 살 아버지가 그렇게 하는 것은 완전히 다른 문제다. 누군가 부모가 되면 스스로 책임질 수 없는 존재를 책임지게 된다. 따라서 부모가 자기 행동에 따른 비용과 이익을 저울질하여 결정하는 방식은 달라져야 하며, 그로 인한 법적·사회적 결과도 정당하게 달라질 수 있다. 권리에는 책임이 따르며, 그 책임은 삶의 궤적에 따라 변한다. 지금까지는 정책적·윤리적 차원에서 이 부분에 대한 논의가 너무 부족했으며, 앞으로 훨씬 더 활발히 이루어져야 한다.

만약 우리가 MDMA 및 기타 약물 사용을 비범죄화한다면, 이 약물들은 강력하게 규제되는 시장에서만 취급해야 한다. 접근을 엄격하게 통제하고 시간과 장소도 특정하여 제한해야 한다. 범죄 조직을 시장에서 몰아내는 것이 (가능한 범위 내에서) 이루어지고 나면, 정부는 현재 알코올에 대해 시행하고 있는(그리고 더 강화할 수 있는) 방식과 마찬가지로 가격을 조절 장치로 활용하여 약물 소비를 억제할 수 있다. 또한 식품 회사가 음식에 첨가하는 소금과 설탕의 양을 제한하는 것과 동일한 방식으로 약물의 강도를 규제할 수 있다. 코카인이나 헤로인 같은 약물은 훨씬 더 강력한 규제가 필요하다. 사고와 폭력 사건에 미치는 영향을 고려하면, 알코올도 분명 지금보다 훨씬 더 엄격하게 규제하는 편이 타당하다.

하지만 분명히 해야 할 점이 있다. 인간은 오래전부터 쾌감을 얻기 위해 취하는 방법을 찾아왔다. 우리는 이 사실을 받아들이고 최대한 안전하고 현실적인 방식으로 원하는 만큼 취할 수 있는 환경과 약물 관련 법을 만들어야 한다. 모두에게 맞는 만능 약물이 존재하지 않듯이, 후견주의든 아니든 모든 사람에게 동일하게 적용되는 만능 약물 정책도 있을 수 없다. 약물 비범죄화 움직임은 모든 단계에서 비용과 이익에 대한 증거를 철저하게 수집하여 천천히 신중하게 이루어져야 한다. 또한 개인차를 수용하기 위해 더욱 노력해야 한다. 사람마다 MDMA를 선호할 수도 있고, 와인 한잔을 선호할 수도 있으며, 장거리 달리기를 선호할 수도 있다(사실 이 모든 것을 좋아할 수도 있지만, 개인적으로는 약물보다 달리기를 권한다).

칼 하트Carl Hart가 그의 저서 『성인을 위한 약물 사용Drugs Use for Grown-ups』에서 말했듯(물론 여기서 나는 많이 단순화해서 표현하지만) 각자 자기에게 맞는 방식으로 하면 된다.[52] 결국 영국 밴드 토크 토크Talk Talk의 노래 가사처럼, "내 인생이란 걸 잊지 말자."

## 자기 결정권에 대한 신념주의를 줄이기 위한 정서 포용하기

타인의 행동 방식에 대한 판단을 포함하여 우리가 내리는 판단의 대부분은 느린(시스템2) 숙고가 아닌 빠르고 감정적인(시스템1) 반응에서 비롯된다. 『해피 에버 애프터』에서 나는 우리가 비만인 사람들에 대해 느끼는 초기 거부감을 정당화하기 위해 '비만으로 인한 의료비용 증가'와 같은 가짜 논리를 사용하여 이를 어떻게 합리화하려. 드는지 보여준 바 있다.[53] 이는 비만으로 인한 피해를 무시하자는 뜻이 아니라, 비만에 대한 정서적 반응 때문에 그 피해가 과장되었을 가능성이 높다는 의미다. 다른 모든 문제와 마찬가지로, 비만 문제 역시 증거와 그 중요성을 이해하는 데서 그쳐선 안 된다. 한 걸음 더 나아가, 그 증거를 평가하는 우리의 태도가 어떤 감정적 토대 위에서 형성되었는지까지 면밀히 파악하며 접근해야 한다.

비만 이야기가 나온 김에, 현재 포만감을 더 빨리 느껴 식사량을 줄일 수 있도록 도와주는 매우 효과적인 체중 감량 약물이 등장했다.[54] 어떤 사람들은 이 약을 '속임수'라고 생각할 수 있다. 이 방법이 '자연스럽지' 않고, 체중 감량을 위한 노력과 희생이 필요하지 않기 때문이다. 결국 식탐은 죄악이며, 사회는 우리가 약물로 죄를 면제받는 것이 아니라 참회를 통해 죄에 대한 대가를 치르기를 바란다. 하지만 약물에 대한 수요는 매우 높고, 날씬해지는 수단으로 빠르게 인정받고 있다. 이러한 현상은 삶의 질이 크게 향상되는 경우, 신념이 상당히 빠르게 변화할 수 있음을 보여준다. 비만 치료 신약이 신념주의와 그 파급 효과에 어떤 영향을 미칠지는 아직 미지수다. 비만율이 급증하면서 비만 여성들은 노동 시장에서 지속해서 차별받아 왔기에,[55] 비만율이 줄어든다 해도 변화가 없을 수도 있다. 어쩌면 사회적으로 '죄악'으로 여겨지는 행동이 더 두드러지면서 차별이 심해질 수도 있다.

다시 약물 법 이야기로 돌아가보자. 현재 법률을 더 면밀히 검토해야 한다는 전제하에, 신념주의를 부추기는 약물 및 약물 사용자에 대한 정서적 반응을 다루는 한 가지 방법은 그러한 반응 자체를 바꾸고 노력하는 것이다. 여기에는 논쟁의 열기를 낮추려는 노력이 포함될 수 있다. 이미 이를 위한 여러 방법을 살펴봤는데, 그중에서도 논의를 시작할 때 또는 자신이나 상대방이 감정적으로 과열될 때 잠시 휴식을 취하는 방법이 있다. 논쟁이 한창일 때 스스로 또는 상대방에게 잠시 쉬자고 제안하기는 어렵기 때문에, 논의가 시작되기 전에 모든 당사자가 휴식하는 데 동의해야 한다. 예를 들어, 타임아웃 카드와 유사한 방식을 활용하여 각 참가자가 스스로 사용하거나 상대방에게 휴식을 강제하는 방법을 사용할 수 있다.

감정적 반응을 변화시키는 방법에는 감정을 완전히 제거하는 것뿐만 아니라, 그 자리에 다른 감정을 채워 넣는 것도 포함될 수 있다. 긍정적인 기분이 사람들의 마음을 열어 다양한 주장을 받아들이는 데 도움이 된다는 결과를 확인했으므로, 논의 전에 '행복하게 하는' 활동을 하면 토론이 더 원활하게 진행될 수 있다.[56] 경쾌한 음악을 트는 것도 효과적인 전략일 수 있다. 교실 환경이라면, 교사는 학생들이 흥미를 느끼고 학습할 준비를 마칠 수 있도록 재미있고 몰입도 높은 준비 활동으로 수업을 시작할 수 있다. 직장에서는 관리자가 본격적인 주제로 들어가기 전에 작은 성과를 인정하고 축하함으로써 직원들에게 동기를 부여하고 마음을 열게 할 수 있다. 운동을 권장하는 것도 또 다른 방법일 수 있다. 운동은 기분을 좋게 하고 실적도 개선한다고 알려졌으며, 아마도 신념주의를 줄이는 데도 도움이 될 것이다.[57]

약물 법에 관한 논의는 대부분 직장에서 거론되지 않을 가능성이 크고, 이는 이 문제가 내단히 분열을 일으키는 주제라는 점을 생각하면 아마도 바람직한 일일 것이다(이 책 서두에서 언급한 '기피' 결과를 떠올려보자). 어떤 환경에서 일부 주제를 노골적으로 제외하는 것은 문제가 되지 않는다. 그러나 정치 영역에서는 약물 법에 관한 논의가 줄어들기보다는 더 활발히 이루어져야 한다. 정치인들은 토론에 앞서 마음 챙김이나 심호흡 연습을 하고, 전반적으로 스트레스를 줄이고 기분을 개선하는 훈련을 해야 한다. 증거를 제시하는 사람들은 논쟁이 과열될 때 토론에서 한 걸음 물러날 수 있는 권한이 있어야 한다. 우리 중 누구도 적대적인 사람과 소통하도록 강요받아서는 안 되며, 이는 위계질서가 분명한 직장에도 해당한다.

정서적 반응을 바꾸는 또 다른 접근법은 감정을 그대로 받아들이는 것이다. 어떤 문제나 논쟁을 열정적으로 대하면 증거를 더 깊이 파고들 수 있다. 그러나 이는 오리 측과 토끼 측이 모두 참여하고, 양측이 어느 시점에서는 마음을 진정하고 상대방의 주장에도 일리가 있음을 인정할 때만 가능하다. 이것이 적대적 협력의 기본 조건이다. 영국 의회 소속 특별위원회는 보건, 사회 복지, 노동, 연금 등 특정 분야와 관련된 문제를 검토하기 위해 모든 정당의 정치인이 모여 여러 면에서 협력하도록 설계되었다. 어느 정당에 속해 있는지에 따라 각 정치인의 기존 신념이 어느 정도는 명확하지만, 정당 경계를 넘어서는 약물 법 논의에서는 각자 출발점이 어디인지 더 투명하게 드러내야 한다. 이러한 접근 방식은 강력한 증거에 의해 자신의 감정적인 마음을 바꾼 사람들을 우리가 더 많이 존중할 때 비로소 작동할 것이다. 하지만 나는 이 방법이 실현될 거라고 낙관적으로 보지 않기 때문에, 어쩌면 논의가 시작되기 전에 감정을 배제하려고 노력하는 것이 최선일지도 모른다.

    3부 무엇을 선택하고 어떻게 함께할 것인가

## 생명권

—

지난 수십 년간, 특히 미국에서 크게 논쟁이 된 문제 중 하나가 바로 낙태 문제다.[58] 미국은 영국에 비해 종교와 정치가 훨씬 더 복잡하게 얽혀 있다. 20여 년 전 당시 영국 총리였던 토니 블레어Tony Blair가 자신의 신앙에 대해 언급하려 하자, 그의 수석 보좌관 중 한 명이던 알래스터 캠벨Alastair Campbell이 "신은 끌어들이지 않습니다"라며 말을 가로막았던 일이 있었다.[59] 이 사례는 특정 상황에서 일부 주제가 정당하게 배제될 수 있음을 잘 보여준다. 낙태 문제와 관련한 표결은 영국 의회에서 '자유' 투표로 진행되어 의원들은 당론에 따르지 않고 개인의 신념에 따라 투표해왔다.

한 극단적 관점에서는 태아의 생명권이 여성의 선택권에 대한 어떤 고려보다 우선한다고 본다. 수정 순간부터 인간의 생명이 시작된다는 생각이다. 나는 이를 '태아 중심 오리' 관점이라고 부르겠다. 이 관점에 따르면 임신 중절은 도덕적으로 생명을 빼앗는 행위와 같다. 그래서 낙태는 곧 살인이라고 주장한다. 많은 종교적 가르침이 생명의 존엄성을 옹호하지만, 낙태 그 자체를 직접적으로 언급하는 경우는 드물다. 많은 사람이 이 견해에는 타협의 여지가 없다고 생각하며, 예외도 거의 허용하지 않는다. 다만 많은 종교 지도자가 강간이나 근친상간과 같은 극단적 상황, 특히 산모의 생명이 위험한 경우에는 낙태를 정당한 조치로 간주한다. 예를 들어 로

마 카톨릭 교회는 산모의 생명을 구하기 위해 의학적 조치를 하다가 태아가 사망하는 경우는 도덕적으로 허용한다. 정통 유대교 율법인 '할라카halacha' 역시 산모의 생명이 위험할 경우 낙태를 허용한다. '피쿠아흐 네페시pikuach nefesh(생명 보존)' 원칙에 따라 한 명만 살릴 수 있는 경우 태아보다 산모의 생명을 우선시한다.

이와 정반대의 극단적인 관점에서는 여성의 권리와 신체 자율권이 태아의 권리보다 우선한다. 이 관점은 개인의 자유, 선택, 여성의 생식권 보호의 중요성을 강조한다. 이를 '산모 중심 토끼' 관점이라 부르자. 이 입장에서는 여성의 선택권이 생명권보다 우선하기 때문에, 임산부는 출산 직전까지도 임신을 중단할 권리를 갖는다. 솔직히 말하자면 나는 개인적으로 이 견해에 동의한다. 산모의 자기 결정권은 태아를 임신한 기간 내내 유효하다. 나는 태아에게는 생명권이 없지만, 갓 태어난 아이에게는 생명권이 있다고 생각한다. 생명권은 출산과 함께 시작된다. 내 견해에 대해 당신은 어떤 감정이 드는가? 물론 (나의 견해나 나에 대해) 아무 감정을 느끼지 않아도 된다.

만약 아이가 살았을 때 산모의 삶이 크게 나빠진다면, 예를 들어 중증 장애가 있는 아이를 돌봐야 하는 상황이 된다면, 신생아의 생명 종료를 허용해야 한다는 공리주의적 주장도 있다. 비록 매우 제한적인 경우지만 영아 살해를 허용해야 한다는 의견은 세계에서 가장 저명한 공리주의 사상가인 철학자 피터 싱어Peter Singer의 견해였다. 그는 사회가 지각 있는 존재, 즉 인지하고 감정을 느낄 수 있는 동물들의 복지를 극대화해야 한다고 주장한다. 분명히 산모는 지각 있는 존재이지만, 신생아는 아직 무언가를 의도할 수 없고 자기 존재를 이해할 능력이 없기에 동일한 도덕적 지위를 갖지 않는다. 싱어의 주장은 동물권 운동가들에게 지대한 영향을 미쳤다.[60] 그는 우리가 먹는 많은 동물이 감각을 지닌 존재라는 이유로 동물을 죽이는 행위가 살인과 다름없다고 일관되고 설득력 있게 주장한다. 나는 당신이 영아 살해에 대해서는 거부감을 느낄 수 있지만, 아마도 동물 복지에 관해서는 싱어의 견해에 훨씬 더 공감할 거라고 예상한다.

종교가 낙태 논쟁의 중심에 자리 잡은 미국에서는 낙태에 동의하는 사람의 전체 비율이 지난 수십 년간 증가해온 것으로 보이며, 이러한 변화는 주로 정치 스펙트럼 가운데 진보 진영의 태도 변화에서 비롯되었다. 1980년경부터 2020년까지 민주당 지지자들의 낙태 지지는 계속해서 증가하고 있으며, 특히 2010년 이후에는 그 증가 속도가 급격히 빨라져 낙태권에 대한 지지가 강력해지고 점점 호의적으로 바뀌고 있다. 반면 공화당 지지자들의 낙태 지지 수준은 수년간 거의 변화 없이 가장 낮은 수준을 유지하고 있으며, 최근 몇 년은 오히려 소폭 감소한 것으로 나타났다. 의견은 정책에 따라 변화하고 양극화될 수 있다. 여성에게 낙태권을 보장한 연방법을 인정한 '로 대 웨이드' 판결이 2022년에 뒤집히면서, 낙태가 모든 경우 또는 대부분 합법이어야 한다는 주장에 동의하는 민주당 지지자의 비율은 2020년 79%에서 2022년 85%로 오히려 증가했다.[61]

영국에서는 지난 수십 년간 낙태에 점점 동의하는 추세가 증가해왔다. 현재 여론은 정치적 스펙트럼 전반에 걸쳐 대다수가 낙태를 찬성하고 있음을 보여준다. 영국 임신 자문 서비스**BPAS**의 의뢰로 센서스와이드**Censuswide**가 실시한 설문조사에 따르면, 영국인의 71%가 '여성이 임신을 유지하고 싶지 않다면 낙태할 수 있어야 한다'는 데 동의했다. 이 견해는 정치적 성향과 관계없이 일관되게 나타났으며, 보수당 지지자의 70%, 노동당 지지자의 77%가 낙태권을 지지했다.[62] 현재 영국에서는 법이 허용하는 범위를 벗어나 임신을 중단하면 형사 처벌을 받을 수 있다. 이는 매우 드문 경우지만, 최근 몇몇 주목받는 사건이 있었다. 그리고 이 책이 출간될 시점에는 영국 의회가 낙태를 전면적으로 비범죄화할 가능성이 높다.

2012년 유고브**YouGov**가 실시한 여론 조사에 따르면 영국 대중은 대체로 현행 낙태 허용 기준인 24주 제한에 동의하는 것으로 나타났으며, 응답자의 절반은 이를 적절하다고 평가했다. 다만 응답자의 4분의 1, 특히 고령 여성들은 낙태 허용 시점 제한을 더 앞당겨야 한다고 답했다.[63] 산모의 건강 위험이나 강간으로 인한 임신 등 다양한 조건에서 임신 24주 이전에 시행하는 낙태에 대해서는 강한 지지를 나타냈다. 임신 24주 이후의 낙태에 대해서는 지지 여부가 다양하지만, 대다수가 산모의 생명이 위험하거나 산모 건강에 중대한 위험이 있을 때는 낙태를 지지했다. 의학 기술이 발전하면서 태아가 언제 고통을 느낄 수 있는지, 언제 자궁 밖에서 생존할 수 있는지, 임신 후기 낙태가 산모 건강에 어떤 영향을 미치는지 더 정확히 알 수 있게 되었다. 임신 초기 단계에서 태어난 아기의 생존율이 높아지면서, 낙태의 법적 한계를 28주에서 24주로 앞당기는 등 법률이 조정되기도 했다.

나는 이러한 변화의 논리에 설득력이 부족하다고 생각한다. 과학의 발전이 태아의 권리와 산모의 자기 결정권 사이의 윤리적 균형을 판단하는 기준으로 사용되어야 한다는 이유가 명확해 보이지 않는다. 게다가 증거는 의학적 측면에만 국한되지 않는다. 사회경제적 연구와 심리학적 연구들은 원치 않는 임신이 여성의 경제적 지위, 정신 건강 및 사회적 역할에 미치는 영향을 강조한다. 낙태를 경험한 여성들의 심리 상태를 조사해보면, 가장 먼저 느끼는 감정은 대개 '안도감'이다. 하지만 낙태를 부정적으로 보는 사회적 분위기 속에서는 안도감과 동시에 깊은 슬픔을 느끼는 경우도 빈번하다.[64] 더욱이 어떤 정책적 대응이든 늘 의도하지 않은 결과가 뒤따르게 마련이다. 안전한 낙태를 못 하도록 제한한다고 해서 낙태 건수가 반드시 줄어들지는 않으며, 오히려 안전하지 않은 시술이 늘어나 산모 사망률이 높아질 수 있다는 증거도 있다.[65]

전체적으로 봤을 때, 여성에게 신체 자율권을, 신생아에게 생명권을 부여하는 것이 낙태에 대한 가장 합리적인 태도로 보인다. 이는 오늘날 찾아볼 수 있는 최대한의 산모 중심 토끼 관점이라 할 수 있다. 앞서 논의해온 대로, 나는 이 관점을 공리주의 시각에서 정당화하려고 한다. 원치 않는 아기를 입양하는 사람들에게 돌아가는 이익까지 고려한다면 피터 싱어의 주장과는 다른 결론에 도달하게 된다고 생각한다. 다양한 낙태 정책의 비용과 이익 흐름을 보여주는 증거가 있다면 논쟁을 해결하는 데 도움이 되겠지만, 솔직히 말하자면, 그러한 증거가 내 생각을 바꿀 만큼 충분히 설득력 있을 것 같지 않다. 이런 내 태도는 증거가 사람의 생각을 바꾸는 데 있어 얼마나 한계가 있는지를 보여준다. 하지만 내가 생각을 바꾸지 않더라도, 나는 의견이 다른 사람들의 말에 귀 기울일 것이며, 특히 낙태 논쟁 외에 다른 문제에 대해서는 더욱 그러할 것이다.

## 낙태에 대한 신념주의를 줄이기 위한 노출 포용하기

내 의견이나 열렬한 낙태 반대주의자들의 의견에 동의하지 않는 사람이 보이는 자연스러운 반응은 지나친 신념주의로 대응하는 것이다. 하지만 이는 잘못된 방식이다. 우리는 일부 사람들이 극단적이고 확고한 견해를 지닐 수 있다는 사실을 받아들이고, 이것이 제대로 작동하는 사회의 건강한 특징임을 기억해야 한다. 또한 우리와 의견이 다른 사람도 친절하고 재미있으며 괜찮은 아이디어를 가지고 있을 수 있음을 잊지 말아야 한다. 솔직히 말하자면 나로서는 종교적 신념 때문에 낙태를 반대하는 견해를 마주했을 때 이렇게 관용적인 태도를 떠올리기가 가장 어렵다. 낙태 제한은 여성에게 심각한 피해를 주기에 종교를 이유로 이러한 피해를 용인하는 사람들과는 대화하기 어렵다. 그럼에도 그들이 나와 논의할 의지가 있다면 낙태를 주제로 토론하고 싶다. 그리고 그들이 주장하는 생산성을 높이는 방안에 관한 의견을 꼭 들어보고 싶다.

우리는 이미 신념주의와 그 다양한 파급 효과를 줄이는 효과적인 방법의 하나로 EMBRACE의 마지막 E, 즉 외집단과 그들의 신념에 대한 노출을 살펴봤다. 낙태 문제를 다루는 데 있어 노출은 어렵지만 중요한 요소다. 패브 500을 대상으로 한 설문조사에 따르면, 책에서 논의한 여섯 가지 쟁점에 대해 오리 측과 토끼 측 사이의 '기피 정도'에는 큰 차이가 없었다. 낙태 문제만큼은 예외였는데, 낙태에 대해 '태아 중심 오리' 관점을 지닌 사람은 자신과 의견이 다른 사람들을 피하고 싶어 하는 경향을 강하게 보였다. 이들은 '산모 중심 토끼' 관점을 지닌 사람들에게 자발적으로 노출되도록 장려되어야 하고, 토끼 측 역시 오리 측에 자신을 노출하도록 노력해야 한다. 신념주의를 줄이는 것은 서로 주고받는 과정이다. 상대적으로 신념주의가 덜한 집단이 먼저 손을 내밀어야 신념주의의 해로운 파급 효과가 줄어들 수 있다.

올포트가 발표한 접촉 가설이 성공하려면 앞서 언급했듯이 네 가지 조건이 충족되어야 한다. 첫째, 집단 간에 공통 목표가 있어야 한다. 둘째, 집단을 넘나드는 우정이 가능해야 한다. 셋째, 집단이 서로를 동등한 지위를 지닌 존재로 인식해야 한다. 넷째, 집단 간 상호 작용을 위한 광범위한 제도적 지원이 있어야 한다.[66] 겉으로 보기에 낙태 문제에서는 첫 번째 조건이 가장 충족하기 어렵다. 낙태 반대론자의 목표는 태아의 복지이지만, 낙태 찬성론자의 목표는 산모의 복지다. 이에 따라 신념에 대한 타협이 매우 어려워진다. 그러나 우리의 목표는 신념 자체가 아니라 신념주의에 영향을 미치는 것이다. 낙태에 관한 서로 다른 신념을 넘어 상대방 개인이나 집단 그리고 다른 문제에 대한 그들의 신념과 제대로 소통하고자 하는 것이 공동의 목표가 된다면, 접촉 가설이 훨씬 쉽게 이루어질 것이다.

낙태 찬성론자가 낙태 반대론자의 친절함, 유머 감각, 훌륭한 아이디어를 직접 경험하거나, 또는 그 반대의 경우일 때 신념주의와 그 파급 효과를 강력하게 줄일 수 있다. 이 책을 쓰는 동안, 나는 다양한 종교를 믿는 사람들을 접하려 노력했다. 그들은 낙태에 반대하는 경향이 강했고, 동성 결혼 등 다른 문제에 대해 나와 전혀 다른 견해를 보였다. 나는 종종 대중교통이나 공공장소에서 대화를 시도하며 상대방과 시간이 허락하는 한 최대한 자주, 빠르게 신에 관한 논의를 끌어낼 기회로 삼았다. 이런 환경의 좋은 점은 우정이 형성될 수 있고(접촉 가설의 두 번째 조건), 대화가 동등한 지위에 있는 사람들 사이에서 이루어진다는 점이다(접촉 가설의 세 번째 조건). 아마 당신도 자신을 조금 더 노출할 방법을 떠올릴 수 있을 것이다……. 이상한 상상은 멈춰라. 내가 무슨 말을 하는지 알 거다.

'기차에서 만난 친구' 중 누구도 여성이 출산 직전까지 임신을 중단할 권리를 가져야 한다는 내 생각을 바꾸지 못했다. 하지만 그들 대부분은 정말 괜찮은 사람들이었다. 그들과 어울린 덕분에 나는 신앙을 지닌 사람들에 대해 더 관대해졌다. 몇 주 전에는 런던에서 브라이턴으로 가는 기차에서 만난 두 사람과 맥주를 마셨는데, 알고 보니 그중 한 명은 신앙심이 깊은 낙태 반대론자였다. 이러한 경험은 우리가 신념만으로 정의할 수 있는 존재가 아니며, 우리가 무엇을 믿는지는 대개 우리가 선택할 수 있는 문제가 아니라는 사실을 일깨워준다. 동시에 나는 낙태 문제나 신앙과 직접적으로 연관된 다른 사안에 대한 그 종교인의 견해가 공공 정책에 큰 영향을 미치지 않기를 바란다. 나는 사적 관계에서는 절대 허용할 수 없는 한계선을 거의 두지 않지만, 누군가의 신념이 다른 사람을 해칠 수 있는 상황에서는 한계선을 더 많이 두는 편이다. 영국 정책 결정 과정에는 '신을 끌어들이지 않는다'는 원칙을 적용한다. 그 점은 우리가 잘하고 있다고 생각한다.

약물 문제와 마찬가지로, 직장은 낙태에 대해 논의하기에 적절한 장소가 아니다. 그렇다고 해서 낙태에 대해 언급하지 말라는 뜻이 아니라, 회사와 직접적으로 연관이 있을 때 다뤄야 한다는 의미다. 물론 정치인들은 낙태를 주제로 더 많이 논의해야 하며, 낙태 문제를 비롯해 전반적으로 자신과 의견이 다른 사람들과 더 많은 시간을 보내야 한다. 정당이 다른 정치인들이 서로 어울리거나 농담을 주고받는 모습을 보면서 불편해하는 사람들도 있지만, 나는 그렇지 않다. 오히려 정반대다. 나는 그런 모습이 누군가와 편을 가르지 않기 위한 건강한 의지를 보여준다고 생각한다. 또한 교류와 노출을 통해 신념주의의 파급 효과로 인한 피해가 완화되어 더 좋은 정책 수립으로 이어질 수도 있다. 의회와 정부는 자신들의 주장을 행동으로 실천하고, 의견이 다른 오리와 토끼가 함께 술집에 들어가 어울리도록 동기를 부여하여 상호 교류를 지지한다는 신호를 보낼 수 있다. 영국 국회의원들은 굳이 동기부여를 하지 않아도 술집에 가니까 그리 어려운 요구도 아닐 것이다.

# 18장

# 일관성 없는 신념

## 오리인가, 토끼인가

—

지금까지 여러 사안을 숨 가쁘게 훑어봤는데, 내가 X와 Y 문제에 대해 어떤 관점이었는지만 알아도 Z라는 문제에 대해 어떤 생각을 하는지 어느 정도 예측할 수 있다면, 신념주의적인 세계에서 당신이 나를 어떻게 대해야 힐지를 판단하기가 더 수월할 것이다. 예를 들어, 내가 지금보다 젊었다면 경제적 불평등에 관해 이미 '좌파 오리'의 신념을 확고히 했을 경우 아마 이민(개방적인 오리)과 기후 변화(완화를 주장하는 토끼) 문제에 관해서도 오리의 입장일 가능성이 높다. 그러나 나는 이제 나이 든 '꼰대'라서 이민과 기후 변화 문제 모두에서 정도는 약하지만 토끼(제한적인 토끼, 적응을 주장하는 토끼) 쪽에 가깝다.[67] 권리에 대한 내 입장은 대단히 자유 지상주의적이라고 할 수 있다. 표현의 자유에 관해서 나는 검열하는 토끼가 아니라 허용하는 오리다. 자기 결정권 문제에서도 후견주의적 토끼가 아니라 자유주의적 오리다. 이러한 견해들은 서로 어느 정도 예측 가능하지만, 경제적 불평등에 대한 내 생각을 보고 예측하기는 어렵다. 낙태 문제에 관해서 나는 태아 중심 오리가 아니라 산모 중심 토끼다. 영국에서 낙태에 대한 견해를 예측할 때 가장 중요한 요인은 종교인데, 난 종교가 없다.

전반적으로 보면, 나는 여러 정치 성향 조사에서 좌파 자유주의자로 분류된다. 그렇다면 영국에서 나에게 가장 잘 맞는 정당은 자유민주당일 것이다. 영국에 비례 선거제도만 더 잘 정착되어 있었다면 얼마나 좋았을까? 예전 같았으면 나는 스스로 '진보적'이라고 정의했겠지만, 이제 그 용어는 꽤 신념주의적 성향을 보이는 사람들의 전유물이 되거나 적어도 그들에게 적용되는 말이 되어버렸다.[68] 관용의 부족은 극좌와 극우를 한데 묶는 하나의 가치일 것이다.[69] 20대와 30대 시절에는 내 안의 '좌파적 측면'을 훨씬 더 중요하게 여겼다. 요즘은 내 안의 '자유주의적 측면' 역시 그 못지않게 강하게 느낀다. 브렉시트를 둘러싼 내 소신이 주변과 얼마나 세게 충돌했는지, 코로나19 두고 벌어진 맹목적인 사회적 합의가 나를 얼마나 당혹하게 했는지 등이 내 생각의 변화에 큰 영향을 주었다. 또한 내 생각에는 영국 정치의 좌파가 사회 계층에 따른 불평등과 직결된 '먹고사는' 문제의 주요 쟁점들을 놓치고 있는 듯하다.

패브 500을 대상으로 한 조사에서 공정성과 권리에 관한 각각 세 쌍의 질문에 대한 응답을 바탕으로 오리인지 토끼인지 살펴본 결과, 흥미로운 패턴이 눈에 띄었다. 다음 페이지의 표는 두 쌍의 질문에 대한 응답을 토대로, 여덟 개 그룹에 속하는 사람의 수를 보여준다. 여기서 이 표가 전체 표본의 약 절반만을 반영하고 있다는 점을 미리 밝혀둘 필요가 있다. 나머지 절반은 해당 문제에 대해 오리인지 토끼인지 판단하기 어려운 방식으로 대답했기 때문이다. 이는 사람들이 상당히 이상하다는 점을 다시 한번 보여준다. 더 정확히 말하면, 많은 신념이 머릿속 깊이 자리 잡은 것이 아니라 질문을 받는 순간 만들어진다는 의미다. 앞서 언급했듯이, 신념의 일시적인 특성과 프레임 효과에 휘둘리는 취약성을 생각해보면, 사회 전반에 퍼진 신념주의에 더욱 놀라게 된다.

패브 500의 응답에서 의미 있는 결론을 끌어낼 수 있는 범위 내에서 보자면, 공정성 관련 질문과 권리에 기반한 질문에 대한 응답 사이에는 기의 상관관계가 없다. 이 자료는 꽤 흥미로운 결과나. 불평등, 이민, 기후 변화에 대한 누군가의 견해를 이미 알고 있다 하더라도, 표현의 자유에 대한 그 사람의 신념을 섣불리 추정해서는 안 된다는 점을 보여주기 때문이다. 나는 이런 예측 불가능성이

| | 공정성 | 권리 |
| --- | --- | --- |
| 오리, 오리, 오리 | 31% | 14% |
| 오리, 토끼, 오리 | 9% | 17% |
| 오리, 오리, 토끼 | 5% | 10% |
| 오리, 토끼, 토끼 | 7% | 14% |
| 토끼, 오리, 토끼 | 12% | 12% |
| 토끼, 오리, 오리 | 7% | 12% |
| 토끼, 토끼, 오리 | 5% | 9% |
| 토끼, 토끼, 토끼 | 25% | 10% |

오히려 반갑게 느껴진다. 공정성만 놓고 보면 일관되게 31%가 오리 성향, 25%가 토끼 성향을 보였다. 즉 표본의 절반 이상은 어떤 의미에선 '예측할 수 있는' 신념을 지녔다고 말할 수 있다. 공정성 질문에 관한 나의 신념, 즉 오리, 토끼, 토끼는 전체 표본의 7%에 해당한다. 권리 문제에 관해서는 표현의 자유에 대한 견해가 자기 결정권에 대한 견해와 연관될 거라고 예상할 수 있지만, 이 두 질문에 모두 오리 또는 토끼 중 하나로 응답한 사람은 43%에 불과하다. 권리에 대한 나의 신념은 토끼, 토끼, 토끼로 전체 표본의 10%에 해당한다. 모든 질문을 종합해보면, 나와 똑같은 방식으로 생각하는 사람은 전체 표본의 2%에 불과하다. 그래도 뭐, 어쩔 수 없다.

미국에서 최근 진행된 더 신뢰할 만한 연구에 따르면, 보수주의자들은 의무론적 윤리에 무게를 두고 전통, 권위, 절대적 도덕 원칙을 중시하는 반면, 진보주의자들은 목적론적 윤리에 무게를 두고 결과와 더 넓은 공동체 복지를 강조한다.[70] 이러한 경향은 절대적이지 않으며, 각 정치 집단 내부에서도 개인에 따라 상당한 차이가 있다. 2021년 발표된 한 메타 분석은 도덕성과 정치적 성향 사이의 연관성을 살펴보았다.[71] 주요 데이터베이스에 대한 광범위한 문헌 검토를 통해 연구진은 89개 연구에서 3만 3,804명의 참가자 데이터를 수집했으며, 여기에 더해 웹사이트 YourMorals.org를 통해 참가자 19만 2,870명의 데이터도 함께 모았다. 이 연구는 보수주의자와 진보주의자의 도덕적 토대에 근본적으로 차이가 있음을 확인하면서도, 어느 한 집단에 대해 섣부르게 일반화하기 어렵다는 점을 시사한다.

그렇다 하더라도, 퓨 리서치 센터는 시간이 지남에 따라 이념적 일관성이 증가해왔다고 밝혔다. 여기서 이념적 일관성이란 다양한 사안에 대해 개인이 전반적으로 진보적 또는 보수적 견해를 유지하는 정도를 의미한다.[72] 이러한 증가는 대학이나 대학원 교육을 받은 계층에서 두드러진다. 이념적 일관성의 증가는 연령과 교육 수준에 따라 달라지기도 한다. 밀레니얼 세대는 기성 세대보다 진보적인 경향이 있지만, 젊은 공화당원은 나이 든 공화당원과 별반 다르지 않다. 교육 수준이 높은 사람일수록 일관되게 진보적 견해를 드러낼 가능성이 높고, 교육 수준이 낮은 사람은 이념적으로 일관된 견해를 유지할 가능성이 훨씬 낮다.[73] 이 증거에 따르면 이슈 양극화에 관한 문헌들 사이에 일반적인 패턴이 있는 것으로 보인다. 다시 말해, 이른바 '급진적 진보주의자'가 사회에서 가장 눈에 띄고 예측 가능한 집단으로 부상하고 있음을 보여준다.[74]

타인을 비판하거나 차별할 때, 어떤 근본적인 가치를 가장 중요하게 여기는지는 확실치 않다. 예를 들어, 경제적 가치와 문화적 가치의 차이를 직접 비교하는 정서적 양극화와 신념주의에 관한 연구는 매우 부족하다. 그러나 최근 데이터를 보면, 정서적 양극화의 원인을 이야기할 때 경제적 불만이나 정부의 세금 및 지출 정책에 대한 견해는 문화적 가치를 둘러싼 갈등에 묻히는 경우가 많다.[75] 예를 들어, 약물 사용에 대한 견해 및 행동의 차이가 재분배에 관한 견해 차이보다 사회적 분열을 만드는 데 더 핵심적인 역할을 할 수 있다는 의미다. 더욱이 권위주의적 성향이 강한 사람일수록 사람들 사이의 경제적 차이보다는 서로 다른 정체성과 눈에 보이는 행동에 대해 훨씬 더 배타적일 가능성이 높다.[76]

나는 신념주의와 그 파급 효과를 줄이려 노력할 때 투명성이 얼마나 중요한지 여러 번 강조했다. 그래서 이 책의 3부에서는 나의 신념을 최대한 솔직하게 밝히려고 노력했다. 이 부분의 원고를 여러 번 고치고 다듬었지만, 지금도 완전히 만족스럽지는 않다. 사안이 복잡하고 증거가 끊임없이 변화하며 아직 확신이 서지 않는 문제도 있기 때문이다. 앞서 언급했듯이, 내가 이렇게 나 자신을 '노출'한 주된 이유는 내가 설명해놓은 가치관에 대해 당신이 어떤 반응을 보이는지 스스로 되돌아보게 하기 위함이다. 비록 어떤 부분에 있어서는 내 의견에 동의하지 않더라도, 나를 합리적인 사람으로 바라봐주길 바란다. 적어도 나라는 사람을 완전히 피하고 싶지는 않기를 바란다. 나에 대한 당신의 반응 가운데 사안에 접근하는 방식에 대한 본능적 직감에서 비롯된 반응은 얼마나 될까? 아니면 나보다 문제를 더 깊이 이해하고 있다는 생각에서 그런 반응이 나타난 걸까? 그것도 아니라면 또 다른 이유가 있을까?

## 신념의 모순을 드러내기

—

이 책이 신념에 관한 책은 아니지만, 패브 500 가운데 고작 2%만이 나와 생각을 같이한다는 점을 고려해서라도, 어떤 사안에 접근할 때 내가 사용하는 전반적인 틀을 간략히 짚고 넘어가려 한다. 1부에서는 세상이 어떠해야 하는지에 대한 우리의 신념이 정당성을 얻으려면 그 신념이 구현되었을 때 발생하는 비용과 이익을 기꺼이 감수하려는 의시가 있어야 한다고 주장했다. 그래서 내가 그 비용과 이익을 어떤 방식으로 생각하는지 간략히 설명하려고 한다. 내 입장을 가장 잘 설명하는 용어는 아마 '안전망 자유주의'라고 생각한다. 기본 아이디어는 국가가 개입하여 사회적 약자를 보호하고 지원하되(안전망 측면), 그 외의 경우에는 개인의 삶에 제발 신경을 꺼달라는 것이다(자유 지상주의 측면). 이런 생각을 내가 처음 제시한 것은 아니며, 결국 모든 것은 디테일에 달려 있다.[77]

안전망 자유주의를 운용하는 방법을 조금 더 자세히 설명해보려고 한다. 이 설명을 통해 당신이 나의 주장에 동의하거나 반대하는 근거가 더 명확히 드러날 것이다. 나는 고통과 그에 따른 불평등을 평가할 때에는 인생 전체를 기준으로 해야 한다고 확고하게 생각한다. 다시 말해, 각 개인과 집단이 평생 느끼는 행복(또는 불행)의 총량을 살펴보는 것이다. 단순히 인생의 단면만을 보고서는 누군가 안전망의 도움을 받을 자격이 있는지 없는지 결정할 수 없다. 그보다는 태어나서 죽을 때까지 그 사람이 얼마나 좋은 삶을 살게 될지를 예측해야 한다. 다른 조건이 모두 같다면, 수명이 짧은 것보다는 긴 것이 좋고, 행복한 삶이 덜 행복한 삶보다 낫다. 길지만 덜 행복한 삶과 짧아도 더 행복한 삶 중에 어느 쪽이 나은지는 기대 수명과 행복 수준의 상대적 차이에 따라 달라질 수 있다. 그러나 여기서 핵심은, 다른 조건이 동일할 때 한 사람이 평생 느끼는 행복 총량이 적을수록 안전망의 지원을 더 많이 받을 자격이 있다는 것이다.

이 말은 노인보다 젊은 세대의 생명을 더 우선시해야 한다는 뜻이기도 하다. 학문의 길에 처음 들어섰을 때, 평생에 걸쳐 누릴 행복의 전망이 가장 낮은 사람들이 자원을 가장 많이 누려야 한다는 앨런 윌리엄스 교수님의 주장이 내게 깊은 깨달음을 주었다. 이

것이 바로 '공정기회론FIA'의 핵심이다.[78] 삶이 짧고 불행할수록, 더 높은 우선순위를 부여받아야 한다는 논리다. 나도 나이가 들수록 (이 논리를 적용할수록 내가 점점 불리해지겠지만) FIA의 이점에 대해 더욱 확신하게 되었다. 핵심은 '평생'이라는 단어에 있다. 대니얼 카너먼도 FIA를 지지했으며, 우리는 팬데믹 동안 이 문제에 대해 많은 대화를 나눴다. 그는 당시 공포 분위기가 너무 강해서 정책 입안자들이 내 의견을 무시할 테니 이 주장을 너무 강조하지 말라고 조언했다. 그의 말이 옳았다. 늘 그랬듯이.

코로나19 팬데믹은 죽음과 임종에 관한 성숙한 대화를 나눌 결정적 기회였지만, 그 기회를 놓쳤다. 우리는 나이 및 신체적 허약함과 상관없이 모든 죽음을 비극으로 여기는 생존의 위기에 휘말렸다. 현재 영국에서 18세의 평균 기대 수명은 약 81세다. 영국 통계청에 따르면 코로나19로 사망한 사람들 가운데 약 60%는 이미 이 기대 수명을 넘긴 고령층이었다. 사실상 사회적 거리 두기나 학교 폐쇄 등(이 조치 중 일부는 기대 수명에 직접적인 악영향을 미친다)으로 가장 큰 부담을 짊어진 사람들은 코로나19로 사망한 이들만큼 오래 살지 못할 것이다. 이는 분명 불공평한 일이다. 앨런이나 대니얼 그리고 나이가 들어가는 나 같은 사람만 그렇게 느끼는 것이 아니다. 그저 주어진 특정 시점에서 한 걸음 물러나 인생 전체를 바라보기만 하면 된다. 앞으로 다가올 날뿐만 아니라, 이미 지나온 삶까지도 함께 고려하기 위해서 말이다.

노인을 차별하는 거 아니냐는 생각에 조금 불편한 마음을 느낀다 해도 충분히 이해한다. 물론 문제를 어떻게 바라보느냐에 따라 큰 차이가 있겠지만, 젊은 세대를 우선시한다는 개념에 대해서는 조금 더 열린 마음으로 반응해야 한다. 단순히 표현의 문제를 넘어, 연령에 따른 차별과 인종이나 성별 등에 따른 차별에는 본질적인 차이가 있다. 노인도 모두 한때는 젊은 시절을 겪었기에, 연령에 따른 차별은 한 개인의 일생에서 시기에 따라 우선순위 가중치를 다르게 두는 거라고 볼 수 있다. 다른 특성에 따른 차별은 같은 시점에 서로 다른 사람들 사이에서 발생한다는 점에서 분명히 다르다. 나도 한때는 스물다섯 살이었고, 일흔다섯 살까지 살고 싶지만(그에 맞는 우선순위 가중치를 적용한 채로), 절대 흑인이 될 수는 없다. 실제로 대중이 연령에 따른 차별과 인종이나 성별, 성적 지향성 등 다른 특성에 따른 차별을 다르게 인식하고 있다는 점을 보여주는 선호도 조사와 설문조사 자료가 상당히 많다. 따라서 FIA는 개념적으로도 견고하고, 경험적으로 신뢰할 수 있는 정의의 개념이라 할 수 있다.[79]

평생 느끼는 행복의 총량은 내가 굳게 믿는 또 다른 신념인 자유 지상주의와 함께 내 생각의 주춧돌 역할을 한다. 우리가 원하지 않는데 정부가 선호하는 방식으로 더 긴 삶을 강요해서는 안 된다. 우리 모두는 삶의 길이를 선택할지 삶의 질을 선택할지 스스로 결정할 수 있어야 한다. 국가의 역할은 우리가 마주한 상황에서 각자 선호하는 방식으로 행복할 수 있는 여건을 마련해주는 것이다. 때로는 생애 전반에 걸친 불평등을 줄이려는 노력과 자유를 보호하려는 노력이 충돌할 수 있다는 점을 잘 안다. 물론 내 주장에서 여러 모순점을 발견할 수도 있을 것이다. 하지만 나는 모든 답을 알고 있다고 주장하지 않으며, 하나의 포괄적인 틀이 모든 상황에 적합할 수도 없다고 생각한다. 다만 여기서 내 생각을 최대한 투명하게 드러내려 노력하고 있고, 평생에 걸친 행복과 자유 지상주의에 관한 관심 사이에서 발생하는 긴장을 어떻게 해결할지는 구체적인 상황에 따라 달라질 수 있다고 본다.

여기서 말하는 긴장을 설명하기 위해 예시를 들어보겠다. 나는 오래전부터(항상 그런 것은 아니지만) 왜 사람들은 노숙자가 술을 마시는 데 돈을 쓸 게 뻔하다면 돈을 주지 않겠다고 말하는지 궁금했다. 왜 안 된다는 걸까? 그 사람이 자신의 선호와 처한 상황에 따라 돈을 어디에 쓸지 결정할 능력이 있다는 걸 왜 믿지 못하는 걸까? 노숙자가 단지 노숙자라는 이유로 잘못된 결정을 내릴 가능성이 더 크다고 생각한다면, 노숙자 구호 단체나 노숙 문제를 완화하려는 조직에 기부하면 된다. 만약 노숙자에게 직접 돈을 주려면, 최소한 직장 동료에게 술을 한잔 사 줄 때처럼 상대방을 존중하는 태도를 보여야 한다. 내가 생각하는 안전망 자유주의는 노숙 문제 해결을 최우선 과제로 삼을 것이다. 거리에서의 삶은 고단하고 대개 비참하기 때문이다. 하지만 누군가 노숙 상태에 놓여 있다고 해서, 그들이 처한 상황을 근거로 그들의 선호를 무시함으로써 이중으로 처벌하지는 않을 것이다.

내 신념에 관해 어떻게 느끼든, 여기서도 그리고 전반적으로도 중요한 점은 같다. 어떤 신념에 따르는 비용과 이익을 명확히 살펴야 우리가 지적 책임감을 느끼고, 의견이 다른 사람의 말을 귀 기울여 들을 수 있다는 것이다. 누군가 자신의 주장에 따른 상충관계를 인정하지 않는다면, 그 사람의 신념은 합리적으로 무시해도 좋다. 보통 투명할수록 좋은 결과가 뒤따른다. 따라서 우리는 가능한 한 많은 의사결정 과정에서, 우리가 이미 선택했거나 혹은 선택해야만 하는 가치들 사이의 상충관계를 명확히 드러내야 한다. 나는 안전망 자유주의에도 단점과 모순이 있다는 사실을 인정함으로써, 문제를 투명하게 드러내고 신념주의를 줄이는 데 도움이 되는 환경을 마련하고자 한다.

# 19장

# 오리-토끼의 세계를 포용하기

여기서 논의한 여섯 가지 문제에 대해 나의 '오리' 혹은 '토끼' 선호도이 강도는 제각각 다르지만, 이 여섯 가지 사안 자체를 진심으로 중요하게 여기며, 당신이 나와 의견을 달리할 권리 또한 깊이 존중한다. 누군가의 친절을 약점으로 오해할 수 있듯이, 누군가 토론에 기꺼이 임하려는 태도를 자기주장이 약하다는 신호로 받아들일 수도 있다. 하지만 친절힘과 타인의 신넘에 귀 기울이려는 의지는 사실 강함의 증거다. 논쟁에는 (거의) 항상 적어도 두 가지 측면이 존재한다. 당신이라면 이 모든(혹은 대부분의) 사안에서 의견이 다른 사람과 친구가 될 수 있을까? 아니면 이 팽팽한 논쟁을 이어가면서도 맥주 한잔을 기울일 수 있을까? 나와 함께 맥주 한잔하는 건 어떤가? 우리 각자 그리고 우리가 일하고 교류하는 조직과 기관들은 어떻게 해야 신념주의를 줄이고 우리가 오리를 볼 때 토끼를 보는 사람에게 마음을 열 수 있을까? 신념주의로 인한 피해를 어떻게 줄일 수 있을까? 이 질문들은 우리가 얼마나 진심으로 신념주의를 줄이려고 노력하는지를 묻는다.

당신이 신념주의와 그로 인한 다양한 파급 효과를 줄이는 데 노력하고 있다는 걸 안다. 그렇지 않았다면 여기까지 오지도 못했을 것이다. 신념주의를 줄이려고 노력하고 이 책을 읽어준 것(어쩌면 곧바로 마지막 장으로 건너뛰었을 수도 있겠지만)에 감사한다. 책을 읽고 신념주의가 이전보다 줄었을지 궁금하다. 그럼 함께 확인해보자. 다시 책의 시작 부분에 나왔었고 우리가 방금 논의한 사안들과 관련된 여섯 가지 '기피 성향 질문'을 살펴보자. 각 질문에 대해 상대방이 당신과 정반대의 견해를 보일 때, 그 사람을 피하고 싶은 정도를 평가해보자. 이전보다 상대방을 피하고 싶은 마음이 줄었기를 내심 바란다. 하지만 여전히 피하고 싶다면, 적어도 이 책을 읽는 과정이 당신과 의견이 다른 '그 고약한 사람들'을 피하는 것이 옳다는 확신을 주었을 것이다. 만약 당신이 예전보다 그들을 더 피하게 되었다면, 음, 정말이지 뭐라 할 말이 없다.

| | 전혀 피하지 않는다 | | | | | | 절대적으로 피한다 | | | |
|---|---|---|---|---|---|---|---|---|---|---|
| 경제적 불평등 | 1 | 2 | 3 | 4 | 5 | 6 | 7 | 8 | 9 | 10 |
| 이민 | 1 | 2 | 3 | 4 | 5 | 6 | 7 | 8 | 9 | 10 |
| 환경문제 | 1 | 2 | 3 | 4 | 5 | 6 | 7 | 8 | 9 | 10 |
| 표현의 자유 | 1 | 2 | 3 | 4 | 5 | 6 | 7 | 8 | 9 | 10 |
| 불법 약물 사용 | 1 | 2 | 3 | 4 | 5 | 6 | 7 | 8 | 9 | 10 |
| 낙태 | 1 | 2 | 3 | 4 | 5 | 6 | 7 | 8 | 9 | 10 |

어쨌든 우리는 단순히 '의지'만으로 신념주의를 줄일 수 없다는 사실을 알고 있다. 그 대신 일상의 상호작용 속에 신념주의를 줄이려는 태도를 심고, EMBRACE 원칙을 예외가 아니라 당연한 기준으로 사용하는 '메타 환경'을 조성해야 한다. 이제 당신이 이전보다 다양한 관점과 사람들의 목소리에 귀 기울이는 세상에 조금 더 마음을 쏟게 되었으리라 믿는다. 쉽지 않겠지만, 우리 각자가 모순으로 가득하고 상당히 위선적이라는 사실을 받아들인다면, 이 문제를 조금 더 쉽게 감당할 수 있을 것이다.[80] 이러한 인간의 본질을 사실로 인정하면 상대를 쉽게 판단하지 않고 더 겸손하게 서로를 대할 수 있다. 누구나 더 행복해지기를 원하지만, 모두가 신념주의에서 벗어나고 싶어 하는 건 아니다. 하지만 신념주의가 단순히 생각만으로는 벗어날 수 없는 우리의 기본값임을 받아들인다면, 이 문제는 훨씬 다루기 쉬워진다.

EMBRACE 원칙을 바탕으로 우리는 다양한 관점을 적극적으로 찾아내어 인지적 편향에 맞서고 적응하고 진화하는 능력을 키울 수 있다. 그렇게 하는 과정에서 불확실하고 예측하기 어려운 세상에서 살아가는 데 꼭 필요한 모호성을 받아들이는 힘을 조금 더 기를 수 있다. 대다수가 오리를 보는 세상에서 토끼의 모습을 조금 더 보고 들을 수 있다면 개인과 사회에 도움이 될 것이다. 그리고 그 반대의 경우도 마찬가지다. 더 많은 사람이 자기 의견을 편하게 이야기할 수 있고 동시에 신념주의가 덜한 세상에서는 특정 사안에 대해 확고한 입장이 없는 사람들이 아직 마음을 정하지 못했다거나, 주제에 대해 잘 알지 못한다거나, 또는 관심이 없다고 솔직하게 말할 수 있다. 신념주의를 줄인다는 것은 신념의 종류뿐 아니라 강도의 차이도 수용하는 것이다.

신념주의 탐구를 마무리하며, 우리는 모두 사람의 삶을 풍요롭게 하고 조직의 성과를 개선하며 사회의 진보를 앞당기는 방식으로 EMBRACE라는 틀을 일상과 제도적 관행의 일부로 더 깊이 녹여내기 위한 실질적 실천 방안을 진지하게 고민해야 한다. 신념주의를 줄이는 방향으로 인간관계와 조직의 구조를 능동적으로 설계하는 과제는 시민 개개인과 부모, 실무자와 정책 입안자, 직원과 고용주 등 우리 모두의 몫이다. EMBRACE 원칙이 추상적인 아이디어 수준을 넘어 일상 속 실천이 되게 하려면 치밀한 의도와 헌신적인 행동이 뒤따라야 한다.

신념주의를 줄이는 일은 쉽지 않을 것이고, 그 여정이 항상 즐

겹지만은 않을 것이다. 하지만 진보는 바로 이 노력에 달려 있고, 분명 의미 있는 일이다. 이 책을 쓰면서 얻은 가장 큰 깨달음 중 하나는 앞으로 다른 신념에 더 귀를 기울여야겠다는 것이다. 그리고 그 과정에 유머와 유희를 많이 담아내려 한다. 우리가 직면한 과제들은 분명 심각하지만, 우리 자신을 지나치게 진지하게 대하지 않을 때 더 잘 해결해나갈 수 있을 것이다. 서로 다른 관점과 사람들을 어떻게 하면 가장 잘 포용할 수 있을지 함께 논의하고 그 과정에서 반대 의견도 펼쳐나가며 대화할 날을 고대한다. 함께 술을 한잔(원치 않으면 음료도 좋다) 기울이며 이야기해보자. 자, 오리 한 마리와 토끼 한 마리가 술집에 들어갔는데······.

# 감사의 글

감사의 글을 쓰는 건 즐거운 일이지만, 혹시 누군가를 빠뜨릴까 봐 조마조마하기도 합니다. 책 한 권이 더 좋은 모습으로 나오기까지 도움을 준 분이 너무 많아서, 혹시 여기에 이름이 언급되지 않은 분이 있다면 미리 사과드립니다. 먼저 절대 빼놓을 수 없는 사람, 조지 멜리오스에게 감사를 전합니다. 당신은 책을 집필하는 전 과정 동안 최고 수준의 연구 지원을 해주었습니다. 수많은 책과 논문을 찾아준 덕분에 '신념주의'라는 개념의 자리를 잡고 방향을 설정할 수 있었습니다. 하지만 무엇보다도 단순히 동료를 넘어서 친구로서 항상 대화 상대가 되어주어 고맙습니다, 조지.

처음부터 곁을 지켜준 제 에이전트 윌 프랜시스와 편집자 홀리 할리에게도 깊은 감사를 드립니다. 집필하는 동안 모든 단계에서 지지해주고 원고에 정말 도움이 되는 조언을 주어 감사합니다. 무엇보다도 원하는 방식대로 글을 쓸 수 있도록 용기를 북돋아주어서 감사합니다. 마지막 원고를 읽고 꼼꼼하게 의견을 나눠 준 아만다 헨우드와 알렉스 매틱에게도 큰 고마움을 전하고 싶습니다. 두 분 덕분에 최종 원고가 얼마나 더 나아졌는지 확인할 수 있을 거라 믿습니다. 최종 편집을 맡아준 하워드 왓슨에게도 감사를 전합니다.

책을 쓰는 내내 묵묵히 견뎌주고 큰 힘이 되어준 아내 레스와 아이들, 포피와 스탠리에게 감사를 전하고 싶습니다. 이번이 벌써 우리가 함께한 세 번째 책인데, 때로는 소리를 지르기도 하지만 늘 유머를 잃지 않으며 제 글에 영감을 주고, 방향을 잡아주고, 큰 영향을 주어서 고맙습니다. 브라이턴에 있는 나의 가장 친한 친구 제이슨에게도 감사를 전합니다. 책 이야기를 들어주는 것도 힘들었을 텐데, 그때마다 내게 차나 커피, 맥주를 챙겨주어 고맙습니다.

다양한 대화를 통해 내 생각을 다듬는 데 도움을 주고 참고할 만한 유용한 자료를 제공해준 모든 학계 동료와 친구들에게 진심으로 고맙습니디. 소냐 벨킨, 데이비느 브래드포드, 프리야 할라이, 리처드 레이어드, 로라 쿠드르나, 케이트 라판, 로버트 멧커프, 올리비에 시보니, 야라 슬레이만 그리고 림 투르크마니가 지금 머릿속에 떠오릅니다. EMBRACE 프레임워크에 대한 초기 구상을 놓고 적극적으로 의견을 나눠 준 런던정경대 EMSc 행동과학 학생들에게도 감사를 전합니다.

2024년 보스턴과 하버드를 방문했을 때, 시간을 내어 신념주의에 관해 이야기를 나눠 준 모든 분께 감사드립니다. 테일러 보아스, 제이콥 브라운, 멜라니 캐멋, 라이언 이노스, 조슈아 그린, 캐리 모어웨지, 빈센트 폰스 그리고 탈리 샤롯에게 감사를 전하며, 특히 댄 길버트와 캐스 선스타인에게 각별한 고마움을 전합니다. 그리고 미국을 생각하면 떠오르는 한 사람, 2024년 3월에 세상을 떠난 대니얼 카너먼에게 감사의 마음을 바칩니다. 대니얼은 지난 20여 년 동안 제게 영감을 준 존재이자 소중한 친구였습니다.

대화와 저술 활동을 통해 신념주의와 관련된 사안에 대한 저의 사고방식에 영향을 준 스티브 베이커, 롭 헨더슨, 루크 존슨, 제임스 매리엇, 거스 오도넬, 로리 서덜랜드 그리고 매슈 사이드에게 깊은 감사를 드립니다. 이들은 제 생각을 행동으로 옮기는 데에도 큰 영향을 주었습니다. 예를 들어, 스티브는 저와 함께 설계를 통한 관용을 조직에 정착시키기 위해 '더 프로보케이션 피플The Provocation People'을 설립했고(theprovocationpeople.com 참조), 루크는 평소라면 만날 일이 없는 사람들, 특히 서로 다른 신념을 지닌 이들까지 함께 모일 수 있도록 감사하게도 호브 지역에 멋진 공간을 마련해주었습니다(happycampus.com 참조).

마지막으로 커스티 햅번에게 크나큰 감사를 전합니다. 원고 전체를 꼼꼼히 읽어주고, 제 업무가 엉망이 되지 않게 질서를 유지해 주며, 불평을 늘어놓을 때마다 항상 전화를 받아주어 고맙습니다. 이제 당신의 '스콘' 발음을 제대로 고치는 일만 남았군요.

**주**

# 1부 | 우리는 왜 서로 편을 가르는가


**1** M. P. Winslow, A. Aaron and E. N. Amadife (2011), 'African Americans' lay theories about the detection of prejudice and nonprejudice', *Journal of Black Studies* 42(1): 43–70, www.jstor.org/stable/25780791.

**2** D. F. Stone (2023), *Undue Hate: A Behavioral Economic Analysis of Hostile Polarization in US Politics and Beyond*, Cambridge, MA: MIT Press.

**3** L. Diamond and L. Morlino (2004), 'The quality of democracy: An overview', *Journal of Democracy* 15(4): 20–31, https://doi.org/10.1353/jod.2004.0060.

**4** M. Olson (2022), *The Rise and Decline of Nations*, New Haven: Yale University Press.

**5** L. Wittgenstein (2001), *Philosophical Investigations*, translated by G. E. M. Anscombe, 3rd ed., Oxford: Blackwell.

**6** M. Graso et al. (2022), 'The dark side of belief in COVID-19 scientists and scientific evidence', *Personality and Individual Differences*, 193: 111594.

7   D. O. Hebb (2005), *The Organization of Behavior: A Neuropsychological Theory*, London and New York: Psychology Press.

8   P. Brugger and S. Brugger (1993), 'The Easter bunny in October: Is it disguised as a duck?', *Perceptual and Motor Skills* 76(2): 577–8.

9   A. M. Lokhorst et al. (2013), 'Commitment and behavior change: A meta-analysis and critical review of commitment-making strategies in environmental research', *Environment and Behavior* 45(1): 3–34.

10   Z. Kunda (1990), 'The case for motivated reasoning', *Psychological Bulletin* 108(3): 480.

11   A. Williams (1997), 'Intergenerational equity: an exploration of the "fair innings" argument', *Health Economics* 6(2): 117–32.

12   L. Ross (1977), 'The intuitive psychologist and his shortcomings: Distortions in the attribution process', in Leonard Berkowitz (ed.), *Advances in Experimental Social Psychology*, New York: Academic Press, vol. 10, pp. 173–220.

13   Pew Research Center (October 2017), 'The partisan divide on political values grows even wider', www.pewresearch.org/politics/2017/10/05/the-partisan-divide-on-political-values-grows-even-wider/ (accessed 24 July 2024).

14   W. J. Chopik and M. Motyl (2016), 'Ideological fit enhances interpersonal orientations', *Social Psychological and Personality Science* 7(8): 759–68; E. Bakshy, S. Messing and L. A. Adamic (2015), 'Exposure to ideologically diverse news and opinion on Facebook', *Science* 348(6239): 1130–2.

15   B. Duffy et al. (2019), 'Divided Britain: Polarisation and fragmentation trends in the UK', https://api.semanticscholar.org/CorpusID:210304925.

16   Gallup (2024), 'U.S. Women become more liberal; men mostly stable', https://news.gallup.com/poll/609914/women-become-liberal-men-mostlystable.aspx; John Burn-Murdoch (2024), 'A new global gender divide is emerging', *Financial Times*, 26 January, www.ft.com/content/29fd9b5c-2f35-41bf-9d4c-994db4e12998 (both accessed 15 May 2024).

17   Y. Sleiman, G. Melios and P. Dolan (2023), '"Sleeping with the Enemy": Partisan sorting in online dating', 1 August, https://ssrn.com/abstract=4589420 or http://dx.doi.org/10.2139/ssrn.4589420.

18   J. Surowiecki (2005), *The Wisdom of Crowds*, New York: Anchor.

19   P. Dolan and M. M. Galizzi (2015), 'Like ripples on a pond: Behavioral spillovers and their implications for research and policy', *Journal of Economic Psychology* 47: 1–16; D. Krpan, M. M. Galizzi and P. Dolan (2019), 'Looking at spillovers

in the mirror: Making a case for "behavioral spillunders"', *Frontiers in Psychology* 10: 422667.

20　A. I. Abramowitz (2021), 'November. Peak polarization? The rise of partisan-ideological consistency and its consequences', prepared for delivery at the State of the Parties Conference, Ray Bliss Institute, University of Akron.

21　M. Dimock (2014), 'Political polarization in the American public: How increasing ideological uniformity and partisan antipathy affect politics, compromise and everyday life', Pew Research Center, www.pewresearch.org/politics/2014/06/12/political-polarization-in-the-american-public/ (accessed 13 August 2024).

22　B. Klein Teeselink and G. Melios (2022), 'Partisanship, Government Responsibility, and Charitable Donations', https://ssrn.com/abstract=4189400 or http://dx.doi.org/10.2139/ssrn.4189400.

23　P. J. Egan (2020), 'Identity as dependent variable: How Americans shift their identities to align with their politics', *American Journal of Political Science* 64(3): 699–716.

24　S. B. Hobolt, T. J. Leeper and J. Tilley (2021), 'Divided by the vote: Affective polarization in the wake of the Brexit referendum', *British Journal of Political Science* 51(4): 1476–93.

25　J. Marks et al. (2019), 'Epistemic spillovers: Learning others' political views reduces the ability to assess and use their expertise in nonpolitical domains', *Cognition* 188: 74–84.

26　K. Michelitch (2015), 'Does electoral competition exacerbate interethnic or interpartisan economic discrimination? Evidence from a field experiment in market price bargaining', *American Political Science Review* 109(1): 43–61.

27　C. McConnell et al. (2018), 'The economic consequences of partisanship in a polarized era', *American Journal of Political Science* 62(1): 5–18.

28　S. E. Asch (2016), 'Effects of group pressure upon the modification and distortion of judgments', in L. W. Porter, H. L. Angle and R. W. Allen (eds), *Organizational Influence Processes*, 2nd edition, London: Routledge, pp. 295–303; M. Hallsworth et al. (2017), 'The behavioralist as tax collector: Using natural field experiments to enhance tax compliance', *Journal of Public Economics* 148: 14–31.

29　M. McPherson, L. Smith-Lovin and J. M. Cook (2001), 'Birds of a feather: Homophily in social networks', *Annual Review of Sociology* 27(1): 415–44.

30　Y. Zhang and J. van Hook (2009), 'Marital dissolution among interracial couples', *Journal of Marriage and Family* 71(1): 95–107.

31   D. M. Wegner (1987), 'Transactive memory: A contemporary analysis of the group mind', in B. Mullen and G. R. Goethals (eds), *Theories of Group Behavior*, New York: Springer, pp. 185–208.

32   I. L. Janis (2008), 'Groupthink', *IEEE Engineering Management Review* 36(1): 36.

33   I. L. Janis (1982), *Groupthink: Psychological Studies of Policy Decisions and Fiascos*, Boston: Houghton Mifflin.

34   S. E. Asch (1956), 'Studies of independence and conformity: I. A minority of one against a unanimous majority', *Psychological Monographs: General and Applied* 70(9): 1.

35   T. Kuran and C. R. Sunstein (1998), 'Availability cascades and risk regulation', *Stanford Law Review* 51: 683.

36   J. Kay (1996), *The Business of Economics*, Oxford: Oxford University Press.

37   J. K. Galbraith (1977), *A Life in Our Times: Memoirs*, Boston: Houghton Mifflin.

38   M. Scheffer et al. (2022), 'Belief traps: Tackling the inertia of harmful beliefs', *Proceedings of the National Academy of Sciences* 119(32): e2203149119.

39   C. Doherty et al. (2022), 'As partisan hostility grows, signs of frustration with the two-party system', Pew US Politics & Policy, 9 August, pp. 1–78, www.pewresearch.org/politics/2022/08/09/as-partisan-hostility-grows-signs-of-frustration-with-the-two-party-system/.

40   L. Boxell, M. Gentzkow and J. M. Shapiro (2024), 'Cross-country trends in affective polarization', *Review of Economics and Statistics* 106(2): 557–65.

41   I. H. Indridason (2011), 'Coalition formation and polarisation', *European Journal of Political Research* 50(5): 689–718.

42   J. Phillips (2022), 'Affective polarization: Over time, through the generations, and during the lifespan', *Political Behavior* 44: 1483–1508, https://doi.org/10.1007/s11109-022-09784-4.

43   K. Lawall et al. (2024), 'Negative political identities and costly political action', *Journal of Politics*, forthcoming.

44   W. D. Bradford and P. Dolan (2010), 'Getting used to it: The adaptive global utility model', *Journal of Health Economics* 29(6): 811–20.

45   E. Harteveld and M. Wagner (2023), 'Does affective polarisation increase turnout? Evidence from Germany, The Netherlands and Spain', *West European Poli-*

*tics* 46(4): 732–59.

**46**  T. R. Mitchell et al. (1997), 'Temporal adjustments in the evaluation of events: The "rosy view"', *Journal of Experimental Social Psychology* 33(4): 421–48.

**47**  D. Howell (1987), 'Goodbye to all that?: A review of literature on the 1984/5 miners' strike', *Work, Employment and Society* 1(3): 388–404.

**48**  G. Melios, T. Walsh and P. Dolan (2023), 'Aborting the confirmation bias? News consumption following the overturn of Roe v. Wade', 10 September, available at SSRN: https://papers.ssrn.com/sol3/papers.cfm?abstract_id=4944496.

**49**  A. F. Thimsen (2022), 'What is performative activism?', *Philosophy & Rhetoric* 55(1): 83–9.

**50**  K. Garimella et al. (2018), 'Political discourse on social media: Echo chambers, gatekeepers, and the price of bipartisanship', published at The Web Conference 2018, pp. 913–22, https://arxiv.org/abs/1801.01665.

**51**  H. Tian and H. Yerbury (2022), '"I'm in the center of a vortex": Mapping the affective experiences of trolling victims', *First Monday* 27(10), 3 October 2022.

**52**  K. Laffan, C. Sunstein and P. Dolan (2024), 'Facing it: Assessing the immediate emotional impacts of calorie labelling using automatic facial coding', *Behavioural Public Policy* 8(3): 572–89.

**53**  S. Feldman (1988), 'Structure and consistency in public opinion: The role of core beliefs and values', *American Journal of Political Science* 32(2): 416–40.

**54**  J. Elster (2016), *Sour Grapes*, Cambridge: Cambridge University Press.

**55**  A. K. Sen (1977), 'Rational fools: A critique of the behavioral foundations of economic theory', *Philosophy & Public Affairs* 6(4): 317–44.

**56**  M. Yanovskiy and Y. Socol (2022), 'Are lockdowns effective in managing pandemics?', *International Journal of Environmental Research and Public Health* 19(15): 9295.

**57**  Global Disinformation Index, homepage, www.disinformationindex.org (accessed 16 May 2024).

**58**  J. Farrell and M. Rabin (1996), 'Cheap talk', *Journal of Economic Perspectives* 10(3): 103–18.

**59**  N. N. Taleb (2018), *Skin in the Game: Hidden Asymmetries in Daily Life*, New York: Random House.

**60**  S. Pinker (2003), *The Blank Slate: The Modern Denial of Human Nature*, London: Penguin.

**61**  A. Bandura and R. H. Walters (1977), *Social Learning Theory*, vol. 1, Englewood

Cliffs: Prentice Hall.

62  R. B. Zajonc (1968), 'Attitudinal effects of mere exposure', *Journal of Personality and Social Psychology* 9(2, pt 2): 1.

63  J. Haidt (2012), *The Righteous Mind: Why Good People Are Divided by Politics and Religion*, New York: Vintage.

64  R. Plomin (2019), *Blueprint: How DNA Makes Us Who We Are*, Cambridge, MA: MIT Press.

65  S. M. Myers (1996), 'An interactive model of religiosity inheritance: The importance of family context', *American Sociological Review* 61(5): 858–66.

66  M. J. Meaney (2001), 'Maternal care, gene expression, and the transmission of individual differences in stress reactivity across generations', *Annual Review of Neuroscience* 24(1): 1161–92.

67  J. L. Heckman (2008), 'Schools, skills, and synapses', *Economic Inquiry* 46(3): 289–324.

68  T. J. Leeper and R. Slothuus (2014), 'Political parties, motivated reasoning, and public opinion formation', *Political Psychology* 35: 129–56.

69  J. Lorenzo-Rodriguez and M. Torcal (2023), 'Twitter and affective polarisation: following political leaders in Spain', in M. Torcal (ed.), *Affective Polarisation in Spain*, London: Routledge, pp. 95–121.

70  R. D. Enos (2017), *The Space Between Us: Social Geography and Politics*, Cambridge: Cambridge University Press.

71  E. Cantoni and V. Pons (2022), 'Does context outweigh individual characteristics in driving voting behavior? Evidence from relocations within the United States', *American Economic Review* 112(4): 1226–72.

72  J. R. Brown et al. (2023), 'The effect of childhood environment on political behavior: Evidence from young US movers, 1992–2021', National Bureau of Economic Research Working Paper No. w31759, https://papers.ssrn.com/sol3/papers.cfm?abstract_id=4596059.

73  S. Stephens-Davidowitz (2018), 'The songs that bind', *New York Times*, 10 February, www.nytimes.com/2018/02/10/opinion/sunday/favorite-songs.html (accessed 13 August 2024).

74  P. Dolan (2020), *Happy Ever After: A Radical New Approach to Living Well*, London: Penguin.

75  Morgan Smith (2023), 'This is the happiest job in the world, according to new research: "You get to see the fruits of your labor"', CNBC, 29 September, https://

www.cnbc.com/2023/09/29/this-is-the-happiest-job-in-the-world-according-to-new-research.html (accessed 13 August 2024).

76   A. Whiting et al. (2019), 'The importance of selecting the right messenger: A framed field experiment on recycled water products', *Ecological Economics* 161: 1–8.

77   BBC News (2020), 'Marcus Rashford brings food brand giants together to tackle child food poverty', 1 September, www.bbc.com/news/uk-53979648 (accessed 12 August 2024).

78   D. Gray, H. Pickard and L. Munford (2021), 'Election outcomes and individual subjective wellbeing in Great Britain', *Economica* 88(351): 809–37.

79   S. Pinto et al. (2021), 'Presidential elections, divided politics, and happiness in the USA', *Economica* 88(349): 189–207.

80   M. S. Kimball et al. (2024), 'Happiness Dynamics, Reference Dependence, and Motivated Beliefs in US Presidential Elections', National Bureau of Economic Research Working Paper No. w32078.

81   B. Radcliff (2001), 'Politics, markets, and life satisfaction: The political economy of human happiness', *American Political Science Review* 95(4): 939–52.

82   G. Ward et al. (2021), '(Un) happiness and voting in US presidential elections', *Journal of Personality and Social Psychology* 120(2): 370.

83   A. Bor and M. B. Petersen (2022), 'The psychology of online political hostility: A comprehensive, cross-national test of the mismatch hypothesis', *American Political Science Review* 116(1): 1–18.

84   S. S. Nayak et al. (2021), 'Is divisive politics making Americans sick? Associations of perceived partisan polarization with physical and mental health outcomes among adults in the United States', *Social Science & Medicine* 284: 113976.

85   M. F. Scheier, C. S. Carver and M. W. Bridges (2001), 'Optimism, pessimism, and psychological well-being', in E. C. Chang (ed.), *Optimism & Pessimism: Implications for Theory, Research, and Practice*, Washington, DC: American Psychological Association, pp. 189–216.

86   G. Melios et al. (2023), 'Les Miserables: An analysis of low SWB across the world', *Frontiers in Psychology* 14: 1107939.

87   K. G. Lockwood et al. (2018), 'Perceived discrimination and cardiovascular health disparities: A multisystem review and health neuroscience perspective', *Annals of the New York Academy of Sciences* 1428(1): 170–207.

88   M. Trent et al. (2019), 'The impact of racism on child and adolescent health',

*Pediatrics* 144(2): e20191765.

**89**  K. M. DeNeve and H. Cooper, H. (1998), 'The happy personality: A meta-analysis of 137 personality traits and subjective well-being', *Psychological Bulletin* 124(2): 197.

**90**  R. Dong and S. G. Ni (2020), 'Openness to experience, extraversion, and subjective well-being among Chinese college students: The mediating role of dispositional awe', *Psychological Reports* 123(3): 903–28.

**91**  L. B. Spanierman and M. J. Heppner (2004), 'Psychosocial Costs of Racism to Whites scale (PCRW): Construction and initial validation', *Journal of Counseling Psychology* 51(2): 249.

**92**  L. Blackman (2007), 'Is happiness contagious?', *New Formations* 63: 15.

**93**  A. C. North, D. J. Hargreaves and J. McKendrick (1999), 'The influence of in-store music on wine selections', *Journal of Applied Psychology* 84(2): 271.

**94**  D. Kahneman and J. Renshon (2015), 'Why hawks win', in R. Betts (ed.), *Conflict After the Cold War*, London: Routledge.

**95**  S. A. Birch, R. L. Severson and A. Baimel (2020), 'Children's understanding of when a person's confidence and hesitancy is a cue to their credibility', *PloS One* 15(1): e0227026.

**96**  T. Curran (2023), *The Perfection Trap: Embracing the Power of Good Enough*, New York: Simon & Schuster.

**97**  D. L. Paulhus and K. M. Williams (2002), 'The dark triad of personality: Narcissism, Machiavellianism, and psychopathy', *Journal of Research in Personality* 36(6): 556–63.

**98**  J. M. Twenge and W. K. Campbell (2009), *The Narcissism Epidemic: Living in the Age of Entitlement*, New York: Simon & Schuster.

**99**  C. M. Eddy (2023), 'Self-serving social strategies: A systematic review of social cognition in narcissism', *Current Psychology* 42: 4362–80, https://doi.org/10.1007/s12144-021-01661-3.

## 2부 | 어떻게 편을 허물 것인가

**1**  H. J. Walberg and S. L. Tsai (1983), 'Matthew effects in education', *American Educational Research Journal* 20(3): 359–73.

**2**  J. F. Milem (2003), 'The educational benefits of diversity: Evidence from multiple sectors', in M. J. Chang et al. (eds), *Compelling Interest: Examining the Evidence on Racial Dynamics in Higher Education*, Stanford: Stanford Education, pp. 126–69, www.researchgate.net/publication/238506813_The_Educational_Benefits_of_Diversity_Evidence_from_Multiple_Sectors.

3   P. Dolan et al. (2012), 'Influencing financial behavior: From changing minds to changing contexts', *Journal of Behavioral Finance* 13(2): 126–42.

4   M. S. Levendusky (2018), 'Americans, not partisans: Can priming American national identity reduce affective polarization?', *Journal of Politics* 80(1): 59–70.

5   E. L. Paluck (2009), 'Reducing intergroup prejudice and conflict using the media: A field experiment in Rwanda', *Journal of Personality and Social Psychology* 96(3): 574.

6   A. D. Galinsky et al. (2008), 'Why it pays to get inside the head of your opponent: The differential effects of perspective taking and empathy in negotiations', *Psychological Science* 19(4): 378–84.

7   T. K. Vescio, G. B. Sechrist and M. P. Paolucci (2003), 'Perspective taking and prejudice reduction: The mediational role of empathy arousal and situational attributions', *European Journal of Social Psychology* 33(4): 455–72.

8   C. A. Bail et al. (2018), 'Exposure to opposing views on social media can increase political polarization', *Proceedings of the National Academy of Sciences* 115(37): 9216–21.

9   M. S. Levendusky (2013), 'Why do partisan media polarize viewers?', *American Journal of Political Science* 57(3): 611–23.

10   D. J. Simons and C. F. Chabris (1999), 'Gorillas in our midst: Sustained inattentional blindness for dynamic events', *Perception* 28(9): 1059–74, https://doi.org/10.1068/p281059.

11   R. Clay-Williams and L. Colligan (2015), 'Back to basics: Checklists in aviation and healthcare', *BMJ Quality & Safety* 24(7): 428–31.

12   Ø. Thomassen et al. (2014), 'The effects of safety checklists in medicine: A systematic review', *Acta Anaesthesiologica Scandinavica* 58(1): 5–18.

13   P. Dolan et al. (2012), 'Influencing behaviour: The MINDSPACE way', *Journal of Economic Psychology* 33(1): 264–77.

14   P. Dolan (2020), *Happy Ever After: A Radical Approach to Living Well*, London: Penguin, pp. 78–81.

15   D. S. Yeager et al. (2019), 'A national experiment reveals where a growth mindset improves achievement', *Nature* 573(7774): 364–69.

16   B. N. Macnamara and A. P. Burgoyne (2023), 'Do growth mindset interventions impact students' academic achievement? A systematic review and meta-analysis with recommendations for best practices', *Psychological Bulletin* 149(3–4): 133–73, https://doi.org/10.1037/bul0000352.

17   J. L. Burnette et al. (2023), 'A systematic review and meta-analysis of growth mindset interventions: For whom, how, and why might such interventions work?', *Psychological Bulletin* 149(3–4): 174–205, https://doi.org/10.1037/bul0000368.

18   M. C. Bligh, J. C. Kohles and Q. Yan (2018), 'Leading and learning to change: the role of leadership style and mindset in error learning and organizational change', *Journal of Change Management* 18(2): 116–41.

19   P. Dolan et al. (2012), 'Influencing behaviour: The MINDSPACE way', *Journal of Economic Psychology*, 33(1): 264–77; P. Dolan et al. (2010), 'MINDSPACE: influencing behaviour for public policy', Institute for Government, www.instituteforgovernment.org.uk/publication/report/mindspace (accessed 12 August 2024).

20   J. G. Voelkel et al. (2023), 'Megastudy identifying effective interventions to strengthen Americans' democratic attitudes', https://osf.io/preprints/osf/y79u5 (accessed 12 August 2024).

21   E. DeFilippis (2023), 'Bridging political divides with a cooperative online quiz game', doctoral dissertation, Harvard University Graduate School of Arts and Sciences.

22   D. J. Ahler and G. Sood (2018), 'The parties in our heads: Misperceptions about party composition and their consequences', *Journal of Politics* 80(3): 964–81.

23   B. W. Pelham, M. C. Mirenberg and J. T. Jones (2002), 'Why Susie sells seashells by the seashore: Implicit egotism and major life decisions', *Journal of Personality and Social Psychology* 82(4): 469; J. T. Jones et al. (2004), 'How do I love thee? Let me count the Js: Implicit egotism and interpersonal attraction', *Journal of Personality and Social Psychology* 87(5). 665.

24   I. Soria-Donlan (n.d.), 'In Place of War: Mobilising, empowering and connecting artists in sites of war, revolution and conflict', https://www.academia.edu/11050373/In_Place_of_War_Mobilising_connecting_and_empowering_artists_in_sites_of_war_revolution_and_conflict (accessed 12 August 2024).

25   A. R. Harvey (2020), 'Links between the neurobiology of oxytocin and human musicality', *Frontiers in Human Neuroscience* 14: 350.

26    Daybreaker, 2024, Wake Up & Dance, Available at: https://www.daybreaker.com/ (accessed 2 September 2024).

27    Belong Center, 2024, Belong Center, Available at: https://www.belongcenter.org/ (Accessed 2 September 2024).

28    B. Tuohey and B. Cognato (2011), 'PeacePlayers International: A case study on the use of sport as a tool for conflict transformation', *SAIS Review of International Affairs* 31: 51.

29    N. Nir and E. Halperin (2019), 'Effects of humor on intergroup communication in intractable conflicts: Using humor in an intergroup appeal facilitates stronger agreement between groups and a greater willingness to compromise', *Political Psychology* 40(3): 467–85.

30    S. E. Torok, R. F. McMorris and W. C. Lin (2004), 'Is humor an appreciated teaching tool? Perceptions of professors' teaching styles and use of humor', *College Teaching* 52(1): 14–20.

31    C. Rosenberg et al. (2021), 'Humor in workplace leadership: A systematic search scoping review', *Frontiers in Psychology* 12: 610795.

32    M. Wanzer, M. Booth-Butterfield and S. Booth-Butterfield (2005), '"If we didn't use humor, we'd cry": Humorous coping communication in health care settings', *Journal of Health Communication* 10(2): 105–25.

33    F. Jiang et al. (2020), 'Does the relation between humor styles and subjective well-being vary across culture and age? A meta-analysis', *Frontiers in Psychology* 11: 2213.

34    M. Feinberg and R. Willer (2015), 'From gulf to bridge: When do moral arguments facilitate political influence?', *Personality and Social Psychology Bulletin* 41(12): 1665–81.

35    M. Kardas, A. Kumar and N. Epley (2022), 'Overly shallow?: Miscalibrated expectations create a barrier to deeper conversation', *Journal of Personality and Social Psychology* 122(3): 367.

36    A. Bechara et al. (1997), 'Deciding advantageously before knowing the advantageous strategy', *Science* 275(5304): 1293–5.

37    B. M. Wagar and P. Thagard (2004), 'Spiking Phineas Gage: A neurocomputational theory of cognitive-affective integration in decision making', *Psychological Review* 111(1): 67.

38    M. T. Richins et al. (2021), 'Incidental fear reduces empathy for an outgroup's pain', *Emotion* 21(3): 536.

39  J. Berger and K. L. Milkman (2012), 'What makes online content viral?', *Journal of Marketing Research* 49(2): 192–205.

40  C. Duhigg (2024), *Supercommunicators: How to Unlock the Secret Language of Connection*, New York: Random House.

41  H. Y. Tng and A. K. Au (2014), 'Strategic display of anger and happiness in negotiation: The moderating role of perceived authenticity', *Negotiation Journal* 30(3): 301–27.

42  D. C. Tice, E. Bratslavsky and R. F. Baumeister (2018), 'Emotional distress regulation takes precedence over impulse control: If you feel bad, do it!', in R. F. Baumeister, *Self-regulation and self-control*, London: Routledge, pp. 267–98.

43  F. Harinck and C. K. De Dreu (2008), 'Take a break! or not? The impact of mindsets during breaks on negotiation processes and outcomes', *Journal of Experimental Social Psychology* 44(2): 397–404.

44  G. Loewenstein (2005), 'Hot–old empathy gaps and medical decision making', *Health Psychology* 24(4S): S49.

45  T. F. Denson, M. L. Moulds and J. R. Grisham (2012), 'The effects of analytical rumination, reappraisal, and distraction on anger experience', *Behavior Therapy* 43(2): 355–64.

46  D. R. Berry et al. (2020), 'Does mindfulness training without explicit ethics-based instruction promote prosocial behaviors? A meta-analysis', *Personality and Social Psychology Bulletin* 46(8): 1247–69.

47  X. Ma et al. (2017), 'The effect of diaphragmatic breathing on attention, negative affect and stress in healthy adults', *Frontiers in Psychology* 8: 234806.

48  J. A. Minson, F. S. Chen and C. H. Tinsley (2020), 'Why won't you listen to me? Measuring receptiveness to opposing views', *Management Science* 66(7): 3069–94.

49  J. J. Chen, L. Xie and S. Zhou (2020), 'Managerial multi-tasking, team diversity, and mutual fund performance', *Journal of Corporate Finance* 65: 101766.

50  Y. Ponomareva et al. (2022), 'Cultural diversity in top management teams: Review and agenda for future research', *Journal of World Business* 57(4): 101328.

51  K. W. Phillips, G. B. Northcraft and M. A. Neale (2006), 'Surfacelevel diversity and decision-making in groups: When does deep-level similarity help?', *Group Processes & Intergroup Relations* 9(4): 467–82.

52  C. P. Fernandez (2007), 'Creating thought diversity: The antidote to group think', *Journal of Public Health Management and Practice* 13(6): 670–1.

**53** T. Karran and L. Mallinson (2017), 'Academic freedom in the UK: Legal and normative protection in a comparative context', report for the University and College Union, www.ucu.org.uk/media/8614/Academic-Freedom-in-the-UK-Legal-and-Normative-Protection-in-a-Comparative-Context-Report-for-UCU-Terence-Karran-and-Lucy-Mallinson-May-17/pdf/ucu_academicfreedomstudy_report_may17.pdf (accessed 12 August 2024).

**54** B. Mellers, R. Hertwig and D. Kahneman (2001), 'Do frequency representations eliminate conjunction effects? An exercise in adversarial collaboration', *Psychological Science* 12(4): 269–75.

**55** A. L. Mello and J. R. Rentsch (2015), 'Cognitive diversity in teams: A multidisciplinary review', *Small Group Research* 46(6): 623–58.

**56** F. Dong et al. (2021), 'The development and validation of a cognitive diversity scale for Chinese academic research teams', *Frontiers in Psychology* 12: 687179.

**57** B. L. Kirkman et al. (2004), 'The impact of team empowerment on virtual team performance: The moderating role of face-to-face interaction', *Academy of Management Journal* 47(2): 175–92.

**58** N. W. Kohn and S. M. Smith (2011), 'Collaborative fixation: Effects of others' ideas on brainstorming', *Applied Cognitive Psychology* 25(3): 359–71.

**59** G. W. Allport (1954), *The Nature of Prejudice*, Reading, MA: Addison-Wesley.

**60** D. S. Crystal, M. Killen and M. Ruck (2008), 'It is who you know that counts: Intergroup contact and judgments about race-based exclusion', *British Journal of Developmental Psychology* 26(1): 51–70.

**61** T. F. Pettigrew and L. R. Tropp (2006), 'A meta-analytic test of intergroup contact theory', *Journal of Personality and Social Psychology* 90(5): 751.

**62** J. Tygiel (1983), *Baseball's Great Experiment: Jackie Robinson and His Legacy*, Oxford: Oxford University Press.

**63** G. Lemmer and U. Wagner (2015), 'Can we really reduce ethnic prejudice outside the lab? A meta-analysis of direct and indirect contact interventions', *European Journal of Social Psychology* 45(2): 152–68.

**64** L. Bursztyn et al. (2021), 'The immigrant next door: Long-term contact, generosity, and prejudice', National Bureau of Economic Research Working Paper No. w28448.

**65** R. Brown and M. Hewstone (2005), 'An integrative theory of intergroup contact', *Advances in Experimental Social Psychology* 37(37): 255–343.

**66** T. F. Pettigrew and L. R. Tropp (2006), 'A meta-analytic test of intergroup contact theory', *Journal of Personality and Social Psychology* 90(5): 751–83.

**67** M. Sherif (2015), *Group Conflict and Co-operation: Their Social Psychology*, London and New York: Psychology Press.

**68** E. M. Uslaner and M. Brown (2005), 'Inequality, trust, and civic engagement', *American Politics Research* 33(6): 868–94.

**69** M. Tassinari, M. B. Aulbach and I. Jasinskaja-Lahti (2022), 'Investigating the influence of intergroup contact in virtual reality on empathy: An exploratory study using AltspaceVR', *Frontiers in Psychology* 12: 815497.

**70** C. Imperato and T. Mancini (2021), 'Intergroup dialogues in the landscape of digital societies: How does the dialogical self affect intercultural relations in online contexts?', *Societies* 11(3): 84.

**71** S. Schumann and Y. Moore (2022), 'What can be achieved with online intergroup contact interventions? Assessing long-term attitude, knowledge, and behaviour change', *Analyses of Social Issues and Public Policy* 22(3): 1072–91.

**72** S. B. Hobolt, K. Lawall and J. Tilley (2023), 'The polarizing effect of partisan echo chambers', *American Political Science Review*, pp. 1–16, www.cambridge. org/core/journals/american-political-science-review/article/polarizing-effect-of-partisanecho-chambers/5044B63A13A458A97CA747E9DCA07228 (accessed 14 August 2024).

## 3부 | 무엇을 선택하고 어떻게 함께할 것인가

**1** R. N. Smart (1958), 'Negative utilitarianism', *Mind* 67(268): 542–3.

**2** A. Williams and R. Cookson (2000), 'Equity in health', in A. J. Culyer and J. P. Newhouse (eds), *Handbook of Health Economics*, Amsterdam: Elsevier, Vol. 1, Part B, pp. 1863–910.

**3** P. Dolan and A. Tsuchiya (2009), 'The social welfare function and individual responsibility: Some theoretical issues and empirical evidence', *Journal of Health Economics* 28(1): 210–20.

**4** R. Dworkin (2000), *Sovereign Virtue: The Theory and Practice of Equality*, Cambridge, MA: Harvard University Press.

**5** P. Foot (2002), *Virtues and Vices and Other Essays in Moral Philosophy*, Oxford: Oxford University Press.

**6** S. Fleche and R. Layard (2017), 'Do more of those in misery suffer from poverty, unemployment or mental illness?', *Kyklos* 70(1): 27–41.

7    T. Brown (2023), 'Child poverty: Statistics, causes and the UK's policy response', UK Parliament House of Lords Library, https://lordslibrary.parliament.uk/child-poverty-statistics-causes-and-the-uks-policy-response/ (accessed 12 August 2024).

8    E. Saez and G. Zucman (2016), 'Wealth inequality in the United States since 1913: Evidence from capitalized income tax data', *Quarterly Journal of Economics* 131(2): 519–78; G. Auten and D. Splinter (2024), 'Income inequality in the United States: Using tax data to measure long-term trends', *Journal of Political Economy*, forthcoming.

9    R. T. Pedersen and D. C. Mutz (2019), 'Attitudes toward economic inequality: The illusory agreement', *Political Science Research and Methods* 7(4): 835–51.

10    R. F. Baumeister and L. E. Brewer (2012), 'Believing versus disbelieving in free will: Correlates and consequences', *Social and Personality Psychology Compass* 6(10): 736–45.

11    P. K. Piff et al. (2010), 'Having less, giving more: The influence of social class on prosocial behavior', *Journal of Personality and Social Psychology* 99(5): 771.

12    I. Robeyns (2022), 'Why limitarianism', *Journal of Political Philosophy* 30(2): 249–70.

13    H. Quilter-Pinner et al. (2022), 'Closing the gap: Parliament, representation and the working class', IPPR, www.ippr.org/research/publications/closing-the-gap (accessed 12 August 2024).

14    M. A. Elkjær and M. B. Klitgaard (2024), 'Economic inequality and political responsiveness: A systematic review', *Perspectives on Politics* 22(2): 318–37, https://doi.org/10.1017/S1537592721002188.

15    M. W. Kraus and D. Keltner (2009), 'Signs of socioeconomic status: A thin-slicing approach', *Psychological Science* 20(1): 99–106.

16    J. Andreoni and R. Petrie (2004), 'Public goods experiments without confidentiality: A glimpse into fund-raising', *Journal of Public Economics* 88(7–8): 1605–23.

17    G. Gulino and F. Masera (2023), 'Contagious dishonesty: Corruption scandals and supermarket theft', *American Economic Journal: Applied Economics* 15(4): 218–51.

18    R. Henderson (2023), *Troubled: A Memoir of Foster Care, Family, and Social Class*, New York: Gallery Books.

19  P. Turchin (2023), *End Times: Elites, Counter-elites, and the Path of Political Disintegration*, London: Penguin.

20  G. J. Borjas (2019), 'Immigration and economic growth', National Bureau of Economic Research Working Paper No. 25836.

21  P. M. Orrenius and M. Zavodny (2007), 'Does immigration affect wages? A look at occupation-level evidence', *Labour Economics* 14(5): 757–73.

22  R. D. Putnam (2007), 'E pluribus unum: Diversity and community in the twenty-first century. The 2006 Johan Skytte Prize Lecture', *Scandinavian Political Studies* 30(2): 137–74.

23  M. Young and P. Wilmott (2013), *Family and Kinship in East London*, London: Routledge.

24  Office for National Statistics (ONS), released 29 November 2022, ONS website, statistical bulletin, Ethnic group, England and Wales: Census 2021.

25  M. V. Cuibus (2024), 'Migrants in the UK: An Overview', Migration Observatory briefing, COMPAS, University of Oxford.

26  A. D. Galinsky, G. Ku and C. S. Wang (2005), 'Perspective-taking and self-other overlap: Fostering social bonds and facilitating social coordination', *Group Processes & Intergroup Relations* 8(2): 109–24.

27  J. Brouwer, M. van der Woude and J. van der Leun (2017), 'Framing migration and the process of crimmigration: A systematic analysis of the media representation of unauthorized immigrants in the Netherlands', *European Journal of Criminology* 14(1): 100–19.

28  www.youtube.com/watch?v=6KVO378tjsw (accessed 12 August 2024).

29  A. Bilal and D. R. Kanzig (2024), 'The macroeconomic impact of climate change: Global vs. local temperature', National Bureau of Economic Research Working Paper No. w32450.

30  S. Venghaus, M. Henseleit and M. Belka (2022), 'The impact of climate change awareness on behavioral changes in Germany: Changing minds or changing behavior?', *Energy, Sustainability and Society* 12(1): 8.

31  Behavioral spillovers and their implications for research and policy', *Journal of Economic Psychology* 47: 1–16.

32  A. U. Ahmed et al. (2007), 'The world's most deprived: Characteristics and causes of extreme poverty and hunger', International Food Policy Research Institute Discussion Paper No. 43.

33  B. C. O'Neill et al. (2010), 'Global demographic trends and future carbon emis-

sions', *Proceedings of the National Academy of Sciences* 107(41): 17521–6.

34    P. Singer (2017), 'Famine, affluence, and morality', in Larry May (ed.), *Applied Ethics*, 6th edition, London: Routledge, pp. 132–42.

35    N. H. Stern (2007), *The Economics of Climate Change: The Stern Review*, Cambridge: Cambridge University Press.

36    S. Elstub et al. (2021), 'The scope of climate assemblies: Lessons from the Climate Assembly UK', *Sustainability* 13(20): 11272.

37    World Economic Forum World Economic Forum (2015), '5 environmental scientists tackling climate change', https://www.weforum.org/stories/2015/07/5-environmental-scientists-tackling-climate-change/ (accessed 22 July 2024).

38    P. T. Brown et al. (2023), 'Climate warming increases extreme daily wildfire growth risk in California', *Nature* 621(7980): 760–6.

39    R. McSweeney and A. Tandon (2023), 'Factcheck: Scientists pour cold water on claims of " journal bias" by author of wildfires study', Carbon Brief, 8 September, www.carbonbrief.org/factcheck-scientists-pour-cold-water-on-claims-of-journal-bias-by-author-of-wildfires-study/

40    Offences Against the Person Act 1861; Public Order Act 1986, Section 4A; Communications Act 2003, Section 127.

41    www.youtube.com/watch?v=gwgFBFJ6xJc&ab_channel=TotallyBro (accessed 12 August 2024).

42    H. Coyle and PA Media (2023), 'Police face complaint over arrest of autistic Leeds teenager', BBC News, 10 August, www.bbc.co.uk/news/uk-england-leeds-66462895.

43    M. Smith (2021), 'Cancel culture: What views are Britons afraid to express?', YouGov, 22 December.

44    J. Poushter (2015), '40% of Millennials OK with limiting speech offensive to minorities', Pew Research Center, 20 November, www.pewresearch.org/short-reads/2015/11/20/40-of-millennials-ok-with-limiting-speech-offensive-to-minorities/ (12 August 2024).

45    *Douglas Is Cancelled*, episode 1 (ITV, 2024), written by Steven Moffat, produced by Hartswood Films.

46    J. Haidt and G. Lukianoff (2018), *The Coddling of the American Mind: How Good Intentions and Bad Ideas Are Setting Up a Generation for Failure*, London: Penguin.

47    E. Harrison (2023), 'BBC denies that Roisin Murphy was removed from 6

Music line-up over puberty blockers row', *Independent*, 13 September, www.independent.co.uk/arts-entertainment/music/news/roisinmurphy-bbc-6-music-trans-b2410439.html (accessed 12 August 2024).

48   UK Parliament (2022), 'Your UK Parliament Awards 2022', www.parliament.uk/get-involved/education-programmes/your-uk-parliament-awards-2022/ (accessed 12 August 2024).

49   G. R. Greer and R. Tolbert (1990), 'The therapeutic use of MDMA', in *Ecstasy: The clinical, pharmacological and neurotoxological effects of the drug MDMA*, Boston, MA: Springer US, pp. 21–35.

50   K. D. Brownell et al. (2009), 'The public health and economic benefits of taxing sugar-sweetened beverages', *New England Journal of Medicine* 361(16): 1599.

51   M. Thavorncharoensap et al. (2009), 'The economic impact of alcohol consumption: A systematic review', *Substance Abuse Treatment, Prevention, and Policy* 4: 1–11.

52   C. L. Hart (2022), *Drug Use for Grown-ups: Chasing Liberty in the Land of Fear*, London: Penguin.

53   P. Dolan (2020), *Happy Ever After: A Radical Approach to Living Well*, London: Penguin.

54   M. Cimons (2023), 'Weight-loss drugs Wegovy and Ozempic have unsettling side effects, patients say', *Washington Post*, 8 August, www.washingtonpost.com/health/2023/08/08/weight-loss-drugs-side-effects-wegovy-ozempic/ (accessed 12 August 2024).

55   M. Lindeboom, P. Lundborg and B. van der Klaauw (2010), 'Assessing the impact of obesity on labor market outcomes', *Economics & Human Biology* 8(3): 309–19.

56   B. L. Fredrickson (2004), 'The broaden-and-build theory of positive emotions', *Philosophical Transactions of the Royal Society of London. Series B: Biological Sciences* 359(1449): 1367–77.

57   M. A. M. Peluso and L. H. S. G. De Andrade (2005), 'Physical activity and mental health: The association between exercise and mood', *Clinics* 60(1): 61–70.

58   A. Sullivan (2022), 'Explainer: How abortion became a divisive issue in US politics', Reuters, 25 June, www.reuters.com/world/us/how-abortion-became-divisive-issue-us-politics-2022-06-24/ (accessed 12 August 2024).

59   B. Riley-Smith (2019), 'UK politicians don't do god but religion matters in this election', CNBC, 11 December, www.cnbc.com/2019/12/11/uk-politicians-

dont-do-god-but-religion-matters-in-this-election.html (accessed 12 August 2024).

**60**   P. Singer (2023), *Animal Liberation Now*, New York: Random House.

**61**   H. Hartig (2022), 'Wide partisan gaps in abortion attitudes, but opinions in both parties are complicated', Pew Research Center, 6 May, www.pewresearch.org/short-reads/2022/05/06/wide-partisan-gaps-in-abortion-attitudes-but-opinions-in-both-parties-are-complicated/ (accessed 12 August 2024).

**62**   E. Langford (2024), 'UK voters are majority pro-choice across the political spectrum and support extension of at-home abortion', PoliticsHome, 21 April, www.politicshome.com/news/article/bpas-polling-uk-voters-prochoice-political-spectrum (accessed 14 May 2024).

**63**   YouGov (2012), 'Limits on abortion time?', 24 January, https://yougov.co.uk/politics/articles/2786-limits-abortion-time (accessed 14 May 2024).

**64**   D. M. Fergusson, L. J. Horwood and J. M. Boden (2009), 'Reactions to abortion and subsequent mental health', *British Journal of Psychiatry* 195(5): 420–6.

**65**   S. Singh et al. (2018), *Abortion Worldwide 2017: Uneven Progress and Unequal Access*, New York: Guttmacher Institute.

**66**   T. F. Pettigrew and L. R. Tropp (2005), 'Allport's intergroup contact hypothesis: Its history and influence', in J. F. Davidio, P. Glick and L. A. Rudman (eds), *On the Nature of Prejudice: Fifty Years after Allport*, Malden and Oxford: Blackwell, pp. 262–77.

**67**   이러한 견해에 나타나는 연령별 변화 추이를 요약하면 다음과 같다. L. Calahorrano (2013), 'Population aging and individual attitudes toward immigration: Disentangling age, cohort and time effects', *Review of International Economics* 21(2): 342–53; L. C. Hamilton, J. Hartter and E. Bell (2019), 'Generation gaps in US public opinion on renewable energy and climate change', *PloS One* 14(7): e0217608.

**68**   M. Goodwin (2023), *Values, Voice and Virtue: The New British Politics*, New York: Random House.

**69**   B. Klein Teeselink and G. Melios (2024), 'Origin of (a)symmetry: the evolution of out-party distrust in the United States', *Journal of Politics*, https://www.journals.uchicago.edu/doi/10.1086/732971

**70**   J. Graham, J. Haidt and B. A. Nosek (2009), 'Liberals and conservatives rely on different sets of moral foundations', *Journal of Personality and Social Psychology* 96(5): 1029.

71  J. M. Kivikangas et al. (2021), 'Moral foundations and political orientation: Systematic review and meta-analysis', *Psychological Bulletin* 147(1): 55.

72  M. Dimock (2014), 'Political polarization in the American public: How increasing ideological uniformity and partisan antipathy affect politics, compromise and everyday life', Pew Research Center, www.pewresearch.org/politics/2014/06/12/political-polarization-in-the-american-public/ (accessed 12 August 2024).

73  B. Klein Teeselink and G. Melios (2024), 'Origin of (a)symmetry: The evolution of out-party distrust in the United States', *Journal of Politics*, https://www.journals.uchicago.edu/doi/10.1086/732971

74  M. Goodwin (2023), *Values, Voice and Virtue: The New British Politics*, New York: Random House.

75  R. J. Dalton (2018), *Political Realignment: Economics, Culture, and Electoral Change*, Oxford: Oxford University Press.

76  A. S. Manstead (2018), 'The psychology of social class: How socioeconomic status impacts thought, feelings, and behaviour', *British Journal of Social Psychology* 57(2): 267–91.

77  J. Tomasi (2012), *Free Market Fairness*, Princeton: Princeton University Press.

78  A. Williams (1997), 'Intergenerational equity: An exploration of the "fair innings" argument', *Health Economics* 6(2): 117–32.

79  A. Tsuchiya, P. Dolan and R. Shaw (2003), 'Measuring people's preferences regarding ageism in health: Some methodological issues and some fresh evidence', *Social Science & Medicine* 57(4): 687–96.

80  M. Dong, J. W. van Prooijen and P. A. van Lange (2019), 'Self-enhancement in moral hypocrisy: Moral superiority and moral identity are about better appearances', *PloS One* 14(7): e0219382.

Nous 15
## 신념으로 세상을 구한다는 착각

**1판 1쇄 인쇄** 2026년 4월 13일
**1판 1쇄 발행** 2026년 4월 22일

**지은이** 폴 돌런
**옮긴이** 윤효원
**펴낸이** 김영곤
**펴낸곳** ㈜북이십일 21세기북스

**출판부문** 출판2본부장 윤서진
**인문서가팀** 한이슬 양지원
**교정교열** 신혜진　**디자인 표지** this-cover　**본문** studio Ain
**마케팅팀** 유진선 이수진 김설아
**마케팅영업부문** 정지은
**영업팀** 김지윤 강경남 김도연
**e-커머스팀** 장철용 명인수 황성진
**해외기획팀** 홍희정 소은선
**제작팀** 이영민 권경민

**출판등록** 2000년 5월 6일 제406-2003-061호
**주소** (10881) 경기도 파주시 회동길 201(문발동)
**대표전화** 031-955-2100　**팩스** 031-955-2151　**이메일** book21@book21.co.kr

**KI신서 16363**
ⓒ 폴 돌런, 2026

**ISBN** 979-11-7357-963-9 03180

**(주)북이십일 경계를 허무는 콘텐츠 리더**

21세기북스 채널에서 도서 정보와 다양한 영상자료, 이벤트를 만나세요!
페이스북 facebook.com/21cbooks　　블로그 blog.naver.com/21c_editors
인스타그램 instagram.com/jiinpill21　　홈페이지 www.book21.com
유튜브 youtube.com/book21pub